AF279739

¡Qué administración tendría yo si me dejaran!

La administración pública en la literatura española (1839-1936)

(Florilegio)

Colección MANUEL VELÁZQUEZ CABRERA, n.º 4

¡Qué administración tendría yo si me dejaran!

La administración pública en la literatura española (1839-1936)

(Florilegio)

Antonio Becerra Bolaños
(selección, introducción, edición y notas)

ULPGC
Universidad de Las Palmas de Gran Canaria

Servicio de Publicaciones y Difusión Científica

2024

¡QUÉ administración tendría yo si me dejaran! : la administración pública en la literatura española (1839-1936) : (florilegio) / Antonio Becerra Bolaños (selección, introducción, edición y notas). -- Las Palmas de Gran Canaria : Universidad de Las Palmas de Gran Canaria, Servicio de Publicaciones y Difusión Científica, 2024

344 p.; 21 cm. -- (Manuel Velázquez Cabrera; 4)

ISBN 978-84-9042-555-8

1. Administración pública en la literatura 2. Literatura española – Antologías I. Becerra Bolaños, Antonio, ed. lit. II. Universidad de Las Palmas de Gran Canaria, ed. III. Serie

821.134.2:35

THEMA: FBC, 2ADS, DNT, JPP

La colección *Manuel Velázquez Cabrera* es un proyecto de la Cátedra Manuel Velázquez Cabrera de Historia de la Administración de la Universidad de Las Palmas de Gran Canaria

Colección
Manuel Velázquez Cabrera

Director de la Colección
Francisco Quintana Navarro

© de la selección, introducción, edición y notas:
Antonio Becerra Bolaños

© de la edición: Servicio de Publicaciones y Difusión Científica
de la ULPGC, 2024
https://spdc.ulpgc.es · serpubli@ulpgc.es

ISBN: 978-84-9042-555-8
eISBN: 978-84-9042-556-5 (pdf)
Depósito Legal: GC 640-2024

Maquetación y diseño: Servicio de Publicaciones y Difusión Científica
de la ULPGC

Impresión: Gráficas Lope, S.L.

Impreso en España. *Printed in Spain*

ÍNDICE

Índice

Índice

Índice

Índice

PRESENTACIÓN

Este nuevo florilegio de Antonio Becerra Bolaños completa el empeño de la colección *Manuel Velázquez Cabrera* en ofrecer un producto editorial novedoso sobre la imagen que la administración pública ha proyectado en la sociedad española a través de la creación literaria.

El libro anterior, *Más allá del "vuelva usted mañana"*, recorría el tiempo largo que va del humanismo renacentista al romanticismo para recoger la preocupación por el buen gobierno frente a las malas prácticas que corrompían los oficios reales en un país de súbditos dominado por los privilegios estamentales. Esta segunda entrega, *¡Qué administración tendría yo si me dejaran!* (merecido homenaje al autor más seducido por la temática), concentra su mirada en el realismo y la literatura de finales del siglo XIX y primer tercio del XX para revelarnos las frustraciones de la ciudadanía ante una administración reformada, la del Estado liberal, que se encalla en trámites burocráticos y vicios corporativos y se muestra incapaz de penetrar con eficacia en el tejido social para hacer prevalecer el derecho a unos servicios públicos que no quedaran a merced de la arbitrariedad del funcionario y el poder de la riqueza.

Como se aprecia al leer los fragmentos de obras y piezas cortas literarias que se reproducen en estas páginas, la nueva *administración nacional* se convirtió desde su nacimiento en inagotable fuente de inspiración para dar rienda suelta a la conciencia crítica de nuestros escritores. En las descripciones que se hacen de ella predominan abrumadoramente las imágenes negativas. El aparato administrativo se percibe como un laberinto de normas, trámites y plazos que lo hacen imprevisible, lento e ineficiente. En la práctica del servicio público se muestra cuán arraigado estaba el uso de la recomendación para el acceso a su desempeño y el favor para la satisfacción de la prestación requerida. El funcionariado resulta casi siempre malparado: es visto como un coto de caza de fortunas e influencias en el que medran aprovechados, arribistas y oportunistas envanecidos del poder que tienen en sus manos; también como un ámbito laboral en el que se prodigan indolentes, incompetentes y negligentes, sin olvidar a los absentistas, aunque de vez en cuando se encuentra algún funcionario recto y diligente.

En la literatura, como en la vida, la administración va de la mano de la política. Esta la encontramos aquí como condicionante mayor de la mala administración. Así aparecen como temáticas recurrentes: las mudanzas gubernamentales que obligan a continuas improvisaciones y rectificaciones y provocan tropeles de cesantes, los cuales se erigen en protagonistas pintiparados para una narrativa con drama humano; las conveniencias de partido y las componendas personales de los cargos públicos, que convierten la legalidad y los procedimientos administrativos en papel mojado; y también, el limitado alcance de la política por su supeditación a los poderes establecidos, y particularmente su inacción ante el rampante caciquismo. No faltan tampoco, sobre todo cuando avanzamos en el tiempo y emerge la cuestión social, la desatención de los servicios asistenciales a los más desfavorecidos, lo mismo que el despuntar de la preocupación por la situación y educación de las mujeres o, ya en los años treinta, el clima de confrontación sociopolítica bipolarizada existente en el país. Encontramos en la creación literaria inspirada en la administración de esta época, en suma, el reflejo de ese fenómeno tan patrio de las dos Españas desentendidas, la oficial y la real.

Cuando Benito Pérez Galdós escribía *Ángel Guerra* y sacó de sus entrañas (¡qué haría yo si me dejaran…!) el sentir del ciudadano corriente sobre la administración que padecía, ésta ya se encontraba desbordada como administración imperativa y procedimental y carecía de recursos y capacidades para transitar hacia la administración de la prestación que requería la modernización del país. Creada a partir del aparato legado por el absolutismo, aunque revestida con los principios constitucionales y los criterios racionalizadores y uniformadores del liberalismo triunfante, en su despliegue se adoptó un régimen administrativo de compromisos entre la sujeción a la legalidad y la acomodación a la realidad sin regulación de la función pública. De ese modo la administración de la Nación asumió el rol de ser el aparato del *sistema político* (liberal) al servicio del *sistema de poder* (oligárquico), además de constituirse en atractivo mecanismo de acceso a la política y el poder para las clases medias y altas, lo cual hizo de la burocracia un grupo social privilegiado. Su desarrollo estuvo permanentemente mancado por la insuficiente capacidad financiera para crear servicios públicos, la crónica inestabilidad política derivada de la primacía del conflicto interior, los desequilibrios territoriales con grandes espacios adonde no llegaba la administración, y el peso de las resistencias estructurales al cambio provocadas por todo tipo de fraccionamientos internos.

Con razón se ha dicho que la administración —como la educación, el ejército y la hacienda— constituye un ámbito de actividad que revela a las claras la limitada eficacia que tuvo el proceso de nacionalización del Estado liberal en la España contemporánea. Disfrutemos, pues, de este florilegio elaborado con pasión y rigor a sabiendas de que no pocas veces *la realidad supera a la ficción*.

Francisco Quintana Navarro

Director de la Cátedra Manuel Velázquez Cabrera

[...] yo pondría en cada oficina un contramaestre armado de un buen bejuco, y a rebencazo limpio les haría trabajar a esos gandules de empleados... Al que faltara o me hiciera algún chanchullo... a ver, trincarme a ese... un *bocabajo*... doscientos palos, sal y vinagre en las heridas, y a otro.... ¡Ah, qué administración tendría yo si me dejaran! Daría gusto verla, y el país agradecido me llamaría su padre, padre de la patria. Sí, no hay que reírse ¡yema! Y a los diputados les haría andar más derechos que un palo macho. Al que dijera algo contra la libertad, o al que me armara intrigas y enredos, ¡listo! codo con codo a las islas Marianas. Desengañaos, es el gran sistema. A la pillería de este país, no hay quien la baraje sino con la ley del *componte*. ¡Eh! Sr. Cánovas; o Sr. Castelar, o señor Sagasta: ¿qué me dice usted ahí? ¿Qué los derechos y qué la prerrogativa, y que sí y que no, y qué pateta? Póngase usted boca abajo, que le voy a explicar mis doctrinas constituyentes y el alma pastelera del tío Carando... Veríais cómo andaban todos derechos. Si no hay otra manera, desengáñense, no la hay. ¡Conozco a la humanidad, porque he bregado mucho con ella, y sé que es un animal feroz si no se le sabe domesticar!...

Benito Pérez Galdós, *Ángel Guerra* (1891).

INTRODUCCIÓN

Difícilmente se puede entender el actual concepto de administración pública española sin vincularlo a los sucesos históricos del siglo XIX y del XX. Y es que la llamada cosa pública adquiere en aquellas centurias una dimensión más amplia y comienza a plantear los límites y los ámbitos de actuación del gobierno. No haré aquí una revisión de cómo cambia la manera de gestionar los bienes públicos durante la segunda mitad del ochocientos y las primeras décadas del novecientos, sino de los temas recurrentes en la creación literaria de aquel momento y qué imágenes proyecta de la administración pública.

La literatura se hará eco de los temores y anhelos de la clase que escribe (la burguesa) y, paulatinamente, irá ampliando sus temas para incorporar, por ejemplo, los problemas derivados de la nobleza (por su incapacidad de ayudar al progreso nacional), de los caciques y, posteriormente, de la aparición de las grandes compañías que, en determinados lugares de la geografía española, ejercen no solo el papel político que desempeñan los caciques locales, sino que suplantan la figura del estado y asumen, de manera un tanto dudosa, los servicios comunitarios como forma de ejercer el dominio total sobre sus trabajadores y sus familias como los señores medievales, los nobles latifundistas o los propios caciques. Además, en casos como el de las islas Canarias, la presencia de una potencia colonial como la británica se materializará en la puesta en marcha de ciertos servicios cuyo control es propio, debido a los intereses que tienen por mantener en condiciones la ruta africana. Ello hace que el archipiélago sea percibido en ocasiones como una suerte de colonia del imperio.

La muerte de Fernando VII (1833), que pone fin a la conocida década ominosa, supuso el regreso de los diputados liberales del trienio constitucional (1820-1823), algunos de los cuales gozaban ya de prestigio literario. Reconocidos escritores como Martínez de la Rosa, Ángel Saavedra (Duque de Rivas) o Alcalá Galiano seguirán teniendo protagonismo en la política nacional; no en vano Martínez de la Rosa (conocido en aquellos años por el mote de "Rosita la pastelera" por su talante moderado y poco dado a los conflictos[1]) y Saavedra fueron presidentes del Consejo de Ministros (en 1834 y en 1854, respectivamente) y, como sujetos activos, pasarán a convertirse en personajes en diversas obras literarias de la época[2]. Por otro lado, no serán los únicos autores que se vinculen a la política o a la administración pública. Julio Nombela, en sus *Impresiones y recuerdos*, señalaba que esas ocupaciones permitían paliar la precariedad del oficio de escritor:

---

1   El remoquete se le conoce desde mucho antes de su exilio, durante el trienio liberal; publicaciones satíricas como *El zurriago* insertarán letrillas o epigramas como el siguiente:

> Voy [*a*] hacer un diccionario
> bonito de los Veletas
> pues hombre, no te se olvide
> Rosita la pastelera. (1822:3)

2   Amén de en varias novelas y varios Episodios Nacionales de Benito Pérez Galdós, como parte activa de la historia o del paisanaje de la época, aparecerán en otras obras de su tiempo. Pereda, en el capítulo XVI de *Pedro Sánchez* ([1891]1999), inserta una descripción de Martínez de la Rosa: "El anciano de blanca, rizosa y muy poblada cabeza, altísima frente, alongada faz, a la cual sirven de adorno unas patillas tan blancas y espesas como el cabello, pulcro y atildado en el vestido, y que aún mira a las señoras como los lechuguinos de sus buenos tiempos, con lentes de oro, cuyas cinceladas cachas no suelta de su diestra, es Martínez de la Rosa".

En todo tiempo ha sido en España imposible o por lo menos muy difícil vivir exclusivamente del producto de las letras. Los más ilustres literatos, lo mismo que los más modestos, han necesitado pedir al presupuesto de la nación, o a la protección de los magnates, el pan de cada día. Martínez de la Rosa, Hartzenbusch, Rubí, García Gutiérrez, Espronceda, Campoamor, Ayala, cuantos cultivaron las letras, con raras excepciones, han necesitado buscar en la política, en la administración oficial o particular, unos la base principal de su subsistencia y otros el medio de aumentar sus comodidades o de realizar sus aspiraciones de grandeza. (1911: 322-323)

La nómina es bien amplia: hay quienes tuvieron responsabilidades políticas, como los diputados electos Pedro Antonio de Alarcón, José María Pereda (carlista), Benito Pérez Galdós (en una ocasión cunero[3], en dos por Madrid y una más por Las Palmas), Vicente Blasco Ibáñez, Ángel Guerra (seudónimo del lanzaroteño José Betancort Cabrera), Eduardo Barriobero o María Lejárrega ya en el siglo XX; quienes desempeñaron cargos públicos, como José Francos Rodríguez (alcalde de Madrid, gobernador civil de Barcelona, director de Correos y Telégrafos, ministro de Instrucción Pública, y de Gracia y Justicia), Antonio Espina (gobernador civil de León, Ávila y Baleares), el propio Ángel Guerra (director de Prisiones) o Ramón de Campoamor (gobernador civil de la provincia de Castellón, de Alicante y de Valencia; director general de Beneficencia y Sanidad), quien describe su primera experiencia como responsable en la administración pública en los siguientes términos (1901: 339):

A fines del año 47 fui nombrado jefe político de la provincia de Castellón de la Plana por el señor don Luis José Sartorius,

---

3   Fue elegido por Puerto Rico (concretamente por Guayama) en 1886.

después conde de San Luis. Instalado en mi ínsula, quise, como Sancho, ser justo y promover el bien. ¡Inexperto! No sabía yo que para hacer, mandando, estas dos cosas tan difíciles era menester empezar por respetar los *trámites*. No todos mis lectores habrán sido jefes políticos y, por consiguiente, será necesario que yo les insinué lo que quiere decir la palabra *trámites*. *Trámites* en administración es lo mismo que en el trato común se llama conveniencias sociales. Es una formalidad que, por una parte, revela atención y, por otra, suele ser el velo de una serie de perfidias astutamente tejidas. Pues bien: pareciéndome la tramitología una ciencia hipócrita, indigna de la lealtad de mi proceder, me puse a administrar sin trámites, es decir, me puse a legislar. Al ver todos los pueblos de mi provincia no solo deslustrados, sino negros como las alas del cuervo, mandé que se pusiesen todos blancos como el plumaje de los cisnes. Mi primer acto administrativo me dio un resultado brillante en la apariencia, pero en el fondo dio motivo a un principio de oposición a mi persona, pues por la vía confidencial se pintó al Gobierno mi primer acto de limpieza como una ilegalidad. Hasta ahora aún no me he convencido de que aquello era ilegal, mientras que sigo creyendo que era muy conveniente, por más que a algunos les haya hecho llorar lavándoles la cara demasiado.

Hubo otras gentes de letras que tuvieron emplcos públicos, vinculados a la educación como Leopoldo Alas *Clarín*, Armando Palacio Valdés, Emilia Pardo Bazán o Miguel de Unamuno, quien llegó a ser rector de la Universidad de Salamanca; bibliotecarios como Juan Eugenio Hartzenbusch o Bretón de los Herreros (también había trabajado en Hacienda); médicos como Felipe Trigo (primero rural y, después, militar) o diplomáticos como Juan Valera, Enrique Gaspar, Ángel Ganivet o Edgar Neville.

Gabriel Miró, por ejemplo, tras tratar infructuosamente de aprobar unas oposiciones a la judicatura[4], pasará a trabajar como modesto funcionario de ayuntamiento y de varias diputaciones provinciales, para terminar sus días como funcionario del Ministerio de Instrucción Pública. Pedro Muñoz Seca, por su parte, fue funcionario del Ministerio de Fomento, trabajo que compaginó con el exitoso de dramaturgo[5]. Wenceslao Fernández Flórez estuvo, por breve tiempo, empleado en la Dirección General de Aduanas.

Textos de todo tipo insertos en periódicos, revistas (envíos literarios, artículos o folletines) y libros (líricos, narrativos o dramáticos) proyectarán diversas imágenes de la administración pública y su papel en el bienestar del país, pero también modelos de buenas prácticas administrativas, basadas en la eficacia, en la agilidad o en la honradez y, por supuesto, otras prácticas que ya había señalado Larra. Las salas de teatro, además, acogerán la representación de múltiples obras cuya temática gira en torno a la administración en sus diversos ámbitos y profesiones. Desde ministros a ujieres, desde conserjes a catedráticos de universidad, el público verá desfilar, muchas veces en clave de comedia, toda una galería de tipos y estereotipos de la función pública.

---

4   Su personaje más conocido, Sigüenza, se presentará a las oposiciones de la misma forma que al autor. Véase el fragmento recogido en las páginas de este florilegio.

5   "La vida metódica y disciplinada convenía a su salud delicada. El madrugar todos los días le obligaba a no trasnochar y su úlcera duodenal fue la primera agradecida. Siguió escalando uno por uno todos los puestos por oposición hasta que llegó a jefe superior de la Administración. Únicamente faltaba al despacho la mañana siguiente a un estreno, si este había sido un éxito, ya que los nervios y la satisfacción le impedían conciliar el sueño. Por el contrario, los fracasos le servían de somnífero" (Sánchez-Blanco).

En "El lugareño en Madrid" (1839), Juan Eugenio Hartzsenbuch traza un perfil negativo del funcionario, como alguien que hace dejación de su empleo y provoca pérdidas al país con su irresponsable actitud. El autor (siguiendo el esquema de Larra en su "Vuelva usted mañana" si bien de una manera más prosaica) hace uso aquí de un comisionista provinciano que tiene como misión entregar el dinero de un ayuntamiento a la hacienda pública, y se encuentra que la capital y quienes forman parte de ella, como una suerte de *fatum*, conspiran para que no cumpla con su cometido. Se convierte así en un héroe trágico cuya empresa está abocada a zozobrar en el mar de las normas y los procesos administrativos de la corte.

La administración se dirige a un sujeto colectivo, por lo que este se convertirá en personaje literario. En la fábula "El país de los beodos" (1842), Campoamor escribe sobre cómo la aplicación de la ley depende de la buena fe de la ciudadanía a quien va dirigida. En la fábula "El párroco y los feligreses" (1861), recogida también en el presente volumen, Concepción Arenal critica con humor la incapacidad del pueblo de ver más allá de sus asuntos e intereses particulares y comprender que solo tomando decisiones conjuntas se pueden solucionar los problemas de manera eficaz y beneficiosa para la comunidad. Dios se convierte en un buen administrador, que sabe lo que necesita la comunidad y que lo lleva a cabo a pesar de los pesares: "tantas dificultades opusieron / que de acuerdo común no consiguieron / señalar a la lluvia día fijo; / Dios no escuchó la charla inoportuna / y el agua les mandó por su fortuna".

Detrás de toda administración hay una ideología que opera buscando unos intereses o unos efectos en la sociedad derivados de sus políticas. De esta manera el funcionariado público forma parte de un engranaje cuyo funcionamiento revela los vaivenes de la máquina política y su lógica de funcionamiento. Ello lleva a que quienes trabajen en ella no sean a veces las mejores personas ni las más preparadas, sino las más afines al poder; las que conocen sus entresijos para aprovecharse de ella o las que tuvieron los contactos y las palancas oportunas para ascender o permanecer más allá del gobierno de turno. Desde el punto de vista literario, se tratarán diversos aspectos que tienen que ver con el papel del funcionariado, como sujeto activo o pasivo según el ejecutivo que llegue al poder. Todos, desde el verdugo hasta el canónigo (convertido en un funcionario del estado tras la firma del Concordato de 1851, y sobre el que escribirá Vicente Blasco Ibáñez en su novela de 1903 *La catedral*), están sujetos a las circunstancias de la política nacional y al escrutinio de la sociedad.

Por un lado, el funcionario público[6] puede aparecer como un pícaro moderno, que persigue mejorar su condición social aparentando ser "de los buenos" y escalando hasta llegar a "la cumbre de toda buena fortuna"[7]. Desde las páginas de la revista *Fray Verás*, el Padre Lesnas (un seudónimo) escribe, de entre los empleados (entre los que se encuentran "desde el escobillero que el municipio emplea para la limpieza de las columnas urinarias, hasta el más alto funcionario"), sobre quien concurre "diariamente a una oficina cualquiera, retribuido mensualmente por el Estado, por la provincia, por el municipio o por el particular":

> Considerémosle cuando es aspirante, y contemplemos los
> pasos, las relaciones, los medios que uso en acción para con-

---

6 Hasta el conocido como estatuto Maura, de 1918, no se normalizó el ingreso de la mujer a las diversas escalas de la función pública y su presencia estaba circunscrita a muy pocos ámbitos como el de la enseñanza.

7 Hago referencia, claro está, a *La vida de Lazarillo de Tormes y de sus fortunas y adversidades*.

seguir una tarjeta que le recomendara. Contemplemos las antesalas, los desaires, las exigencias y las peripecias ridículas y poco dignas por que ha de cruzar el aspirante á empleo antes de entregar esa tarjeta, y consideremos las exigencias, los desaires y los compromisos que acepta la mayoría de los empleados antes de que se les expida la credencial.

¿Quién no conoce el carácter altivo, propio de cabezas vacías; quién no conoce la petulante y ridícula seriedad de esos hombres que han dado en llamarse de influencia de esos *personajes* que, sin otro mérito ni otro valor intrínseco que el valor efímero, pasajero, que le presta una posición accidental y ficticia, se pavonean diariamente por la capital, menospreciando al hombre científico, al elevado artista, al comerciante activo, al industrial laborioso y al bracero honrado? (1878: 1)

Otra cuestión que se plantea es la estabilidad del funcionariado más allá de los vaivenes de la política y los partidos gobernantes. Así lo trata Enrique Gaspar, cónsul de carrera, y el primer autor en plantear una ficción sobre la máquina del tiempo, en *El anacronópete* (1887), del que se incluye un fragmento en este florilegio. En febrero de 1880, Gaspar había estrenado la comedia *Administración pública* en el Teatro de la Comedia de Madrid. El argumento de este "boceto en tres actos" gira en torno a la inamovilidad de los funcionarios públicos. Un funcionario francés, Lambert, tiene una hija que se quiere casar con un empleado español de Hacienda. Lambert considera que la administración española es mejor que la francesa; su futuro yerno ha votado al candidato contrario al gobierno, lo que llega a oídos del ministro para quien trabaja y es cesado. La noticia de la cesantía, justo cuando se ha celebrado la boda, provoca el enojo del suegro hasta que es informado de que su hijo político era modélico en su trabajo. El funcionario francés arremete contra la administración española y lanza un alegato a favor de la ley de inamovilidad[8]. La crítica teatral que aparece en *La Iberia* bromea con respecto a la obra y a la condición y las pretensiones de su autor:

> La principal disposición de esta es que no se emplee más que cesantes. Además, desea Mr. Lambert que el zapatero haga zapatos y el industrial se dedique a su industria, en vez de querer ser todos empleados.

> Por esto digo que el Sr. Cánovas, actual ministro de Estado, ha podido anoche mandar a China, donde el Sr. Gaspar está de cónsul, el siguiente telegrama:

> "Sr. D. Enrique Gaspar: Convencido por su comedia La Administración pública que cada cual debe dedicarse a su profesión, para disimunir el número de pretendientes a empleos y lograr más fácilmente la inamovilidad de los que queden, he acordado declarar a V. cesante. Haga V. comedias, que bien sirve para ello, y deje el destino" (1882: 4).

---

8   Martín Mateo (1966) señala que solo hubo un intento consciente de ordenación de los cargos públicos por parte de Bravo Murillo en 1852: "Las apetencias políticas y la ausencia de firmes líneas de polarización de intereses sociales dieron al traste reiteradamente con este y parecidos intentos, cuya trascendencia práctica se vio seriamente menoscabada por las tendencias de los gobernantes del momento a disponer de los puestos de la Administración en favor de sus seguidores y partidarios" (10). Los intentos de independización de la Judicatura durante la Restauración iban dirigidos a "hacer tabla rasa de la situación anterior y encomendar al Gobierno el control directo en todos sus grados de los miembros de la carrera judicial" (Suárez Bilbao 2006: 294).

CRÓQUIS SOBRE LA EMPLEOMANÍA.

Grupo de sanguijuelas aplicado á la boca del estómago... de cualquier ministerio.

—¡Sea enhorabuena, amigo!
—¡Bah! No me han dado más que 30.000 rs.
—¿Y le parece á Vd. poco?
—Si tenia ya 24.000 con Gonzalez Bravo.

"Croquis sobre la empleomanía", *Gil Blas,* 20 de diciembre de 1868.

Muchas de las historias protagonizadas por funcionarios pueden ser vistas como *bildungsroman,* esto es, como novelas de formación. Así, Barriobero, en *Matapán, el probo funcionario* (1921), que aparece extractado en este libro, narra la historia de un joven que, lisiado accidentalmente por un político en su pueblo natal, acaba siendo recompensado con un puesto en la administración de la capital. Allí es donde comienza su ascenso social y parece que no tiene límites:

El día en el que la Gaceta le asignó la categoría de jefe superior de Administración civil, sus compañeros de dependencia, no de oficina, pues jamás asistió a ninguna, le obsequiaron con un banquete, y le llamó la atención ver que la mayoría de ellos llevaban un botoncito de muchos colores en la solapa de la americana. En el momento pensó que no estaría mal aquel adorno para su traje de chaqué, por el que había pagado cincuenta duros, y preguntó a un comensal en dónde los vendían. El interpelado, conteniendo la burla, pues era un inferior en categoría oficial, le enteró de que aquellos botoncitos significaban estar condecorado el portador, poseer una cruz o una gran cruz, ser caballero, en una palabra. Y ya no durmió tranquilo hasta que don Silverio lo puso en posesión de su correspondiente *boutonniére*.

Se transmite la idea, además, de que quien tiene un empleo público puede obtener diversas prebendas o mejorar la fortuna de quienes lo acompañan, además de encontrarse en una situación de poder con respecto al resto de las personas, lo que puede propiciar situaciones como las que describe Clarín en "La yernocracia", esa forma de nepotismo que define como "el gobierno de la hija, matriz sublime del amor paternal" (en este florilegio). En obras como *La cabeza del ministro* (1907), de Rafael de Santa Ana, o *El bien público* (1914), de Pedro Muñoz Seca, incluidas en esta selección, se habla de este tipo de situaciones que se vinculan como malas praxis. El juguete cómico de Santa Ana se inicia con un diálogo entre dos empleados sobre su buena fortuna:

Saturo ¡Ja, ja, ja! ¡Chiquilla, mira que hemos tenido suerte
       con que nos hagan ministros!

Blasa ¡La mar!

Saturo Por todas partes nos llueven las propinas.

Blasa Y las recomendaciones...

Saturo   Remuneradas.

Blasa   Yo he colocado a mi padre de portero del Ministerio.

Saturo   Y yo a mi hermano en Hacienda, con seis mil.

Blasa   ¡Qué barbaridad! ¿Qué has colocado a seis mil?

Saturo   ¡Tonta! Con seis mil reales.

Blasa   ¡Ah!

Saturo   ¡Nada, que como esto dure, hacemos el caldo gordo!

Por su parte, la comedia de Muñoz Seca subraya dos elementos negativos de ciertos funcionarios: la soberbia y la antigüedad en el cargo, que otorgan un estatus especial dentro de la administración, a las que se suma la ignorancia en algunos casos:

Aníbal   Soy un representante en esta antesala; el purteru mayor.

Cumbreras   (Decidiendo poner término a la discusión.) Bueno... perdone vuecencia...

Aníbal   Vuecencia, no; pero usía no estaría mal.

Cumbreras   (¡Y un jamón!)

Aníbal   ¿Te parece a ti que soy menos que un director general?

Cumbreras   (Con chunga.) No, hombre, ¡quiá!

Aníbal   Yo soy el amo del país, porque soy quien abre esa mampara. No se habla con el jefe del Gobierno sin hablar antes conmigo... ¡Esto desde hace treinta años!

Cumbreras   ¡Caramba, señor Aníbal; ¿y no ha pensado usté todavía en jubilarse?

Aníbal   (Mirándole terriblemente por encima de las gafas.) Nu te dará a ti en los dientes esa breva.

El cronista parlamentario Luis Antón del Olmet escribe la novela *Gobernación, Sánchez Mínguez*[9] (1921), que muestra la turbulenta política nacional y, sobre todo, el ambiente de crisis que no deja de ser vista como una oportunidad de volver a desempeñar una cartera ministerial o ascender en el gobierno. En el fondo, el político no deja de ser un cesante en su cargo hasta que vuelve a ser empleado. La política es una profesión en la que gana quien es capaz de estar en el lugar oportuno en el momento idóneo.

Estas obras, en tiempos de crisis, son una muestra palpable del desapego hacia los sucesivos gobiernos que se van alternando durante el XIX y el XX, marcados por la inestabilidad política y económica. Es el reflejo de una España en crisis, que trata de encontrar su identidad más allá de los mitos nacionales basados en la religión y el imperio y busca abrazar la modernidad sin estar preparada para ello.

Individuos conflictivos

Uno de los elementos clave del Romanticismo, y que alimentará los movimientos posteriores, es la aparición del individuo problemático o conflictivo, que se enfrenta a la realidad de la misma forma que en el Barroco lo habían hecho los personajes de Cervantes, Shakespeare o Calderón, pero que luchan por cambiar el curso inexorable de la historia. Esa incapacidad del ser humano por amoldarse a las circunstancias que lo rodean, que en la estética romántica se vincula con la juventud, por la fuerza vital y cósmica

---

9   El personaje de la novela es Francisco Sánchez Mínguez, trasunto de José Sánchez Guerra, que fue en diversas ocasiones ministro de la Gobernación y a la llegada de Primo de Rivera al poder pasó a la oposición. Olmet trabajará para él (Ramírez Martín 2020).

que esa edad posee, y adquiere proporciones espirituales, casará muy bien con las aspiraciones de la clase media, destinada a encarnar el rejuvenecimiento de Europa. Sabido es que el fracaso de las revoluciones liberales llevará consigo una crisis que desembocará en la escritura naturalista, marcada por el determinismo biológico y social, y, posteriormente, en una crítica a las bases en las que se había asentado moralmente el Occidente europeo. La clase media, se podría decir, ha envejecido demasiado pronto. A fines del siglo XIX, desde París aparece un Macbeth grotesco (Ubú) que retrata la nueva clase triunfante en sus miserias y en su afán desproporcionado por saciar su apetito irracional por obtener recursos y poder a toda costa. Alfred Jarry, con su *Ubú rey* (1896), más que un juguete cómico y una bufonada, crea una alegoría de la Europa colonialista y capitalista de su tiempo que, en el siglo entrante, provocará dos guerras mundiales y otros muchos conflictos nacionales e internacionales.

El capital es el motor de la historia. Con las nuevas prácticas económicas, en las ciudades, que van creciendo a un ritmo frenético, los usos tradicionales se convierten en actos de dignidad de un mundo que da paso a otro que va olvidando los valores de la comunidad. El trueque, acto de intercambio entre iguales, deja paso a la transacción económica, por la que todo tiene un valor y todo es mercancía, incluido el ser humano. La lucha de la juventud romántica por un ideal elevado se convierte en la agonía de ciertas personas incapaces de adaptarse a las nuevas condiciones del mercado y que, poco a poco, se ven abocadas a vivir en los márgenes de la ciudad. Clara, la huérfana que se ha de enfrentar a una ciudad hostil y deshumanizada en *La fontana de oro* (1870), de Galdós, se convertirá en corolario de aquellas mujeres que se ven obligadas a enfrentarse a una realidad que nada tiene que ver con el ideal y a unos valores, los suyos, que poco sentido parecen tener ya. Son esa suerte de Quijotes que, sanadas a base de palos de su locura, acabarán formando parte de los excluidos de la sociedad.

Entre los excluidos también se encuentran los cesantes, porque de alguna forma son la muestra palpable del choque entre la realidad y el deseo. El cesante es un individuo conflictivo que vive a merced de los cambios de la sociedad, incapaz de adaptarse para sobrevivir en el nuevo mundo. Como señala Agustín Torreblanca (2022), el sueldo del funcionario era modesto, pero digno mientras el coste de la vida se mantuviera, algo que, a partir de 1914, no ocurrió; en caso de que fuera cesante, se vería obligado a

> vivir con dos terceras partes de la paga que les correspondiese y, a veces, incluso sin percibir una peseta. Una vez fallecidos tampoco aseguraban una pensión decente a sus familias. Recuérdese que las clases pasivas se generalizaron por completo a partir de 1926, hasta entonces las pensiones de muchos empleados dependían de las exiguas cajas de los distintos montepíos de oficinas, y no todos los entonces existentes contaban con los medios necesarios para proporcionar un futuro desahogado a viudas y huérfanos. En las revistas corporativas de la época, asociadas a distintos ramos de la Administración, son frecuentes los anuncios de suscripciones entre compañeros para atender a las familias desamparadas de camaradas fallecidos. (pp. 37-38)

La narrativa del XIX y del XX está llena de estos personajes cuya tragedia arrastra a quienes lo rodean. El cesante de la novela de Cecilia Bohl de Faber, Villaamil (*Miau*) o Serafín Balduque, el cesante que se encuentra Pedro Sánchez en su viaje a Madrid en tren, son ejemplos de individuos con dificultades para adaptarse a las circunstancias. Otro caso diferente es don Agustín, uno de los personajes de "La beca", de Miguel de Unamuno: cesante perpetuo, cifra las esperanzas de volver a vivir en las condiciones que tenía cuando era funcionario en la beca de estudios de su hijo. Un caso paradigmático es el de Tomás Rufete, el padre de Isidora (*La desheredada*), antiguo funcionario que se ve desplazado "desde el departamento de pensionistas al de pobres" en el manicomio, donde la administración reformista lo ha dejado de la mano de dios.

Son personajes, en definitiva, que viven una ilusión, en una España en constante crisis económica y de valores. De ahí que sean relativamente pocos quienes logran convertir su ideal (en ocasiones elevado) en realidad. Es el caso de Victoria, de *La loca de la casa* (1892), de Galdós, quien logrará, a través de un matrimonio con un indiano que la obliga a abandonar el convento para salvar la difícil situación de su (en un pasado acomodada) familia, obtener recursos para mejorar la sociedad que tan pocos recursos destina a las clases más débiles; de igual manera, ciertos personajes masculinos como, por ejemplo, Ángel Guerra, de la novela homónima de Galdós, son esos Quijotes que la España de fines del XIX necesitaba. Todo esto conduce a la aparición de figuras volcadas en lo social, en una España necesitada de servicios sociales que llegaran a todos los estamentos de la sociedad.

En *El abogado de pobres* (1866), Bretón de los Herreros muestra la historia de un magistrado que renuncia a enriquecerse para actuar de oficio. El personaje está movido por la necesidad de garantizar que la justicia ampare a personas indefensas, entre las que muy bien se podría encontrar Antonia, el personaje de "El indulto" (1883) de Pardo Bazán. Antonia ve con pavor cómo van a aplicar la medida de gracia a su marido, que había asesinado a su suegra, y volverá al hogar familiar. El juzgado aparecerá convertido en una suerte de laberinto hostil y deshumanizado en textos como *El abo-*

gado (1915), de Carmen de Burgos, o una suerte de centro de la Inquisición para Antonio Espina. En uno de sus cuentos, "Gregorio Jorge" (1908), Antonio Zozaya arremete contra el deseo de la Asociación Matritense de Caridad de ocultar y castigar la pobreza, y critica las políticas públicas para la mendicidad, a la que están abocados los sordomudos o los ciegos. El mundo solo es amigable para quien tiene dinero, por ello es necesario que la sociedad desarrolle mecanismos para proteger a quienes más lo necesitan.

Cabecera del periódico en 1880.

La mujer se convierte en una de las principales destinatarias de las obras literarias. La presencia de escritoras, que ya había sido relevante en el siglo anterior, aumenta[10]. En consonancia con la Ley de Moyano (1857), que propugna la educación universal, la

---

10 Señala Pilar Palomo (2014: 2) que, a partir del manual bibliográfico de Claudia Simón (*Mujeres escritoras del siglo XIX*), "se documenta la existencia de 4762 mujeres que, en mayor o en menor medida, escribieron y publicaron durante la centuria. De ese sorprendente número, extraje aquellas escritoras que no publicaron en prensa. El resultado no es menos sorprendente: solo 350".

escritura de estas autoras está dirigida a la educación de la mujer en la sociedad, bien para afianzar su papel en el hogar, donde se revela como un ángel y como la garante del buen gobierno doméstico; bien para denunciar el desamparo en el que se encuentra ante la propia administración. Pilar Sinués, a través del *Almanaque del ángel del hogar* (1866), o Ángela Grassi, desde las páginas de *El correo de la moda: periódico de literatura, educación, teatros, labores y modas*, que dirigió entre 1867 y 1883, proponen las vías para el desarrollo de la mujer sobre la base de la educación como garante del progreso del país[11]. Desde las páginas de *El Correo* escribe Faustina Sáez de Melgar:

> ¿Cómo hemos de influir en sus primeras inclinaciones [la de los hijos], que son las decisivas en la vida del hombre, si nuestra inteligencia llena de tinieblas no puede esclarecer la verdad, siéndola imposible adquirir por la falta total de conocimientos, ideas fijas, claras y precisas? ¿Cómo educar a nuestros hijos, si no estamos educadas nosotras?
>
> Los hijos sacan generalmente las inclinaciones de sus madres, esto es ciertísimo: pues bien; si se quiere regenerar la España; si se quieren arrancar de raíz las absurdas doctrinas del retroceso y sus radicales preocupaciones, que tienen tan hondas raíces en nuestra sociedad, empecemos por educar a las madres; empecemos por esclarecer sus entendimientos, haciéndolas conocer su verdadera misión sobre la tierra.
>
> Y no solamente por su influencia material necesita la mujer una educación intelectual completa; es indispensable también,

---

11 No hay que olvidar otras revistas que se publicaron durante el siglo, y también dirigidas por mujeres como *El Álbum Ibero Americano* (Concepción Jimeno de Flaquer), *Flores y Perlas* (Pilar Sinués), *La Violeta* (Faustina Sáez de Melgar) y *La Madre de Familia* (Enriqueta Lozano) (Palomo 2014).

bajo el punto de vista de la moralidad, de las necesidades de la época y de la verdadera. (1868: 3)

Emilia Pardo Bazán, uno de los nombres más relevantes de la narrativa española, se aproximará al fenómeno de la administración pública desde diversos ángulos[12], en consonancia con los movimientos del momento y que ofrecen, en ocasiones, heroínas que se han de enfrentar a una sociedad poco dada a defender a quienes más lo necesitan. Así, en "El indulto", uno de los textos incluidos en *Cuentos de Marineda*, trata el tema de esa medida de gracia y las consecuencias que puede tener para la mujer, desprotegida completamente:

Cuando Antonia volvió de la consulta, más pálida que de costumbre, de cada tenducho y de cada cuarto bajo salían mujeres en pelo a preguntarle noticias, y se oían exclamaciones de horror. ¡La ley, en vez de protegerla, obligaba a la hija de la víctima a vivir bajo el mismo techo, maritalmente con el asesino!

—¡Qué leyes, divino Señor de los cielos! ¡Así los bribones que las hacen las aguantaran! —clamaba indignado el coro—. ¿Y no habrá algún remedio, mujer, no habrá algún remedio?

—Dice que nos podemos separar... después de una cosa que le llaman divorcio.

—¿Y qué es divorcio, mujer?

—Un pleito muy largo.

---

12 En este florilegio, se recogen tres textos: "El diplomático", "El indulto" y un fragmento de *Los pazos de Ulloa*. En este último, el clérigo que llega a los pazos se encuentra con el archivo nobiliario completamente abandonado, de la misma forma que la nobleza rural abandona sus obligaciones como administradora, algo que conduce al pueblo al atraso.

Todas dejaron caer los brazos con desaliento: los pleitos no se acaban nunca, y peor aún si se acaban, porque los pierde siempre el inocente y el pobre.

Sobre el cambio operado en la sociedad, y la necesidad de que las mujeres se alejen del estereotipo del "ángel del hogar" y asuman su papel en la política y la administración, nos habla *El gobierno de las mujeres*, de Palacios Valdés. El texto muy bien podría ser leído como un diálogo humanista, entablado por una poeta famosa (Carmen Salazar, tal vez trasunto de Carmen de Burgos) con varios hombres y en el que la poeta destierra los errores en los que incurren sus interlocutores. Tras su publicación en 1911 (será reeditado exento en algunas ocasiones), será incluido posteriormente como apéndice (y titulado "Una opinión") en *El gobierno de las mujeres: ensayo histórico de política femenina* (1931), en el momento crucial del debate sobre el sufragio femenino en España.

España como "campo de Agramante"

El país no será ajeno a las turbulencias que se produjeron en el resto de los países europeos, muchas de ellas vinculadas con los movimientos campesinos y obreros. La historia política y social española está plagada de sociedades secretas, de sociedades campesinas y obreras, de conspiraciones políticas y militares, que desembocarán en revueltas, pronunciamientos y conflictos de todo tipo. En este panorama, hubo un conflicto que marcó y definió las tendencias de la política nacional más allá de los pleitos entre liberales y conservadores: las guerras carlistas. A la primera guerra carlista, como reacción a la pragmática sanción de Fernando VII (por la que dejaba de tener vigencia la ley sálica) y la ascensión al trono de Isabel II (1833-1840), le siguieron la segunda guerra carlista (1846-1849), por el fallido intento de boda entre Isabel II y Carlos VI; diversos alzamientos carlistas (1855, 1860, 1869 y 1870) y la tercera guerra carlista (1872-1876). Valle-Inclán, en *Los cruzados de la causa* (1908), muestra la fascinación que siente el marqués de Bradomín por la estética tradicionalista.

Las huellas de aquel conflicto, reflejo de la confrontación entre modernos y tradicionalistas, entre utópicos y retrópicos[13], han alimentado el imaginario español durante todos estos años y han llegado a nuestros días. La posibilidad de crear un relato nacional basado en la religión y la monarquía, como garantes del espíritu nacional, encontrará la resistencia de una clase social que, si bien no ve con buenos ojos algunos de los "delirios" revolucionarios marxistas, entiende que es necesaria la modernización del país y el desencantamiento de los mitos patrios.

Es "campo de Agramante" uno de los sintagmas que aparece de forma recurrente en algunos textos literarios y sirve para señalar los conflictos que se producen entre liberales y conservadores, entre isabelinos y carlistas, entre republicanos y monárquicos o entre socialistas y conservadores y anarquistas. Tiempo confuso y tumultuoso, por los conflictos políticos, los intereses partidistas y una figura que emerge como ejemplo de los problemas para que

---

13 "las distintas formas de resistencia al presente que conlleva la utopía se sitúan entre dos polos extremos y no exclusivos: la proyección en un más allá, en una alteridad radical por construir, una utopía en sentido positivo que entraña un imaginario social legítimamente opuesto al estado existente. Pero también se encarna en una idealización nostálgica de un pasado que existió y que genera el cuestionamiento del presente. Esta mirada nostálgica funciona como una utopía al revés, a veces como una contrautopía o retropía, y favorece la reconstrucción de un mundo cohesionado y la producción de relatos históricos alimentados por mitos y un pasado arquetípico" (Hibbs-Lissorgues 2021, p. 141).

el buen gobierno se cumpliera: el cacique. Caracterizaba Alejandro Oliván (1843) la administración general como aquella que "dimanando inmediatamente del gobierno supremo, se extiende por todo el ámbito del territorio hasta los más pequeños caseríos, haciendo cumplir las leyes, protegiendo a los individuos, fomentando la industria, y conservando el buen orden"[14]. Figuras como el cacique de pueblo, que surge no solo en la España carlista, sino en toda la geografía nacional, encontrarán su correlato en la política nacional y revelarán los modos clientelares de la política.

En la España rural la administración pública está a merced de este tipo de personajes y el funcionariado acaba muchas veces sucumbiendo a esa fuerza caciquil. Es conocido aquel mapa del caciquismo que la revista satírica conservadora *Gedeón* inserta entre sus páginas en 1887: Romanones en Guadalajara, Castelar en Huesca, Martínez de las Rivas en Vizcaya, Maura en Baleares o León y Castillo en Canarias, quienes tejen y usan sus influencias para lograr inversiones en sus provincias, donde les apoyan los caciques locales. Como señala Javier Moreno Luzón, el caciquismo es un fenómeno que se da en otros países y que surge por la necesidad de articular respuestas efectivas en sistemas políticos, como el español, en el "que la movilización colectiva era escasa y en el que tanto la participación como la distribución de los recursos estatales estaban mediatizadas por la política de clientelas, mucho más relevante que la política de masas basada en las divisiones sociales amplias" (2013: 29).

Sea como fuere, los textos que tratan la figura del cacique de pueblo no suelen articularse en términos positivos, si bien subrayan ese ambiente de crisis en el que se halla sumido el país. Pérez Galdós lo caracteriza en los siguientes términos:

14　He modernizado la ortografía de los textos para su mejor comprensión. Solo dejaré aquellas palabras deformadas a propósito en los textos de este florilegio.

El cacique da y quita los míseros empleos que disfrutan los más pobres del pueblo; suyos son el cartero-peatón, el secretario del Ayuntamiento, el peón caminero, el expendedor de efectos estancados. El cacique es quien al hacer el reparto de contribución carga la mano al adversario, aliviando al amigo, de lo que se originan disgustos mil, y a veces porrazos y hasta puñaladas. Verdad que el tirano de la aldea, que tan grandes servicios presta al diputado, sometiéndole la localidad, agobia a este con sus exigencias, hasta el punto de que muchos representantes del país reniegan de la hora en que se metieron en tales líos. El diputado apoya y encubre los desmanes de su agente; pero se dan casos en que los clamores de la comarca se hacen oír en el Congreso, y el Gobierno se ve obligado a recortar el excesivo celo de aquel déspota oscuro ([1889]1923: 130-131).

Mapa del caciquismo de *Gedeón* (1897).

Silverio Lanza, al tratar la figura del juez de primeros pasos Licurgo Redondo, en *Ni en la vida ni en la muerte* (1890), establece una analogía elocuente: "Un carnero atravesado en la vía y un cacique atravesado en el juzgado hacen desviar de su camino a un mixto y a un exprés; a un juez de primeros pasos y al presidente del inapelable tribunal de lo contencioso y finiquito". Con ello subraya cómo los caciques también frenaban ciertos desmanes que los funcionarios cometían apoyados desde Madrid, que desconocían los problemas concretos del lugar donde estaban destinados. Otro es el caso de Luis Rodríguez Figueroa, quien en *El cacique* (1900) señala el control electoral como una de las herramientas para lograr sus objetivos en Tenerife, o Felipe Trigo, que en *Jarrapellejos* denuncia el caciquismo en Extremadura. Años más tarde, Antonio Espina trazará un retrato poético del cacique como símbolo de la España del pasado, como alguien refractario al progreso.

✳

El siglo XIX se autoproclamará el de la clase media (y, por tanto, mostrará todos los ámbitos de la sociedad en los que puede ejercer su influencia); el de la libertad a través de las revoluciones que perseguían cambiar el protagonismo histórico (y la propiedad de los bienes de producción como señalarán Marx y Engels); el del positivismo y la fe (una vez más) en el progreso humano; el del determinismo y las teorías sociales de corte darwinista; el de la mujer, como principal consumidora y como sostenedora del statu quo, pero también como motor de los cambios sociales y culturales (y, en ocasiones, como canon de conducta pública[15]); el del colonia-

---

15 Ramón de Campoamor, a la hora de definir a Cánovas, escribe: "Tiene, como las mujeres, la manía del talento. A los hombres no los divide, según las reglas de la moral y la economía caseras, en útiles y holgazanes, sino en tontos

lismo africano, escenificado en la Conferencia de Berlín (1884), para el continente africano en general, y en la de Algeciras (1906), para Marruecos, en particular.

La exposición universal de París de 1889 señala la salida del pasado siglo XIX y abre la puerta del futuro. "Vengo a ella con la fe en el progreso que siempre me alentó y que las desdichas de mi patria han exaltado, y una impresión grave y gozosa a la vez me sobrecogerá cuando cruce la Puerta monumental, más discutida que la Exposición entera" (1890: 23), escribe desde París Emilia Pardo Bazán al contemplar la muestra.

En esa tesitura, la de la crisis española que ya iba siendo evidente, a la palabra progreso se suma el concepto buen gobierno. Lucas Mallada, en 1890, señala la ausencia de compromiso de los grandes propietarios, quienes, "sin más sacrificio que cumplir como buenos ciudadanos, […] dominarían graves y urgentes problemas que siguen sin resolver por falta de decisión y por los cortos alcances de los Gobiernos, de las Diputaciones provinciales y de los Municipios" (27). La crítica, que ya había salpicado las páginas de las obras de Galdós o Pardo Bazán, apunta hacia aquellos obstáculos al desarrollo nacional presentes desde mucho tiempo atrás, como una pesada carga que, con el paso de los siglos, ha llegado a inmovilizar completamente el país. Los males de España no están en las personas que lo habitan, sino en quienes acumulan recursos sin ser capaces de generar riqueza para el conjunto y en los gobernantes, incapaces de dar respuestas a los problemas endémicos nacionales y cuyas políticas son producto de la improvisación. Para Joaquín Costa el diagnóstico de la *Crisis política de España* (1901)

---

y discretos. Para juzgarlos les aplica siempre el criterio del entimema de Descartes: «¿Piensan? luego son." (1884: 11).

es evidente y quienes realmente pueden ayudar a cambiar el rumbo desastroso en el que se encuentra el país:

> Apliquemos al litoral de la Península y a sus archipiélagos y presidios lo que el general Mozo ha dicho hace pocas semanas de las Canarias: que no las salvará la fuerza material, sino, si acaso, la fuerza moral. El honor y la seguridad de la nación no se hallan hoy en manos de los soldados: están en manos de los que aran la tierra, de los que cavan la viña, de los que plantan el naranjo, de los que pastorean la cabaña, de los que arrancan el mineral, de los que forjan el hierro, de los que equipan la nave, de los que tejen el algodón, de los que conducen el tren, de los que represan la lluvia, de los que construyen los puentes, de los que estampan los libros, de los que acaudalan la ciencia, de los que hacen los hombres y los ciudadanos educando a la niñez. De esas escuelas saldrán los soldados, de esas forjas saldrán los cañones, de esos montes bajarán los navíos, de esos canales nacerá la sangre, de ese hierro brotará la fortaleza, de ese algodón y de ese cáñamo y de esos árboles saldrán las tiendas de campaña y las velas y el asta sagrada que ha de desplegar al viento la bandera rejuvenecida de la patria. (1914: 127-128)

Ángel Ganivet, uno de los más conspicuos representantes de la Generación del 98, publica una ficción (*La conquista del reino Maya por el último conquistador Pío Cid*, 1897) que rezuma un pesimismo y un anticolonialismo evidentes. Imagina, por ejemplo, el uso del alcohol "para afianzar los poderes públicos". Señala, además, la necesidad de que todo poder permita un buen número de funcionarios inútiles, que ralentizan y complican la administración pública, puesto que es este tipo de empleado el que percibe que cualquier revolución o intento de cambiar el ejecutivo nace "del deseo de turnar en el disfrute de las prebendas", por lo que, "combatiendo por sus intereses", combaten por el Gobierno y lo sostienen.

El 98 desarrollará diversas tendencias o actitudes que van desde la nihilista anarquizante de Alejandro Sawa o Valle-Inclán, la reaccionaria de Azorín o Manuel Machado, la subjetivista (preocupación nacional más que social) dentro del regeneracionismo existencialista y angustiado del 98 de Unamuno, Antonio Machado o Baroja, hasta la que derivará en el fascismo con Ramiro de Maeztu a la cabeza.

La política estará viciada por las componendas que, desde el fracaso de la revolución de 1868 y el inicio de la Restauración, entre conservadores y liberales (Cánovas y Sagasta) con el turnismo. Galdós, en *Ángel Guerra* (1891), muestra la percepción que se tiene de esos juegos entre políticos que van a protagonizar el fin de siglo. En *Camino de perfección* (1902), de Pío Baroja, el retrato de Alfonso XII que cuelga en el despacho de un ministro explica la historia política del país:

> Es un retrato que tiene su historia. Fue primitivamente retrato de Amadeo, vestido de capitán general; vino la República, se arrinconó el cuadro y sirvió de mampara en una chimenea; llegó la Restauración, y el gobernador de aquella época mandó borrar la cabeza de Amadeo y substituirla por la de Alfonso. Es posible que esta de ahora sea substituida por alguna otra cabeza. Es el símbolo de la España.

Por otro lado, la presencia de determinadas compañías que hacen y deshacen en los lugares en los que se hallan asentadas llevará a Concha Espina a escribir *El metal de los muertos* (1920), de la que se incluye un fragmento. Se trata de una novela social[16] sobre

---

16 Los naturalistas radicales, con Eduardo López Bago a la cabeza, acompañarán el título de muchas de sus obras con los términos "social" o "médico social" a finales del siglo XIX, pero no se trata del mismo tipo de literatura.

las huelgas que se produjeron en las minas de Riotinto durante la segunda década del siglo XX. Uno de sus personajes, Aurelio Echea, el "campeón socialista del distrito", señala:

> No se trata solo del incumplido régimen del trabajo ni de la perpetua lucha entre jornaleros y patronos: hay sobre esta una previa cuestión nacional. Porque la Compañía nordetana es en la villa dueña absoluta, sin término ni condición, de la tierra, de las fincas, del subsuelo, del monte, del aire, de la ley, de la libertad. Señora de vidas y haciendas por virtud de este moderno feudalismo, son suyos con propiedad indiscutible, las calles, las plazas, la Iglesia, el cementerio, los edificios públicos, las vías de comunicación, y suyos, moralmente, casi todos los organismos populares, representados por personas que disfrutan con privilegio escandaloso, cargos del Estado y de la Compañía.

Los sucesivos gobiernos de concentración que se inician con el presidido por Antonio Maura (1918-19) trataron de enderezar la situación del país. El desastre de Annual (1921), que socavó la credibilidad de Alfonso XIII, supuso el regreso de Maura al Gobierno (1921-1922) y abonó el terreno al pronunciamiento del capitán general de Cataluña en Barcelona.

Wenceslao Fernández Flórez, en *La familia Gomar* (1922), muestra la precariedad en que viven las clases trabajadoras: los trabajos que Virgilio Gomar presta a un abogado y rentista, don Jacobo, "fluctuaban entre los de un secretario, los de un ayuda de cámara y los de un caballo de alquiler". Lo que realmente tiene que hacer Gomar es darle hijos al Estado, que es lo que necesita para poder funcionar, le dice don Jacobo, y él lo ayudará en su plan.

El golpe de estado de Primo de Rivera (1923), que inicia un periodo de dictadura en el país, generará un aluvión de textos de todo tipo en los que la crítica viene acompañada por el humor. Edgar Neville, en "La señorita regional" (1923), propone un nuevo tipo de empleada pública, como una broma sobre la España folclórica y sin fundamento que se ha instaurado con la llegada del capitán general.

El fin de la dictadura y la llegada de la II República supondrán un auge en la publicación de libros y un cambio en la manera de crear centrada en lo humano, más combativa, si bien, como señala Francisco Fuster (2023), "lo cierto es que la 'literatura de avanzada' no terminó de imponerse del todo, ni a la literatura de vanguardia, no a la más tradicional y conservadora, desde el punto de vista estético e ideológico" (323). Algunas novelas reflejan el ambiente revolucionario que invade el país y las propuestas de nuevas formas de administrar lo público. Es ese el motor de *Siete domingos rojos* (1932), de Ramón J. Sender (sobre la huelga general que se produce tras la muerte de tres obreros a manos de la policía en un mitin anarcosindicalista), o *El rebaño hambriento en la tierra feraz* (1935), de José Más, de clara denuncia contra las condiciones en las que se encuentran las clases campesinas. Desde el humor, Eusebio Jardiel Poncela y *La tournée de Dios* (1932) señala la división entre dos Españas.

Luego llegaría el golpe de estado y todo cambió, pero esa es otra historia.

REFERENCIAS

Campoamor, Ramón de (1884). *Cánovas*. Madrid: Luis Navarro.

Campoamor, Ramón de (1901). *El personalismo. Obras completas de Don Ramón de Campoamor: revisadas y compulsadas con los originales autógrafos / bajo la dirección de D. U. González Serrano, V. Colorado, y M. Ordoñez,* tomo 1, Madrid: Felipe González Rojas, editor, 1901-1903 (Casa editorial, Imprenta y Litografía San Rafael).

Consuegra Cano, Begoña (2020). "Erradicar la mendicidad. Contestación y debate desde la revista *Los ciegos* (1916-1925)", *e-Legal History Review*, 31.

Costa, Joaquín (1914). *Crisis política de España (doble llave al sepulcro del Cid)*. 3ª edición aumentada. Madrid: Biblioteca Costa.

Eymar, Carlos (2010). *El funcionario poeta: elementos para una estética de la burocracia.* Fórcola Ediciones. https://elibro.net/es/lc/ulpgc/titulos/59677

Fernández Riera, Marcino (2009). *Rosario de Acuña y Villanueva. Una heterodoxa en la España del Concordato.* Zahorí Ediciones.

Fuster, Francisco (2023). "La república de la letras: la literatura española entre 1931 y 1936. *La Segunda República española 90 años después (1931-2021). Balances y perspectivas,* Leandro Álvarez Rey (coord.). Madrid: Centro de Estudios Políticos y Constitucionales, pp. 321-341.

Hibbs-Lissorgues, Solange (2021). «Sueños nocturnos» y retropías en el tradicionalismo español. *Pasado y memoria*, 23, pp. 139-159.

P. (1880). "La primera impresión". *La Iberia*, 7143, 24 de febrero, p. 3.

Mallada, Lucas (1890). *Los males de la patria y la futura revolución española*. Madrid: Tip. de Manuel Ginés Hernández.

Martín Mateo, Ramón (1966). "La inamovilidad de los funcionarios públicos". *Revista de administración pública*, pp. 9-40.

Moreno Luzón, Ja (2013). *Caciquismo y política de clientelas en la España de la restauración*. Universidad Complutense de Madrid.

Nombela, Julio (1911). *Impresiones y recuerdos*. Tomo IV. Madrid: Casa editorial de "La Última Moda".

Oliván, Alejandro (1843). *De la administración pública con relación a España*. Madrid: Calle de Zayas número 43, antes Carrera de S. Gerónimo.

Padre Lesnas (1878). "Los pensamientos del diablo. Cuadro XI. El empleado". *Fray Verás*, 50, 2 de febrero, pp. 1-2.

Palomo Vázquez, M.ª del Pilar (2014). "Las revistas femeninas españolas del siglo XIX. Reivindicación, literatura y moda". *Arbor*, 190(767), a130.

Pardo Bazán, Emilia (1890). *Cuarenta días en la exposición*. Madrid: Estab. Tip. de Idamor Moreno.

Pereda, José María de ([1891]1999). *Pedro Sánchez*. Alicante: Biblioteca Virtual Miguel de Cervantes.

Pérez Galdós, Benito ([1886]1923). "El encasillado y sus consecuencias". *Política española. Obras inéditas ordenadas y prologadas por Alberto Ghiraldo. Madrid: Renacimiento*, pp. 123-133.

Quiroga, Alejandro (2005). "Perros de paja: las Juventudes de la Unión Patriótica". *Ayer*, 59(3), pp. 69-96.

Ramírez Martín, Virginia (2020). "Luis Antón del Olmet y López: un diputado en los estertores de la bohemia". *Revista de Literatura*, LXXXII (163), pp. 187-214.

Román Román, Isabel (2021). "El tipo del neo en la obra de Galdós". Alicante: Biblioteca Virtual Miguel de Cervantes.

Romera, Ángel (2005). "Escrutinio de donosos escrutinios. Estela de los bibliocaustos generados por un capítulo de *Don Quijote*". *Espéculo: Revista de Estudios Literarios*, 29.

Sáez de Melgar, Faustina (1868). "Ateneo artístico y literario de señoras. Asociación de enseñanza universal, científica y recreativa". *El correo de la moda*, 2 de enero de 1869.

Sánchez-Blanco Celarain, María Dulce. "Pedro Muñoz Seca", en Real Academia de la Historia, *Diccionario Biográfico electrónico*.

Santiánez Tió, Nil (1994). *Ángel Ganivet, escritor modernista: teoría y novela en el fin de siglo español.* Madrid: Gredos.

Sebold, Russell P. (2003). "Criminal sin delito: 'El verdugo' de Espronceda". Alicante: Biblioteca Virtual Miguel de Cervantes.

Suárez Bilbao, Fernando (2006). Revolución y Restauración en la Administración de Justicia (1874-1936). *Anuario De Historia Del Derecho Español*, (76), pp. 285–322.

Sueiro Seoane, Susana (2023). "Textos migrantes: literatura anarquista en español en Estados Unidos en la época de entre siglos". *Rúbrica contemporánea*, XII (23), pp. 25-44.

Torreblanca López, Agustín (2022). "La incorporación de la mujer al Tribunal de Cuentas". *Pioneras. Cien años de la presencia de la mujer en el Tribunal de Cuentas (1922 - 2022)*. Madrid: Tribunal de Cuentas.

Zinon (1913). "Inauguración del instituto para marineros". *La Provincia*, 519, 23 de marzo, p.4.

NOTA

El presente florilegio (el segundo) sigue un criterio cronológico. Se han actualizado la ortografía y la puntuación y, en nota, se ha dado noticia de la información imprescindible para comprender el contexto en el que surgió el texto y aclarar algún concepto. Pretende ser una excusa para seguir leyendo el texto completo, si bien he insertado íntegramente los cuentos. He usado el Nuevo tesoro lexicográfico de la RAE para consultar los diversos diccionarios de la época para esclarecer el significado de algunas palabras.

Han quedado muchos textos fuera y aún, mientras escribo estas líneas, pienso que podría haber quitado algunos y puesto otros o haber aumentado *ad infinitum* la colección. Su propósito es ofrecer una visión amplia, curiosa y significativa de cómo evoluciona la percepción de la administración y de quienes son responsables de su buen funcionamiento. Estoy en deuda con quienes están siempre en el proceso de crear una obra de este tipo y de compartir, aunque sea por amistad, el entusiasmo que despierta en mí este tipo de empresas (a mi gente de Al aire: Pepe Parrilla, Manolo Benítez, Carlos Álvarez y Javier Doreste); a Antonio Mª Martín, Francisco Quintana, Nayra Pérez, Israel Campos, Daniel Castillo, Fernando Bruquetas, Juan Gómez-Pamo y Tábata Noemí Padilla Santana (siempre) por su ayuda en las diferentes fases del trabajo.

Cecilia Bohl de Faber (Fernán Caballero)

La viuda del cesante[17] (1839)

[fragmento]

Paseaban por esta muralla, hace de esto algunos años dos señores. El uno era alto, de buena presencia; el otro era más pequeño, algo agobiado y de semblante doliente y decaído.

—Paisano —dijo en tono jovial el más alto al que lo acompañaba—, usted se hace del porvenir un monte, y yo lo veo muy llano.

—Llano, sí —contestó el interpelado—; llano, como lo es el camino que desde Puerta de Tierra[18] conduce al camposanto. Usted, que tiene su porvenir asegurado, puede vivir tranquilo; pero un empleado[19] como yo, que tiene siempre la cesantía como la espada de Damocles, amenazando su cabeza, no puede hallar sosiego ni gusto rara nada. A pesar del juicio, modestia y economía de mi mujer y de nuestra vida retirada, apenas tenemos ahorros, pues habiéndoseme en poco tiempo destinado desde Málaga a La Coruña, desde La Coruña a Pamplona y desde Pamplona a aquí, los crecidos costes de los viajes los han absorbido todos.

—Y ¿por qué, con mil diablos, fue usted empleado, paisano?

—Mi padre lo era, y antiguamente los hijos seguían las carreras de sus padres, sin aspirar a más que a distinguirse y subir en ellas,

---

17 Tomado del tomo XII de las *Obras completas* (Madrid: Tipografía de la Revista de Archivos, 1910).

18 La acción de la novela tiene lugar en Cádiz.

19 Desde el diccionario de la Real Academia de 1822, aparece con el significado de funcionario:

El destinado por el gobierno al servicio público de la nación, y pagado por esta. *Munere publico fungens.*

y los servicios de aquellos les servían de derecho y recomendación; pero desde que todos en España quieren empleos, y cada ministro y cada diputado tiene un ciento de ahijados que colocar, para que estos tengan cabida se tienen que dejar cesantes infinitos empleados, por más que toda su vida hayan servido fiel e inteligentemente sus destinos... Yo no tengo protector ni me he afiliado a ningún bando político, y así estoy seguro de quedar cesante muy en breve.

—Paisano, no anticipe usted males.

—Señor don Andrés, más vale estar prevenido que recibir inopinadamente la noticia de su ruina. Si mi padre, que en descanso está, hubiese podido prever el porvenir, me hubiese enviado con usted a Lima cuando se fue; allí ha hecho usted fortuna y ha logrado la suma felicidad, que es vivir independiente.

Habían llegado a una de las escaleras por las que se desciende de la muralla… Después que la hubieron bajado, dijo don Andrés a su acompañante:

—Véngase usted a la nevería a tomar un helado.

—Gracias —contestó el invitado—. Me voy, como tengo de costumbre, a mi casa, en la que rezamos el rosario; nos hace mi hijo una lectura amena mientras cose mi mujer, o jugamos una partida de tresillo; a las diez tomamos chocolate y nos acostamos; esto es poco elegante, pero no nos cuidamos por la elegancia. No diga usted tampoco que rezamos el rosario; nos llamarían *neos*[20], lo que sería suficiente motivo para dejarme cesante.

---

20 Se refiere a los neocatólicos. "El «Neo-católico» que representaba en la década de los sesenta [del siglo XIX] la confusión de política y religión que se venía dando desde comienzos del siglo, pasó a ser llamado burlonamente neo por los liberales, si bien el apócope solía ser usado orgullosamente también por quienes declaraban su opción política como «católico-monárquica»" (Isabel Román, 2021: 343).

Pocos meses después los temores del pobre empleado se habían realizado. Cesante y forzosamente desocupado, un hombre laborioso como él lo era, sin medios ni esperanza de mejorar su suerte, cayó en un profundo abatimiento, que agravó el mal de hígado que lo había lentamente acometido, y que de crónico pasó a agudo, y en breve plazo le ocasionó la muerte.

Desgarrador fue el pesar de su amante mujer y de su excelente hijo, joven de veinte años, que se había criado al lado de su padre para seguir su carrera, la que de todo punto se le cerraba, no teniendo cabida este joven capaz, excelente y modesto, entre la infinidad de pretendientes que no tenían ninguna de sus cualidades; pero que en su lugar contaba con osadía y un protector político cualesquiera.

Tres días después del entierro estaba la infeliz viuda recostada en un canapé, caída la cabeza sobre el pecho de su hijo, que la tenía abrazada, y sin atender a las benévolas palabras de consuelo que don Andrés le repetía, a pesar de estar convencido de su insuficiencia. De repente levantó la pobre viuda su cabeza y con los ojos secos y desatentados, exclamó, cruzando sus manos:

—¿Qué va a ser de mí y de mi hijo?

—A grandes males grandes remedios —repuso don Andrés—. Su marido de usted me decía que ojalá que su padre le hubiese enviado a Lima cuando yo fui: que vaya, pues, su hijo; yo le daré cartas de recomendación en particular para la viuda del compañero que allí tuve; yo le costearé el viaje… y me devolverá este desembolso cuando pueda hacerlo cómodamente —añadió don Andrés al notar que la viuda apurada iba a rechaza—. Señora —prosiguió—, este sacrificio es necesario, y la única tabla de salvación que les queda a ustedes en la cruel situación en que, tanto el uno como el otro, se hallan.

Juan Eugenio Hartzenbush

"El lugareño en Madrid" (1839)[21]

[fragmento]

Un día pregunta en la calle de la Comadre por dónde había de ir a la puerta del Sol: el sujeto a quien se dirige le hace el obsequio de acompañarle por un buen rato, y le encamina después con tanto acierto, que el buen Pescuño se encuentra sin saber cómo en el patio de San Bernardino[22], donde quieren tomarle la filiación y hacerle comensal de aquella santa casa. Otro día, cabalgando en su macho, se lo espantan unos pillos: desbócase la bestia y arroja al jinete, acude a levantarle del suelo un caritativo transeúnte, le limpia la chupa, le trae el sombrero, y enseguida saca el incógnito del bolsillo un ejemplar de un bando y exige en términos enérgicos al aporreado patán la multa en que ha incurrido por correr por las calles con su caballería: caridad de alguacil por fuerza había de ser costosa.

Pescuño ha venido a Madrid con una comisión del ayuntamiento de su pueblo, en virtud de la cual tiene que entregar cierta cantidad de papel moneda en una de las oficinas de la hacienda pública. El sencillo alcarreño contaba con despachar brevemente su encargo, porque para recibir dinero creía que los dependientes del gobierno no pondrían tantas dificultades como para darlo. ¿Quién lo pensara? Desde el primer día le dicen que el asunto es complicado y grave, que hay que liquidar, comprobar, ver expe-

---

21 El cuadro aparece publicado por primera vez en *El corresponsal*.

22 Tras la exclaustración, por el decreto de supresión de los monasterios y otros conventos, comenzado en 1834, el convento de San Bernardino pasó a convertirse en asilo de pobres.

dientes y correr trámites, que lejos de correr, van a paso de tortuga. Un día el infatigable Pescuño se llega quedito a la mesa del oficial encargado de evacuar su asunto, y tiene la desgracia de sorprenderle, *in fraganti*, dibujando una danza de monos. Amostázase el lugareño, y pide con algún retintín al caricaturista que no le haga perder más tiempo en Madrid, porque han sufrido ya sus intereses bastante perjuicio: "venga usted pasado mañana", le responde el oficial secamente. Pescuño tiene la imprudencia de preguntarle si necesita nada menos que dos días para dar la última plumada a sus mamarrachos. ¡Tú que tal dijiste! El funcionario público se pone hecho un poeta inspirado (quiero decir, un energúmeno), tira de la campanilla, aparecen cuatro o cinco sayones, los cuales al oír la orden enfática de "quítenme de delante a ese hombre indecente", se apoderan del paleto, se lo llevan en volandas hasta la escalera, hartándole de improperios, hijos del amor y respeto que profesan a sus superiores; no dándose por satisfecho el celo porteril hasta que descargan sobre el malaventurado Pescuño un razonable número de mojicones.

Jura y reniega a ¿qué quieres, boca? el honrado alcarreño contra Madrid; como si Madrid tuviese la culpa de que él hubiese cometido una cerrilada. Vuelve dos días después a las oficinas, recházale el portero, pide auxilio a la guardia, y las bayonetas de los ciudadanos, a la voz de un galopo, amenazan a un hombre de bien que viene a depositar en las arcas del tesoro el fruto de los sudores de una porción de individuos pertenecientes a la clase más útil al estado. Desespérase el alcarreño: pasan días, sus diligencias son vanas, su bolsa disminuye, su angustia crece. Por fin, halla una mano benéfica que le saque de tan duro aprieto; pero esta mano que se tiende hacia la suya se tiende abierta y es menester que no se retire vacía. Una ribeteadora, parienta (por Adán) de un barrendero de la oficina impenetrable, se encarga, mediante una gratificación previa, de zanjar el asunto del alcarreño. El pobre Pescuño tuvo que comprar un protector con faldas para conseguir que el erario nacional recibiese su dinero.

Ramón de Campoamor

Fábulas originales (1842)

Fábula VII[23]

Insuficiencia de las leyes

EL REINO DE LOS BEODOS

Tuvo un reino una vez tantos beodos,
que se puede decir que lo eran todos,
en el cual por ley justa se previno:
Ninguno cate el vino.
Con júbilo el más loco
aplaudiose la ley, por costar poco:
acatarla después, ya es otro paso;
pero en fin, es el caso
que la dieron un sesgo muy distinto,
creyendo que vedaba solo el tinto;
y del modo más franco
se achisparon después con vino blanco.
Extrañando que el pueblo no la entienda,
el Senado a la ley pone una enmienda,
y a aquello de *Ninguno cate el vino,*
añadió *blanco*, al parecer, con tino.
Respetando la enmienda el populacho,
volvió con vino tinto a estar borracho,

---

23 Publicada en 1842 (Madrid, Establecimiento tipográfico, Calle del sordo, número 11), en 1888 aparecerá reeditado en sus *Obras completas* (Barcelona, Montaner y Simón) bajo el título *Fábulas*, como primera fábula de la "Sección política". Las dos publicaciones se hallan en la Biblioteca Virtual Miguel de Cervantes.

creyendo por instinto, ¡mas qué instinto!,
que el privado en tal caso no era el tinto.
Corrido ya el Senado,
en la segunda enmienda, de contado,
Ninguno cate el vino,
sea blanco, sea tinto; les previno;
y el pueblo, por salir del nuevo atranco,
con vino tinto entonces mezcló el blanco,
hallando otra evasión de esta manera,
pues ni blanco ni tinto entonces era.
Tercera vez burlado,
—No es eso, no señor— dijo el Senado;
—o el pueblo es muy zoquete, o muy ladino:
se prohíbe mezclar vino con vino—.
¡Mas cuánto un pueblo rebelado fragua!
¿Creeréis que luego lo mezcló con agua?
Dejando entonces el Senado el puesto,
de este modo al cesar dio un manifiesto:
La ley es red, en la que siempre se halla
descompuesta una malla,
por donde el ruin que en su razón no fía
se evade suspicaz... ¡Qué bien decía!
Y en lo demás, colijo
que debiera decir, si no lo dijo:
Jamás la ley enfrena
al que a su infamia su malicia iguala:
si se ha de obedecer, la mala es buena;
mas si se ha de eludir, la buena es mala.

Concepción Arenal

Fábulas en verso originales (1851)

El párroco y sus feligreses

Un pueblo que, según dice la historia,
se halla en el interior de Andalucía
padeció, como de otra no hay memoria,
una horrible sequía.
Consternada la gente
mira el campo asolado,
y si el agua no acude de contado
la mejor finca de aquel pingüe suelo
no dará la simiente.
Los ojos vuelven todos hacia el cielo,
imploran con fervor y piedad mucha
remedio breve a tan acerbos males,
mas el cielo no escucha
por razones que ignoran los mortales.
Viendo que inútilmente
su piedad imploraban,
impíos los más de ellos blasfemaban
con boca maldiciente.
Era el cura del pueblo un virtuoso
varón, modesto y grave,
y oyendo aquel lenguaje escandaloso
por más que del deber hollen los fueros,
dice con voz suave
a sus mal resignados feligreses,

—Una declaración tengo que haceros.
Hoy cesan de la suerte los reveses:
a mí, aunque pecador flaco é indigno,
el piadoso cielo
de esta revelación me creyó digno.
Su cólera justísima depone,
y para enviar al abrasado suelo
la lluvia deseada
que cada cual implora,
sola una condición sencilla impone.
«Que unánime dé el pueblo y libre voto
»por el cual determine claramente
»de empezar a llover el dia y hora;
»si así no fuere, el pacto queda roto.»
Cuando esto oyó la gente
cada cual a votar se precipita;
uno quiere que llueva en seguidita.
Otro que el sol se vele con celaje;
porque tiene que hacer cierto viaje,
que le importa muy mas que la cosecha;
votando así que el día
siguiente ha de llover de su regreso.
No, le grita muy poco satisfecha
una moza, par diez, no ha de ser eso,
precisamente estoy de romería.
Otro yerba segada
tiene, y le haría el agua grave daño
hasta verla encerrada;
otro el agua no quiere en aquel año
porque no es cosechero

sino tratante en granos
cuya abundancia atasca su granero.
Y otros, en fin, con mil pretextos vanos,
por no hacer el relato más prolijo,
tantas dificultades opusieron
que de acuerdo común no consiguieron
señalar a la lluvia día fijo;
Dios no escuchó la charla inoportuna
y el agua les mandó por su fortuna.
Entonces el buen cura así les dijo:
«¡Oh, juicios de los hombres, juicios vanos!
»¡Oh, desdichada suerte!
»¡Si la pusiera Dios en nuestras manos
«fuera vida infeliz y triste muerte!
«Limitada razón y vana ciencia
«¿Por qué acusas impía
«la dulce Providencia
«diciendo —en su lugar mejor sería?
«Sella ya el labio inmundo,
«que si Dios un momento
«su dirección fiase a tu talento,
«nuevo caos tornara a ser el mundo.»

Bretón de los Herreros

El abogado de pobres (1865)[24]

[Fragmento]

Acto I. Escena primera.

D. Gabriel. D. Ramiro.

Don Gabriel, vestido para salir de casa, sale de las habitaciones de la derecha dirigiéndose a la puerta del foro, y al mismo tiempo viene de la calle D. Ramiro.

Ramiro. Ah! va usted a salir...

Gabriel. Sí. Quieres algo?

Ramiro. Recomendar a usted... Mas no hay urgencia. Cuando usted vuelva le diré...

Gabriel. Al momento.

(Dejando el sombrero en una silla.)

De cuanto soy, Ramiro, y cuanto valgo
eres dueño: lo sabes.

(Sentándose en una butaca.) Toma asiento.

(Se sienta en otra butaca D. Ramiro, dejando también sobre un mueble el sombrero.)

Para ti todas son horas de audiencia;
o por mejor decir, no lo es ninguna.
Cuando tanta es la cáfila importuna
que sin cesar me hostiga

---

24 Tomado de la Biblioteca Digital Hispánica.

pidiéndome destinos—¡qué fatiga!,
tú, siendo mi sobrino, y tan amado,
nada exiges, a nadie recomiendas,
y hasta parece que huyes de mi lado.
¡Posible es que tan caro te me vendas!

RAMIRO. Venero como a un padre a mi buen tío;
pero a usted en su puesto, a mí en el mío,
o usted en su dorado gabinete...

GABRIEL. Donde no hay tregua a mi mortal zozobra...

RAMIRO. V a mí en la oscuridad de mi bufete,
el tiempo, caro tío, no nos sobra.
Ahora bien, ya que usted me oye benigno,
yo, no invocando la amistad y el deudo;
que solo a la justicia pago feudo,
por un hombre intercedo, que es muy digno...

GABRIEL. Sin duda lo será, pues tú le apoyas.

RAMIRO. Ajeno a las pandillas y tramoyas
que hacen de España un campo de Agramante,
fiel empleado, inteligente, asiduo,
pero no lisonjero ni intrigante,
sobre su frente dio palo de ciego
un jefe improvisado,
gran repúblico, oh! sí v hombre de estado,
aunque en el ramo que administra es lego.

GABRIEL. Quizá por ser moderno quedó fuera...

RAMIRO. No, que cuenta veinte años de carrera;
mas la patria exigía una vacante,
á fin de dar lugar en la plantilla

a cierto redactor de gacetilla,
y el director llamante
de una plumada le dejó cesante.

GABRIEL. ¡Todos quieren vivir del presupuesto!
Cáncer es este universal, funesto,
que al fin...

RAMIRO. Es padre de seis hijos...

GABRIEL. ¿Quién?
    ¿El agraciado?

RAMIRO. No; el cesante.

GABRIEL. ¡Ah! bien.

RAMIRO. (Dando un papel a D. Gabriel.)
He aquí... Perdone usted si le molesto...

GABRIEL. No.

RAMIRO. La nota...

GABRIEL. No más. Será repuesto.

RAMIRO. Gracias...

GABRIEL. Ahora soy yo quien pide audiencia.

RAMIRO. ¡Cómo!...

GABRIEL. En los días de tu breve ausencia...

RAMIRO. Tantos procesos como tengo encima
mi salud quebrantaban y forzoso
me fue en más dulce clima
dar al cuerpo y al alma algún reposo.

GABRIEL. ¡Y con el propio ahínco
has vuelto a trabajar!

RAMIRO. El día cinco
ha de fallar la Audiencia
la causa de una pobre a quien amparo.

GABRIEL. ¡Gratuitamente!

RAMIRO. Es claro.
Se trata de una herencia
usurpada a una viuda...

GABRIEL. Yo aplaudo...

RAMIRO. Su derecho es inconcuso,
y el tribunal, sin duda,
condenará al ladrón a quien acuso.

GABRIEL. Bien está; pero tú...

RAMIRO. Descomedido
a mi tío y señor be interrumpido.

GABRIEL. ¿Qué importa...

RAMIRO. En lo del pleito hagamos punto,
y diga usted qué asunto...

GABRIEL. Es el asunto
que en el poder por otros codiciado
mi vida es cada día más amarga,
que miro la cartera con enfado
y ansío el momento de soltar la carga.

RAMIRO. No lo debo extrañar si, como temo,
la situación es crítica.

GABRIEL. En extremo.
¿Y cómo no ha de serlo cuando Europa,
donde se bacina tanto combustible,

arderá el mejor día como estopa?
Pues ¿qué diré de la infeliz España?
¿Qué gobierno es posible
donde luchan sin tregua los partidos,
¿y tantos son, y a todos la cizaña
los tiene en cien fracciones divididos?

RAMIRO. Triste verdad es esa y dura plaga
que a las siete de Egipto no va en zaga.
Sin contar el partido socialista,
polo opuesto del bando absolutista,
ambos en la discordia casi iguales;
sin contar los secuaces del progreso,
todos, quien más, quien menos radicales;
solo en los que presumen de gran seso,
solo entre esos señores
que son o afectan ser conservadores,
la gestión del político teatro
disputan tres partidos...

GABRIEL. No; son cuatro.

RAMIRO. Cuatro, dice usted bien, son ya en el día,
cuatro; y hay todavía
quien para el quinto busca clientela.
¡Éramos pocos, y parió mi abuela!

GABRIEL. Exigentes o flojos los amigos,
ciegos en su rencor los enemigos,
¿cómo al puerto arribar cuando la prensa
o sin razón injuria
o sin pudor inciensa,
del erario crece la penuria,

y un parlamento ambiguo,
donde suda el gobierno,
que nunca duerme o sobre espinas duerme
para que el harto exiguo
número de los suyos no se merme,
le tiene en un suplicio sempiterno?
¿Quién, cuando uno le dice ¡empuja!, avanza
y otro le recomienda la templanza,
no pierde el equilibrio
entre la tiranía y el ludibrio?

RAMIRO. Y tal vez en el mismo gabinete,
que es para usted un brete,
y adonde pensamientos tan hidalgos
aportó su acendrado patriotismo,
la interna disensión, el dualismo...

GABRIEL. Sí; algo hay de eso, y aun algos;
¡y cuando en azarosas circunstancias,
tras de muchas instancias
a la pública hacienda
sacrifiqué el cuidado de la mía,
no falta quien me envidie la prebenda
suponiendo que el público tesoro
a mis arcas afluye ríos de oro!
¡No más, no más! Hoy mismo, si el consejo
sin restricción no adopta y sin enmienda
las medidas, los planes,
fruto de mi experiencia y mis afanes,
a otro más hábil la cartera dejo
y para siempre del poder me alejo.

RAMIRO. Hará usted bien.

GABRIEL. Tendré solo un disgusto
al salir de aquel lecho de Procusto.

RAMIRO. ¿Cuál?

GABRIEL. Que no hayas cumplido mi deseo
aceptando un empleo...

RAMIRO. No, ¡afuera tentaciones del demonio!
A Dios gracias, vivir independiente
puedo con mi modesto patrimonio.
¡Empleo! Sin doblar mi altiva frente
y sin gravar los fondos del estado
tengo tuno...

GABRIEL. ¡El de abogado
de pobres!

RAMIRO. Sí, señor. No es muy brillante,
más sin temor le ejerzo
de que un advenedizo me suplante.

GABRIEL. Lo creerá así cualquiera sin esfuerzo.
¡Abogado de pobres! Ese cargo,
carga más bien, se impone a un principiante,
pero tú...

RAMIRO. Si de oficio
prestan otros, señor, ese servicio,
yo a los pobres consagro mis vigilias
por compasión, y a falta de otros dones,
más de cuatro familias
mi nombre colman ya de bendiciones.

¿Qué ocupación más noble y meritoria
puedo yo ambicionar? Qué mayor gloria

GABRIEL. Guárdeme el cielo de impugnar, Ramiro,
esa tu santa vocación, que admiro;
más sin abandonar al indigente,
¿por qué adusto y severo
cierras a los pudientes tu despacho.
Por ventura ¿los miras con empacho?
¿Acaso todo pobre es inocente
y no hay justicia ya donde hay dinero?

RAMIRO. No soy tan temerario;
¿y cómo lo he de ser cuando contemplo
en usted, caro tío, un vivo ejemplo
que prueba lo contrario?

GABRIEL. No digas...

RAMIRO. Usted, siendo millonario,
teme a Dios, y del prójimo se apiada,
y dar puede a cualquiera,
de alta o de baja esfera,
lecciones de honradez acrisolada.

Ángela Grassi

El capital de la virtud: novela de costumbres (1876)[25]

XV

Un alcalde modelo

Era el alcalde de la Aldea el Pozo, como había dicho el tartanero a Marta, un guapo mozo en toda la extensión de la palabra: alto, fornido, rubio y colorado. De escasa inteligencia y bruscos modales; pero de espíritu recto y corazón bondadoso.

No poco trabajo le costaba administrar justicia, aunque son en general pacíficos y morigerados los habitantes de la Aldea, porque casi siempre se sentía interesado en favor de los culpables, máxime si estos eran padres de familia y la falta de poca monta.

Así es que, según su misma expresión, tenía calentura el día en que se veía precisado a mostrarse duro e inflexible con algún pobre diablo, que según su propia expresión también, de mejor gana hubiera socorrido que castigado.

Su mujer era una gruesa y robusta aldeana, tan bondadosa como él, que la mitad de las veces le servía de asesor, pudiéndose decir que entre los dos manejaban la pesada vara de la justicia, mucho más pesada entre sus débiles manos.

Sin embargo, entre todas sus buenas cualidades, el alcalde tenía un defecto. ¿Quién no tiene algún defectillo en este mundo? El suyo, con ser tan inocente é inofensivo, ocasionaba a veces males sin cuento, que no hay defecto, por leve que sea, que no los produzca.

---

25 Tomado de la Biblioteca Digital Hispánica.

El alcalde era buen mozo y se preciaba de serlo. En consecuencia de esto, los tartaneros que iban a Soria siempre volvían cargados de cosméticos, perfumes, esencias y dijes para él. Cuando salía de casa parecía una tienda ambulante de quincalla. Cadenas, sortijas, alfileres, ¡y aun se hubiera puesto pendientes y brazaletes, si hubiese tenido la fortuna de nacer en los países africanos!

Y en cuanto a los aceites y perfumes, llevaba un río de lo primero en su ensortijado cabello, y ostentaba los segundos en toda su persona con tal profusión, que los díscolos y pendencieros olían al alcalde a una legua de distancia, y se ponían a buen recaudo.

Este era el primer inconveniente.

El segundo era que, pasando todo el día en acicalarse, poco espacio le quedaba para los negocios serios, y no podía ser puntual a ninguna cita, porque cuando tenía que presentarse en público, las atenciones del tocador eran interminables.

También solía producir este defectillo alguna que otra borrasca conyugal, porque su mujer era una aldeana sencilla, que no quería más perifollos que los que le había regalado la naturaleza, y quería criar también a sus hijos conforme a las prescripciones de la naturaleza. Así, pues, rabiaba de lo lindo cuando su digno esposo, no pudiendo reformarla a ella, aprovechaba las ocasiones para verter un frasco entero de esencias sobre las rubias cabezas de sus niños, o los adornaba con todos sus dijes, de modo que *parecieran pollos en rifa*, como decía su consorte.

Aparte de estas borrascas, a la verdad, tan pasajeras como las nubes de verano, el honrado matrimonio vivía en santa paz, y se querían mutuamente como a las niñas de sus propios ojos.

Aquel día era un día sumamente aciago para ambos esposos; tan aciago, que habían dejado intacto sobre la mesa el almuerzo, compuesto de migas y torreznos, con gran contentamiento de los gatos y de los perros, que se habían despachado a su gusto, convirtiendo el blanco mantel en campo de Agramante lleno de humeantes y suculentos despojos.

El caso era grave, gravísimo; por la mañana, cuando la alcaldesa se dirigía al corral para echar granzas a las gallinas que movían un estrépito diabólico con su repetido cacareo, se le había presentado una mujer pálida, con el traje desgarrado y las manos chorreando sangre, la cual venía a pedir auxilio contra otra mujer criminal, que retenía en su poder y contra su voluntad, hacía ya muchos años, a una pobre joven, con pretexto de que estaba privada de razón.

Dejó caer al oír esto el saco de las granzas la despavorida alcaldesa, y volviendo a subir de cuatro en cuatro los escalones que conducían a los aposentos superiores, se precipitó en el dormitorio de su marido, gritando con todas sus fuerzas:

—¡Despierta, Bernardo, despierta! ¡Cómo puede dormir la justicia si hay en la aldea criminales!

Sacó la cabeza de las sábanas el Júpiter olímpico de aquellos lugares, pero tan llena de papillotes, que parecía el Mont Cénis cubierto de blancos copos, sacudiola a derecha e izquierda y, después de desperezarse a su sabor, dio mano a vestirse, pero con tal priesa, que rasgó por dos o tres partes el holgado chaquetón que le servía de abrigo. Con haber ido tan ligero, aun le pareció a su mujer, celosa por la justicia, que andaba muy pesado, y así antes que hubiese concluido de abrocharse, llamó a Marta que se detuvo confusa en el dintel dé la puerta al ver aquel extraño cuadro.

Pero, alentada por las bondadosas instancias del alcalde y la alcaldesa, refirió en breves palabras cuánto sabía y cuánto había ocurrido hasta la llegada de Gaspar y de Rufina, que sobrevino casi al instante.

—Me agaché debajo de una higuera, prosiguió terminando su relato, para que me ocultase con sus frondosas ramas, y así que oí abrir la puerta de la choza y entraren ella Gaspar, que daba grandes voces hablando con su tía, pensé en la fuga.

Pero no podía escalar el muro por donde lo había hecho antes, porque en este caso hubiera tenido que pasar por delante de la puerta y me exponía a ser vista, y por el otro lado la tapia era más alta y coronada de pedazos de vidrio. Sin embargo, atropellé por todo, porque aquello era cuestión de vida o muerte. Subí, bajé, eché a correr y, aunque con el traje roto y las manos destrozadas, aquí estoy.

—Y qué vamos a hacer? —preguntó el alcalde a la alcaldesa.

—¡Ya me había yo presumido siempre que Rufina andaba en malos tratos! —dijo esta eludiendo la respuesta.

—Lo que urge, —replicó Marta— es ir a sorprenderlos antes que hayan podido tomar determinación ninguna. A estas horas ya saben ambos que mi visita ha sido intencionada, y que sea yo quien fuera, su crimen ha sido descubierto. ¡O se les ataja al instante, para impedirles obrar, o el mal no tiene remedio!

—¡Pues ya se vé que se les atajará! —exclamó el alcalde con voz de trueno—. ¡Anda, mujer, que vayan a llamar al barbero, y tú tráeme las calzas de terciopelo y la capa nueva! Se juntará mucha gente cuando los traigan presos, ¡y un alcalde debe parecer siempre un alcalde!

María del Pilar Sinués

Hija, esposa y madre[26]*: cartas dedicadas a la mujer acerca de sus deberes para con la familia y la sociedad* (1877)[27]

XV

Clemencia a Virgilia

[fragmento]

Madrid, febrero de 1867.

¡Bendito sea Dios, que ha devuelto la paz a tu alma! No, no soy yo la que ha separado el cendal, de tus ojos: es *Él*. Su mano poderosa cambia en un momento el corazón más duro y disipa las más densas tinieblas.

Ya que, según yo deseaba y pedía al cielo, has empezado a poner el pie en la vida real que dejaste, no bien por el matrimonio te creíste dueña de tus acciones, es preciso que nos ocupemos de la vida real. Tengo prisa de que la conozcas en todos sus detalles, para que te aficiones a ella, porque tu blanda y dócil naturaleza amará, estoy segura, todo lo bueno y útil que te sea necesario.

Hablemos, ante todo, del capítulo de gastos, que, en la precaria posición en que tu esposo y tú os halláis, es el más importante.

Y no creas que esta cuestión capital lo es solo para ti, porque tu marido ha derrochado su fortuna; no: tan importante es para la gran señora el tener orden, como lo es para la más pobre mujer;

---

26 Bajo ese título aparecerán similares obras. Rafael del Castillo, por ejemplo, publica en 1893 una novela de costumbres titulada *Hija, esposa y madre*.

27 La obra conoció múltiples ediciones. He tomado la sexta edición de 1914 (Madrid: Hijos de Tello). Biblioteca Digital Hispánica.

porque, sin el orden, las fortunas más sólidas y más pingües vienen a tierra y hasta las naciones son más poderosas y alcanzan mayor prosperidad cuando están regidas por un gobierno amante del orden y de la economía.

Cuando al casarme, hace dos años, te dejé al frente de la casa de nuestro padre, te di algunos consejos respecto a la manera de ordenar los gastos de la misma. Hoy quiero darte otros, si no del todo nuevos, porque se parecerán a aquellos, a lo menos útiles y necesarios para la gran responsabilidad que ahora pesa sobre ti.

Empezaré por encargarte de nuevo que nada gastes sin apuntarlo en un libro llamado de *cargo y data*; porque tú, aunque te quejes del escaso dinero que tienes a tu disposición, es indudable que cada día debes manejar alguno, por poco que sea. Y bien: a todas las personas que están en tu caso, les es necesaria una contabilidad perfectamente ordenada.

Yo te pido, pues, que estés siempre en estado de darte cuenta a ti misma y a tu marido de la inversión de ese dinero, cosa que alguna vez será preciso que hagas, no porque él no tenga completa confianza en tí, sino para el arreglo de los fondos de la casa.

Cada noche, antes de acostarte, debes escribir en tu libro lo que has gastado, sin omitir nada; ni aun la moneda de cobre que hayas dado a un infeliz mendigo.

Si tuvieras un día muchos criados, te aconsejaría que llevaras un libro para la cocinera y otro para cada uno de los demás sirvientes encargados de compras o de oficios que ocasionan gastos.

En esos libros se apuntan todos los días las sumas gastadas y, al fin de cada mes, se pasan todas estas cuentas parciales al libro general. Esto es lo que yo hago y así puedo ver fácilmente mi situación y decir con entera seguridad: «He recibido tanto; he gastado tanto.»

Haciendo esto y, si se ve que los gastos son más elevados que los recursos, se puede saber al instante la causa por que se inclina la balanza del lado malo y puede aplicarse en el momento el preciso remedio.

El daño puede consistir en haber gastado demasiado tu criada y en sus malas cuentas, en cuyo caso la apercibes con moderación, pero con firmeza y, si no se enmienda, la despides al instante, pues la más insignificante cantidad en el gasto diario, mal invertida, ocasiona una brecha muy sensible en el bolsillo.

De este modo nunca tendrás que decir lo que he oído a tantas mujeres:

—¡Dios mío! ¿Qué se ha hecho del dinero? ¡No tengo un cuarto! ¿En qué lo he gastado?

A estas mismas personas he oído también acusar a todo el mundo del excesivo gasto de su casa, menos a ellas mismas, que eran las culpables.

Un principio, del cual nadie puede ni sabría negar la importancia, es que la mujer tiene siempre una influencia muy grande sobre todo lo que concierne a la dirección de la familia, no solo en la parte moral, sino en la material; y esta influencia atrae el bien o el mal sobre el hogar doméstico que está encargado de proteger.

En todas partes donde esta influencia es desconocida, el principio fundamental de la sociedad por la familia está viciado, y no pueden menos de resultar desgracias incalculables.

Sí, Virgilia mía: donde la mujer no sabe reinar y gobernar, dominan la ruina y el desorden; las disensiones y las escenas violentas y escandalosas entre marido y mujer se suceden a cada instante; la guerra doméstica impera, en fin, en vez de la concordia y de la paz.

¿Y sobre quién es casi siempre preciso hacer caer la responsabilidad de estos desastres?

¡Ay!, sobre las mujeres, por el poco cuidado que tienen de merecer la autoridad y la influencia que deben pertenecerles.

No es la misión de la esposa la de pasar el día visitando a sus amigas, vistiéndose y desnudándose ante su espejo, sino la de velar por su casa, la de dedicarse a la labor y la de cuidar de la cantidad, grande o pequeña, que su marido pone en sus manos para los gastos domésticos.

Si la mujer es incapaz de llenar esta misión, ¿con qué derecho se quejará cuando se le rehúse por su marido una parte activa en los negocios de la casa?

Créeme, Virgilia: el día en que tu ligero, inconsecuente, hastiado, pero no mal esposo, se convenza de que eres apta para el buen gobierno de la casa, para la economía y para hacer prosperar lo que él gane, verás cómo deposita en tus manos todos sus haberes, reconociendo, hasta con gratitud, tu superioridad.

Benito Pérez Galdós

La desheredada (1881)

II

No consta si fue aquel día o el siguiente cuando trasladaron al infeliz Rufete desde el departamento de pensionistas al de pobres. En el primero había tenido ciertas ventajas de alimento, comodidad, luz, recreo; en el segundo disfrutaba de un patio insano y estrecho, de un camastrón, de un rancho. ¡Ay! Cualquiera que despertara súbitamente a la razón y se encontrase en el departamento de pobres, entre turba lastimosa de seres que solo tienen de humano la figura, y se viera en un corral más propio para gallinas que para enfermos, volvería seguramente a caer en demencia, con la monomanía de ser bestia dañina. ¡En aquellos locales primitivos, apenas tocados aún por la administración reformista, en el largo pasillo, formado por larga fila de jaulas, en el patio de tierra, donde se revuelcan los imbéciles y hacen piruetas los exaltados, allí, allí es donde se ve todo el horror de esa sección espantosa de la Beneficencia, en que se reúnen la caridad cristiana y la defensa social, estableciendo una lúgubre fortaleza llamada manicomio, que juntamente es hospital y presidio! ¡Allí es donde el sano siente que su sangre se hiela y que su espíritu se anonada, viendo aquella parte de la humanidad aprisionada por enferma, observando cómo los locos refinan su locura con el mutuo ejemplo, cómo perfeccionan sus manías, cómo se adiestran en aquel arte horroroso de hacer lo contrario de lo que el buen sentido nos ordena!

Si en unos la afasia excluye toda clase de dolor, en otros la superficie alborotada de su ser manifiesta indecibles tormentos... ¡Y considerar que aquella triste colonia no representa otra cosa que la exageración o el extremo irritativo de nuestras múltiples particularidades morales o intelectuales... que todos, cuál más, cuál menos, tenemos la inspiración, el estro de los disparates, y a poco que nos descuidemos entramos de lleno en los sombríos dominios de la ciencia alienista! Porque no, no son tan grandes las diferencias. Las ideas de estos desgraciados son nuestras ideas, pero desengarzadas, sueltas, sacadas de la misteriosa hebra que gallardamente las enfila. Estos pobres orates somos nosotros mismos que dormimos anoche nuestro pensamiento en la variedad esplendente de todas las ideas posibles, y hoy por la mañana lo despertamos en la aridez de una sola. ¡Oh! Leganés, si quisieran representarte en una ciudad teórica, a semejanza de las que antaño trazaban filósofos, santos y estampistas, para expresar un plan moral o religioso, no, no habría arquitectos ni fisiólogos que se atrevieran a marcar con segura mano tus hospitalarias paredes. «Hay muchos cuerdos que son locos razonables». Esta sentencia es de Rufete.

El cual no se dio cuenta de aquella caída brusca desde las grandezas de pensionista a la humildad del asilado. El patio es estrecho. Se codean demasiado los enfermos, simulando a veces la existencia de un bendito sentimiento que rarísima vez habita en los manicomios: la amistad. Aquello parece a veces una Bolsa de contratación de manías. Hay demanda y oferta de desatinos. Se miran sin verse. Cada cual está bastante ocupado consigo mismo para cuidarse de los demás. El egoísmo ha llegado aquí a su grado máximo. Los imbéciles yacen por el suelo. Parece que están pastando. Algunos exaltados cantan en un rincón. Hay grupos que se forman y se deshacen, porque si no amistad, hay allí misteriosas simpatías o antipatías que en un momento nacen o mueren.

Dos loqueros graves, membrudos, aburridos de su oficio, se pasean atentos como polizontes que espían el crimen. Son los inquisidores del disparate. No hay compasión en sus rostros, ni blandura en sus manos, ni caridad en sus almas. De cuantos funcionarios ha podido inventar la tutela del Estado, ninguno es tan antipático como el domador de locos. Carcelero—enfermero es una máquina muscular que ha de constreñir en sus brazos de hierro al rebelde y al furioso; tutea a los enfermos, los da de comer sin cariño, los acogota si es menester, vive siempre prevenido contra los ataques, carga como costales a los imbéciles, viste a los impedidos; sería un santo si no fuera un bruto. El día en que la ley haga desaparecer al verdugo, será un día grande si al mismo tiempo la caridad hace desaparecer al loquero.

Rufete huía maquinalmente de los loqueros, como si los odiara. Los funcionarios eran para él la oposición, la minoría, la prensa; eran también el país que le vigilaba, le pedía cuentas, le preguntaba por el comercio abatido, por la industria en mantillas, por la agricultura rutinaria y pobre, por el crédito muerto. Pero ya le pondría él las peras a cuarto al señor país, representado en aquellos dos señores tiesos, que en todo querían meterse, que todo lo querían saber, como si él, el eminentísimo Rufete, estuviera en tan alta posición para dar gusto a tales espantajos. Le miraban atentos, y con sus ojos investigadores le decían: «Somos la envidia que te mancha para bruñirte y te arrastra para encumbrarte».

Todos los habitantes del corral tienen su sitio de preferencia. Esta atracción de un trozo de pared, de un ángulo, de una mancha de sombra, es un resto de la simpatía local que aquellos infelices llevan a la región de tinieblas en que vive su espíritu. Constantemente se agitaba Rufete en un ángulo del patio, tribuna de sus discursos, trono de su poder. La pared remedaba las murallas egipcias, porque el yeso, cayéndose, y la lluvia, manchando, habían bosquejado allí mil figuras faraónicas.

Cuando Rufete se cansaba de andar, sentábase. Tenía mucho que hacer, despachar mil asuntos, oír a una turba de secretarios, generales, arzobispos, archipámpanos, y después..., ¡ah!, después tenía que echar miles de firmas, millones, billones, cuatrillones de firmas. Se sentaba en el suelo, cruzaba los brazos sobre las rodillas, hundía la cara entre las manos, y así pasaba algunas horas oyendo el sordo incesante resbalar del mercurio dentro de su cabeza. En aquella situación, el infeliz contaba los ciento sesenta y siete millones de pesetas. Esto era fácil, sí, muy fácil; lo terrible era el pico de aquella suma. ¿Por qué se escapaban las cifras, huyendo y desapareciendo en menudas partículas del metal líquido por los intersticios del tul del pensamiento? Era preciso pensar fuerte y espesar la tela, para coger aquellas 233 412 pesetas, con sus graciosas crías los 75 céntimos.

Los vestidos de este sujeto sin ventura eran puramente teóricos. Había sobre sus miserables y secas carnes algunas formas de tela que respondían en principio a la idea de camisa, de levita, de pantalón; pero más era por los pedazos que faltaban que por los pedazos que subsistían. ¡Hacía tanto tiempo que su familia no le llevaba ropa!... Últimamente le pusieron una blusa azul. Pero una mañana se comió la mitad. Era el más indócil y peor educado de todos los habitantes de la casa. No obstante, sobre aquellos harapos se ponía todos los días una corbata no mala, liándosela con arte y esmero delante de la pared, hecha espejo de un golpe de imaginación. Aquel negro dogal sobre la carne desnuda del estirado cuello, impedíale a veces los movimientos; pero llevaba con paciencia la molestia en gracia del bien parecer.

Cuando anochecía o cuando el tiempo era malo, Rufete era el último que dejaba el patio. Comúnmente los loqueros se veían en el caso de llevarle a la fuerza. Dormía en una sala baja, húmeda, con rejas a un largo pasillo, el cual las tenía a la huerta. Desde los duros camastros veíase la espesura del arbolado; pero, al través de las rejas dobles, la alegría del intenso verdor llegaba a los ojos de los orates mermada o casi perdida, con un efecto de país bordado en cañamazo. En el dormitorio no cesaban, ni aun a horas avanzadas, los cantos y gritos. Las tinieblas eran para la mayor parte de ellos lo mismo que el claro día. Algunos dormían con los ojos abiertos. Oíase desde la sala la murmuración del chorro de una fuente, la cual con tal constancia estimulaba el oído, que Rufete se pasaba horas enteras en conversación tirada con el agua charlatana en estos o parecidos términos: «En todo lo que Su Señoría me dice, señor chorro, hay mucha parte de razón y mucho que no puede admitirse. Subí al poder empujado por el país que me llamaba, que me necesitaba. El primer escalón fue mi mérito, el segundo mi resolución, el tercero la lisonja, el cuarto la envidia... ¿Pero qué habla usted de convenios reservados, de pactos deshonrosos? Cállese usted, tenga usted la bondad de callarse; le ruego, le mando a usted que se calle».

Y colérico se abalanzaba a la reja, ponía el oído, hacía señales de conformidad o denegación, oprimía los barrotes. La fluida elocuencia del chorro no tenía fin jamás. Era como uno de esos oradores incansables que siempre están hablando de sí mismos. La aurora le encontraba engolfado en la misma tesis, y a Rufete diciendo con espantosa jovialidad: «No me convence, no me convence Su Señoría».

¡La aurora!, aun en una casa de locos es alegre; aun allí son hermosos el risueño abrir de ojos del día y la primera mirada que cielo y tierra, árboles y casas, montes y valles se dirigen. Allí los pájaros madrugadores gorjean lo mismo que en las alamedas del Retiro sobre las parejas de novios; el sol, padre de toda belleza, esparce por allí los mismos prodigios de forma y color que en las aldeas y ciudades, y el propio airecillo picante que menea los árboles, que orea el campo, que estimula a los hombres al trabajo y lleva a todas partes la alegría, el buen apetito, la sazón y la salud, derrama también por todas las zonas del establecimiento su soplo vivificante. Las flores se abren, las moscas emprenden sus infinitos giros, las palomas se lanzan a sus remotos viajes atmosféricos; arriba y abajo cada cual cede al impulso excitante según su naturaleza. Los locos salen de los cuartos o dormitorios con sus fieros instintos poderosamente estimulados. Redoblan, en aquella hora del despertamiento general, sus acostumbrados dislates, hablan más alto, ríen más fuerte, se arrastran y se embrutecen más; algunos rezan, otros se admiran de que el sol haya salido de noche, aquel responde al lejano canto del gallo, este saluda al loquero con urbanidad refinada; quién pide papel y tinta para escribir la carta, ¡la indispensable carta del día!; quién se lanza a la carrera, huyendo de un perseguidor que aparece montado en el caballo del día, y todo aquel carnavalesco mundo comienza con brío su ordinaria existencia.

La numerosa servidumbre de la casa emprende la faena de limpieza, y estrépito de escobazos corre por salas y pasillos, confundiéndose con el sacudir de ropas, el arrastrar de muebles. A misa llama la campana de la capilla, el Director administrativo sale de su despacho a inspeccionar los servicios, y las hermanas de la Caridad, alma y sostén del asilo por estar encargadas de su régimen doméstico, van y vienen con actividad de madres de familia. Sus faldas azules, azotadas por enorme rosario, sus blancas tocas aladas, respetables y respetadas como enseña de paz, se ven por todas partes, entre el verdor de la huerta, entre los estantes de la botica, en la enorme cocina, cuyos hogares de hierro vomitan lumbre; en la despensa llena de víveres; en el lavadero, donde ya saltan los chorros de agua; en el alto secadero que domina la huerta, y en el patio de mujeres, en la región de las locas, que es el departamento de trabajo más penoso y de las dificultades más terribles.

¡Las locas! Estamos en el lugar espeluznante de aquel limbo enmascarado de mundo. Los hombres inspiran lástima y terror; las hijas de Eva inspiran sentimientos de difícil determinación. Su locura es, por lo general, más pacífica que en nosotros, excepto en ciertos casos patológicos exclusivamente propios de su sexo. Su patio, defendido en la parte del sol por esteras, es un gallinero donde cacarean hasta veinte o treinta hembras con murmullo de coquetería, de celos, de cháchara frívola y desacorde que no tiene fin, ni principio, ni términos claros, ni pausa, ni variedad. Óyese desde lejos, cual disputa de cotorras en la soledad de un bosque... Las hay también juiciosas. Algunas pensionistas, tratadas con esmero, están tranquilas y calladas en habitación clara y limpia, ocupándose en coser, bajo la vigilancia y dirección de dos hermanas de la Caridad. Otras se decoran con guirnaldas de trapo, flores secas o con plumas de gallina. Sonríen con estupidez o clavan en el visitante extraviados ojazos.

También la hermosa mitad tiene sus jaulas de dobles rejas. No serían mujeres si no necesitaran alguna vez estar bajo llave. Es frecuente ver dos manos flacas y nerviosas asidas a una reja, y oír la voz ronca de una desgraciada que pide le devuelvan los hijos que nunca ha tenido. Hay una que corre por pasillos y salas buscando su propia persona.

Volvamos al patio de varones pobres. Aquel día faltaba en él Rufete. Creeríase que había crisis. Poco después de amanecer se dirigió al loquero y le dijo: «Hoy no estoy para nadie, absolutamente para nadie». Después cayó en un marasmo profundo. Enmudeció. El chorro de la fuente preguntaba por él y ninguno de los asilados allí presentes sabía darle razón.

Lleváronle a la enfermería. El médico mandó que le dieran una ducha, y fue llevado en brazos a la inquisición de agua. Es un pequeño balneario, sabiamente construido, donde hay diversos aparatos de tormento. Allí dan lanzazos en los costados, azotes en la espalda, barrenos en la cabeza, todo con mangas y tubos de agua. Esta tiene presión formidable, y sus golpes y embestidas son verdaderamente feroces. Los chorros afilados, o en láminas, o divididos en hilos penetrantes como agujas de hielo, atacan encarnizados con el áspero chirrido del acero. Rufete, que ya conocía el lugar y la maquinaria, se defendió con fiero instinto. Le embrazaron, oprimiéndole en fuerte anilla horizontal de hierro sujeta a la pared, y allí, sin defensa posible, desnudo, recibió la acometida. Poco después yacía aletargado en una cama con visibles apariencias de bienestar. Al fin, durmió profundamente.

Carolina Coronado

La rueda de la desgracia (1883)[28]

[Capítulo XV]

Los enemigos políticos de Sócrates

Al volver a mi cuarto encontré una carta de mi administrador de Andalucía, que me decía lo siguiente:

«Tengo el disgusto de poner en conocimiento del señor conde los terribles sucesos que han tenido lugar en su posesión, el día después de su salida de la corte, y la necesidad de que vuelva aquí lo más pronto que le sea posible. Ya sabe el señor conde que en Andalucía se ha dado por creer que lo que es de uno es del otro, y lo que es del otro no es de uno, cosa que nunca he entendido, aunque lo he visto impreso en letras de molde. También sabe el señor conde que hace ya tres años que empezaron a llevarse el fruto, de modo que escasamente dejaban aceitunas para los tordos. El conde nunca quiso que se persiguiese a los enemigos de la propiedad, pues fueran gentes tan pobres que necesitasen este manejo para comer; y envalentonados con la generosidad del señor conde, en vez de coger el fruto como otros años, se quedaron en la posesión para comérselo más descansadamente en la casa del señor conde.

Y no es esto solo, sino la horrible venganza que han tomado en el más fiel defensor de la casa y de los intereses del señor conde. ¡Ah, señor! ¡Qué conocía él quiénes eran sus enemigos? Con aquella penetración que le hacía tan superior a sus semejantes, con

---

28 Publicada por entregas en *El Álbum de la Mujer: Periódico Ilustrado* (del 3 de septiembre al 30 de diciembre de 1883), tomo la edición de la Biblioreca Virtual Miguel de Cervantes (2020).

aquel ojo perspicaz que todo lo distinguía, con aquel sentido tan fino, que todo lo olfateaba…»

—¡Sócrates! Exclamé, apartando mi vista de la carta; ¡Sócrates ha sido la víctima!

«Él sabía, señor conde, quiénes eran sus enemigos, ¡pobre perro! La lucha fue larga y sangrienta. Ellos le atacaban en nombre de la libertad, él defendía la inviolabilidad del domicilio; ellos querían entrar en la casa, él se interponía; ellos le hirieron, él los mordió, y al fin cayó acribillado de balas, señor conde, dejándonos el consuelo de que ha muerto sosteniendo las buenas doctrinas, aunque materialmente hayan triunfado sus enemigos, que están ahora dueños de la casa del señor conde.

Los guardas huyeron y yo me refugié en casa del alcalde del pueblo, que como es también de sus ideas está muy respetado por esta gente. Este mismo es el que aconseja al señor conde que vuelva, porque dice que en dando el dinero que necesitan, los que están dentro de su casa no tendrán el menor inconveniente en dejarla libre, y que ellos mismos servirán de guardas en la posesión. El alcalde es hombre de orden y no dudo que hará cumplir lo que ellos ofrecen. Esto es lo que ha pasado, y deseo que el señor conde envíe sus órdenes, etc.»

¡Pobre perro mío! Mi compañero hacía tantos años; el que me seguía en todas mis excursiones; el que velaba mi sueño; el que no me abandonaba jamás. A él había aludido Virgilio en su carta, cuando decía que «solo los perros se habían conservado fieles», y de él habló Leonita cuando me presentó a Marcelo. ¿Y para qué había yo de volver a Andalucía? ¿Qué me importaba lo que pudieran hacer en la casa ni en las tierras después de haber matado mi perro?

Además, ¿qué especie de negociaciones quería mi administrador que yo fuese a entablar con los bandidos? Es verdad que mi abuelo se dejó robar dos o tres veces por José María al atravesar Sierra Morena, pero nunca reconoció el derecho a ser robado, ni José María pretendió pertenecer a un partido político. La pretensión del alcalde de que yo fuese a tratar de potencia a potencia con los que se habían metido en mi casa, me parecía impertinente. Si el miedo no hubiese turbado el juicio de mi administrador, hubiese comprendido que yo no podía volver sino para echar a tiros a los que habían entrado a mi casa, vengando justamente la muerte de mi perro. ¿Por qué le pondría yo el nombre de Sócrates en tan brutales tiempos? ¿Por qué no le llamaría Prudhon[29]?...

El pesar que me causó la muerte de mi perro me hizo tomar con indiferencia lo que se refería a los intereses de la casa, y en vez de contestar al administrador escribí a mi apoderado D. Julián, autorizándole para que arreglase como quisiera el asunto de mis tierras de Andalucía. Una cosa le recomendé eficazmente, y era que si los enemigos políticos de Sócrates habían guardado su collar, que era de plata, tuviesen la bondad de restituirlo, porque era una insignia que representaba una larga carrera de fieles y leales servicios, y a nadie podía servir sino a mi desgraciado perro.

Este incidente me había hecho olvidar por un momento al hombre de las narices de cartón, y la incisiva advertencia de la madre de Marcelo. Yo necesitaba entrevistarse con Ángela, para saber claramente el estado de sus asuntos y las razones que le obligaban a sufrir la extraña intervención de aquel extranjero tan antipático al

---

29 Se hace referencia al filósofo y revolucionario anarquista Pierre-Joseph Proudhon y no, como pudiera parecer, al pintor. Alude a la necesidad de acción más que de diálogo.

país, y cuyas repetidas visitas llaman la atención familiar. Me proponía empezar a desempeñar mi papel sin rigor, pero con firmeza, y ajustaba con el hombre de las narices de cartón todas las cuentas pendientes de dinero y de conducta.

Emilia Pardo Bazán

"Un diplomático" (cuento, 1883)[30]

Entró la camarera, bandeja de plata en mano, y presentó a la duquesa el correo. Había en él periódicos franceses, *Ilustraciones* metidas en su fino camisón de seda, dos o tres cartas de satinado sobre y heráldico timbre, y, nota desaliñada en aquel concierto, otra carta más, cerrada consigo misma, sellada con obleas verdes, regado de gruesa arenilla el sobrescrito.

Quizás la propia extrañeza que le causó ver tan tosca misiva moviese a la duquesa a echarle mano, anteponiéndola a las demás; pero aún no bien puso los ojos en ella, cuando dijo festivamente:

—¡Si es para el ama!... Que venga, que tiene carta de sus padres.

La camarera salía ya, y la duquesa añadió con mucho interés:

—Que traiga la chiquitina... Que la traiga abrigada; hoy es un día fresco.

Pocos minutos tardó en menearse el cortinaje de brocado crema sobre fondo azul y en oírse un *tlin... tlin...* de menudos cascabeles, y antes de que asomase la fornida persona del ama, la duquesa sonrió a una manecita pálida, hoyosilla: una manecita de diez meses que esgrimía un sonajero de plata.

—¡Vente, angelote..., a mamá..., mil besos!

—Mmiií —gorjeó la criatura, palpando con afán el medallón de turquesas y brillantes que resplandecía sobre la bata de negro

---

30 Publicado en *La Época*. Edición de la Biblioteca Virtual Miguel de Cervantes (2003).

terciopelo de la dama, mientras las caricias de esta, como golosas moscas, se le posaban sobre el cuello, frente y ojos.

—Está descolorida, ama..., está ojerosita... ¿Cómo ha dormido? ¿Qué dice *miss?*

—*Miss* dice..., es decir, no dice nada...; ¡ay!, sí, dice que también allá por su tierra los chiquillos, cuando andan con dientes..., ya ve ucencia..., rabian de Dios y se ponen *esmirriaditos.*

Alzó levemente los hombros la duquesa, como indicando: «Buen par de apuntes estáis tú y *miss*». Y hablándose a sí misma, murmuró:

—Sánchez del Abrojo no debe tardar... ¡Ah! —pronunció ya con voz más fuerte—, ama, aquí hay carta de tu casa...

En vez de alegrarse, se obscureció el semblante del ama, moreno, tostado y recio, cual los molletes de pan de su país.

—¡Y qué dirá ahí, ucencia! —suspiró sin extender la mano para tomar la epístola—. Nunca por cosa buena escriben.

—¡Qué sé yo, mujer! Te hablarán de tu madre..., del chico que te dejaste..., de las vacas, ¿eh?, ¡o te pedirán dinero! Anda, toma, sal de dudas.

—Ucencia ha de dispensarme...; como yo no sé de letra..., y en la cocina a lo mejor se burlan de las cosas que me cuenta el señor padre, que es quien pone las cartas... —suplicó el ama, medio enternecida ya.

—Vamos, querrás que te la lea, ¿no es eso?

—Si ucencia se quiere molestar...

Al decir esto se apresuró a coger la niña, que por su parte no anduvo reacia en irse a los robustos brazos del ama, la cual, previo un «con el permiso de ucencia...», desabrochó el justillo, alzó el pañuelo de vivos colores que se cruzaba sobre su seño de Cibeles, y metiendo en la boquita del ángel lo que este más deseaba, volvió a cubrirse con tanto recato como si delante de un regimiento se encontrase. Rasgó la duquesa el tosco sobre, y aún no lo había desdoblado, cuando se oyeron pisadas de botas rechinantes y varoniles en el pasillo, y una faz correcta, patilluda, apareció entre los pliegues del cortinaje, y una voz que apoyaba mucho en las erres preguntó:

—¿Estás visible, hija? ¿Puede entrar Sánchez del Abrojo?

—Adelante, adelante, doctor... ¡Pues ya lo creo! Pensando estaba en él ahora mismo.

Hízose atrás el duque para dejar pasar primero al doctor, según manda la cortesía, y ambas notabilidades (cada uno de los recién entrados lo era en su género) se adelantaron hacia el rincón del gabinete, donde se destacaba la airosa cabeza de la duquesa sobre un fondo de aterciopelado follaje de begonias.

El duque, aunque frisaba en los cincuenta y seis, era derecho, elegante, distinguidísimo hasta en su lucia y limpia calva; usaba no sé qué cintajo en el ojal, y podría usar, amén de las hidalgas veneras de Alcántara y Santiago, que ya de casta le venían, como dos docenas de insignias de órdenes nacionales y extranjeras, de las más ilustres, concedidas por diferentes gobiernos en justa recompensa del tino y acierto con que durante su ya larga carrera diplomática había desempeñado arduas y peliagudas misiones, y enredado los cabos de más de veinte madejas políticas, que el demonio que las devanase. Ostentaba el duque en su despacho, y enseñaba con orgullo, además de las condecoraciones, pieles de zorro azul, regaladas por el zar, el collar de esmaltes de una momia, obsequio del *jedife*[31], y un sable japonés de abrirse el vientre, con pedrerías en la empuñadura, gracioso donativo del *mikado*.

En estos títulos fiaba el duque para obtener en breve la embajada más importante quizás de Europa.

Por lo que hace a Sánchez del Abrojo, regordete, sanguíneo, de chispeantes ojos negros, era un médico a la moda, que curaba con su ciencia a la mitad de los enfermos, y con su animación y energía a la otra mitad..., siempre que tuviesen cura, por supuesto.

Mientras la duquesa entablaba con el galeno animadísimo diálogo, el duque se acercó al ama, y se inclinó con cierta familiaridad, no exenta de señorío, para ver el rostro de la niña, que maldita la gana que tenía de enseñárselo.

—Golosilla..., ¡hola!, estamos tragando, ¿eh? ¿Qué tal se porta, ama? ¿Qué tal se porta?

Y sin esperar la respuesta, volviose a su mujer y al doctor.

—¿Le explicas a Sánchez lo de la chiquitina? Amigo Del Abrojo, esta nena, con sus dientes, nos da en qué pensar. ¡Oh!, y tanto como nos da. Estamos preocupadísimos.

—Ya se ve, única y tardía... —respondió el médico, mientras calculaba para su sayo, tan involuntariamente como el matemático suma dos cifras que ve una debajo de otra, las probabilidades de ulterior sucesión que podía tener aquel matrimonio—. ¿Y qué dice el ama? —añadió en alta voz.

—El ama... —murmuró la duquesa, y recordando de súbito la carta, que aún conservaba en la mano, exclamó—: A propósito, permítanme ustedes... Un instante... Lo prometido es deuda.

---

31 Jedive.

—¿Qué es eso? ¿Qué carta es esa tan rara? —interrogó el duque.

—Del ama, de Jacinta... Le prometí que se la leería. Es de su gente...

—Si quieres ahorrarte el trabajo..., yo me encargo, hija —pronunció con magnánima sonrisa el duque.

—No, gracias...

La duquesa, por instinto, oprimió la carta.

—Pero si es una niñería que te empeñes en molestarte... Eso estará escrito en chino.

—Si ustedes quieren que yo... —exclamó oficiosamente Sánchez del Abrojo.

—No, yo he de ser —declaró la duquesa con firmeza.

Y diciendo y haciendo, comenzó la lectura:

—«Mi amada y estimada hija Jacinta...».

—Repare usted la ortografía de esa pobre gente, Sánchez —murmuró por lo bajo el duque, que se inclinaba sobre el hombro de su esposa deletreando—. ¡Ponen *Jacinta* con G! ¿Es gracioso, no?

—«Jacinta..., me alegraría que al recibo de estas cortas letras...».

—Etcétera. Siempre comienzan así: es ya una fórmula consagrada —explicó gravemente el duque—. ¿A que añade: «... te halles con la cabal salud que yo para mí deseo»?

—«... La mía buena, a Dios gracias... —prosiguió la duquesa—. Con dolores de mi corazón y alma, estimada hija, tengo que participarte la mayor desd...».

La duquesa, por cuyo rostro se extendía leve palidez, sufrió, llegando a este párrafo, un acceso de tos.

—¿Ves como no entiendes la letra, María? Yo continuaré. «... desdicha que Dios fue servido de mandarnos... y que tu afligida madre y padre y tío Antón tienen el honor de partici...».

—Te suplico —gritó la duquesa con sorda angustia—que me dejes acabar..., ¿entiendes?

—¡Ay, ucencia, por la Virgen Santísima! ¿Qué desgracia será ésa? —interrogó el ama, cuyo color de figura de barro cocido se trocaba en palidez de granito recién labrado.

—Verás, mujer..., no te asustes, si no es nada... «... el honor de participarte..., pues sabrás, estimada hija de nuestro cariñoso amor, como ayer se mu..., se murió el novillo nuestro...».

—¡Novillo! —dijo pensativa el ama—. En casa no había sino dos vacas...: la blanca y la roja.

—Lo comprarían... —replicó la duquesa, respirando como si suspirase—. Vamos, pues eso no vale la pena, ama... «Todos estamos traspasados de puñales...». Bien, se comprende; para vosotros es una gran pérdida... Yo te daré con qué comprar dos o una pareja de bueyes... ¡Ea!

—¡Viva ucencia mil años, y nunca las manos se cansen!... ¿Qué pone al último?

—«Consérvate como un repollo de sana... Cuida bien a esa infanta de las Españas que estás criando...». ¡Ah!, y que les mandes diez duros, si puede ser. Irá eso y mucho más.

—Ahora —dijo el diplomático, recogiendo con impensado movimiento la carta de manos de la duquesa—permíteme que vea la ortografía... Si es divertidísima. ¡Calle! —exclamó sin hacer caso de los desesperados ademanes de su mujer—. Bien dije yo que no era para tus ojos esta letra, María querida... Si aquí no habla de novillo... No; donde leíste *novillo*, hay escrito *chiquillo*... ¡Esos signos paleográficos no son para usted, señora duquesa! No me haga usted señas... ¡Pues si los diplomáticos, por oficio, tenemos que saber leer cosas más peliagudas! *Chiquillo*. ¿Ve usted, Sánchez? «Se murió el chiquillo tuyo... ¡Todos estamos traspasados de puñales! ...».

Pronta como el rayo, se precipitó la duquesa hacia Jacinta y le arrancó de los brazos la tierna criatura, que rompió en tristísimo llanto al soltar la ubre. Era tiempo. Un grito ronco salió de la comprimida garganta del ama; puso los ojos en blanco; sus facciones amoratadas se descompusieron, y leve espuma apareció en sus labios morados. A pesar de los esfuerzos de Sánchez del Abrojo para sostenerla, se desasió y rodó al suelo, retorciéndose con la desesperada elasticidad de la convulsión. La duquesa se colgó de la campanilla, mientras con el brazo izquierdo apretaba contra su corazón a la criatura desconsolada.

✳

—Vea usted —decía algún tiempo después Sánchez del Abrojo a su compañero el doctor Cortadillo, en ocasión que salían juntos de San Carlos—: yo lo he creído siempre: es preferible, es más lucido, desde el punto de vista del pronóstico, trabajar sobre un viejo que sobre un chiquillo. La patogenesia del niño es dificilísima, especialmente mientras lacta, mientras vive, por decirlo así, en íntima comunión con la naturaleza femenina. Nada, que le mudamos el ama a la niña de los duques de Fuente-Real (una niña algo delicada, que nació tarde y cuando sus padres no esperaban ya familia, ¿sabe usted?); pero bastó el poco tiempo que por fuerza hubo de mamar de la otra, de la que recibió aquel tiro a bocajarro y tuvo el ataque nervioso (¡nervios en las aldeanas!; pero ¿qué fueron las energúmenas?) para llevar a la criatura al hoyo... o al cielo, señor espiritualista: como usted guste. Claro que estaba en el periodo de la dentición; ya sabe usted la receptividad, la plasticidad del temperamento de los niños; y así como un fuerte golpe no derriba, verbi gracia, una cómoda, y sí un objeto pequeño que se halle colocado encima de ella, la terrible impresión no hizo gran mella en aquel castillo, en la mocetona del ama; pero a la chiquita... Yo por lo menos tuve que atribuirlo a eso. El ataque a la cabeza afectó forma convulsiva.

—¡La heredera del duque de Fuente-¡Real, muriendo de la muerte del hijo de una labradora! —murmuró reflexivamente Cortadillo.

—El dinamismo incalculable de los hechos, amigo mío... Heriberto Spencer[32] pone eso en su punto.

—¿Y el duque? —preguntó Cortadillo con interés.

—¡Calle usted, hombre! Acaba de salir para su Embajada...

Cortadillo sonrió con su boca amarilla y sin dientes, y los carnosos labios de Sánchez del Abrojo hicieron el dúo, plegándose con ironía indefinible. Después su rostro se puso grave.

—La pobre madre..., la pobre duquesa... ¡Ah, qué espectáculo! Esa se ha quedado en Madrid... La veo con frecuencia, y bien necesita mis cuidados, se lo aseguro a usted.

—Lo que necesitará sobre todo —advirtió Cortadillo— es paciencia, y creer a puño cerrado que esa criatura no está sola en la fosa, compañero Del Abrojo.

---

32 Se refiere a Herbert Spencer, que desarrolló una teoría social de corte darwinista.

"El indulto" (1883)[33]

De cuantas mujeres enjabonaban ropa en el lavadero público de Marineda, ateridas por el frío cruel de una mañana de marzo, Antonia la asistenta era la más encorvada, la más abatida, la que torcía con menos brío, la que refregaba con mayor desaliento. A veces, interrumpiendo su labor, pasábase el dorso de la mano por los enrojecidos párpados, y las gotas de agua y las burbujas de jabón parecían lágrimas sobre su tez marchita.

Las compañeras de trabajo de Antonia la miraban compasivamente, y de tiempo en tiempo, entre la algarabía de las conversaciones y disputas, se cruzaba un breve diálogo, a media voz, entretejido con exclamaciones de asombro, indignación y lástima. Todo el lavadero sabía al dedillo los males de la asistenta, y hallaba en ellos asunto para interminables comentarios. Nadie ignoraba que la infeliz, casada con un mozo carnicero, residía, años antes, en compañía de su madre y de su marido, en un barrio extramuros, y que la familia vivía con desahogo, gracias al asiduo trabajo de Antonia y a los cuartejos ahorrados por la vieja en su antiguo oficio de revendedora, baratillera y prestamista. Nadie había olvidado tampoco la lúgubre tarde en que la vieja fue asesinada, encontrándose hecha astillas la tapa del arcón donde guardaba sus caudales y ciertos pendientes y brincos de oro. Nadie, tampoco, el horror que infundió en el público la nueva de que el ladrón y asesino no era sino el marido de Antonia, según esta misma declaraba, añadiendo que desde tiempo atrás roía al criminal la codicia del dinero

---

33 Publicado por primera vez en el número 1 de *La Revista Ibérica*. Incluido en *Cuentos de Marineda*. Tomado de la Biblioteca Virtual Miguel de Cervantes (2001).

de su suegra, con el cual deseaba establecer una tablajería suya propia. Sin embargo, el acusado hizo por probar la coartada, valiéndose del testimonio de dos o tres amigotes de taberna, y de tal modo envolvió el asunto, que, en vez de ir al palo, salió con veinte años de cadena. No fue tan indulgente la opinión como la ley: además de la declaración de la esposa, había un indicio vehementísimo: la cuchillada que mató a la vieja, cuchillada certera y limpia, asestada de arriba abajo, como las que los matachines dan a los cerdos, con un cuchillo ancho y afiladísimo, de cortar carne. Para el pueblo no cabía duda en que el culpable debió subir al cadalso. Y el destino de Antonia comenzó a infundir sagrado terror cuando fue esparciéndose el rumor de que su marido «se la había jurado» para el día en que saliese del presidio, por acusarle. La desdichada quedaba encinta, y el asesino la dejó avisada de que, a su vuelta, se contase entre los difuntos.

Cuando nació el hijo de Antonia, esta no pudo criarlo, tal era su debilidad y demacración y la frecuencia de las congojas que desde el crimen la aquejaban. Y como no le permitía el estado de su bolsillo pagar ama, las mujeres del barrio que tenían niños de pecho dieron de mamar por turno a la criatura, que creció enclenque, resintiéndose de todas las angustias de su madre. Un tanto repuesta ya, Antonia se aplicó con ardor al trabajo, y aunque siempre tenían sus mejillas esa azulada palidez que se observa en los enfermos del corazón, recobró su silenciosa actividad, su aire apacible.

¡Veinte años de cadena! En veinte años —pensaba ella para sus adentros—, él se puede morir o me puedo morir yo, y de aquí allá, falta mucho todavía.

La hipótesis de la muerte natural no la asustaba, pero la espantaba imaginar solamente que volvía su marido. En vano las cariñosas vecinas la consolaban indicándole la esperanza remota de que el inicuo parricida se arrepintiese, se enmendase, o, como decían ellas, «se volviese de mejor idea». Meneaba Antonia la cabeza entonces, murmurando sombríamente:

—¿Eso él? ¿De mejor idea? Como no baje Dios del cielo en persona y le saque aquel corazón perro y le ponga otro...

Y, al hablar del criminal, un escalofrío corría por el cuerpo de Antonia.

En fin: veinte años tienen muchos días, y el tiempo aplaca la pena más cruel. Algunas veces, figurábasele a Antonia que todo lo ocurrido era un sueño, o que la ancha boca del presidio, que se había tragado al culpable, no le devolvería jamás; o que aquella ley que al cabo supo castigar el primer crimen sabría prevenir el segundo. ¡La ley! Esa entidad moral, de la cual se formaba Antonia un concepto misterioso y confuso, era sin duda fuerza terrible, pero protectora; mano de hierro que la sostendría al borde del abismo. Así es que a sus ilimitados temores se unía una confianza indefinible, fundada sobre todo en el tiempo transcurrido y en el que aún faltaba para cumplirse la condena.

¡Singular enlace el de los acontecimientos!

No creería de seguro el rey, cuando vestido de capitán general y con el pecho cargado de condecoraciones daba la mano ante el ara a una princesa, que aquel acto solemne costaba amarguras sin cuenta a una pobre asistenta, en lejana capital de provincia. Así que Antonia supo que había recaído indulto en su esposo, no pronunció palabra, y la vieron las vecinas sentada en el umbral de la puerta, con las manos cruzadas, la cabeza caída sobre el pecho, mientras el niño, alzando su cara triste de criatura enfermiza, gimoteaba:

—Mi madre... ¡Caliénteme la sopa, por Dios, que tengo hambre!

El coro benévolo y cacareador de las vecinas rodeó a Antonia. Algunas se dedicaron a arreglar la comida del niño; otras animaban a la madre del mejor modo que sabían. ¡Era bien tonta en afligirse así! ¡Ave María Purísima! ¡No parece sino que aquel hombrón no tenía más que llegar y matarla! Había Gobierno, gracias a Dios, y Audiencia y serenos; se podía acudir a los celadores, al alcalde...

—¡Qué alcalde! —decía ella con hosca mirada y apagado acento.

—O al gobernador, o al regente o al jefe de municipales. Había que ir a un abogado, saber lo que dispone la ley...

Una buena moza, casada con un guardia civil, ofreció enviar a su marido para que le «metiese un miedo» al picarón; otra, resuelta y morena, se brindó a quedarse todas las noches a dormir en casa de la asistenta. En suma, tales y tantas fueron las muestras de interés de la vecindad, que Antonia se resolvió a intentar algo, y sin levantar la sesión, acordóse consultar a un jurisperito, a ver qué recetaba.

Cuando Antonia volvió de la consulta, más pálida que de costumbre, de cada tenducho y de cada cuarto bajo salían mujeres en pelo a preguntarle noticias, y se oían exclamaciones de horror. ¡La ley, en vez de protegerla, obligaba a la hija de la víctima a vivir bajo el mismo techo, maritalmente con el asesino!

—¡Qué leyes, divino Señor de los cielos! ¡Así los bribones que las hacen las aguantaran! —clamaba indignado el coro—. ¿Y no habrá algún remedio, mujer, no habrá algún remedio?

—Dice que nos podemos separar... después de una cosa que le llaman divorcio.

—¿Y qué es divorcio, mujer?

—Un pleito muy largo.

Todas dejaron caer los brazos con desaliento: los pleitos no se acaban nunca, y peor aún si se acaban, porque los pierde siempre el inocente y el pobre.

—Y para eso —añadió la asistenta—tenía yo que probar antes que mi marido me daba mal trato.

—¡Aquí de Dios! ¿Pues aquel tigre no le había matado a la madre? ¿Eso no era mal trato? ¿Eh? ¿Y no sabían hasta los gatos que la tenía amenazada con matarla también?

—Pero como nadie lo oyó... Dice el abogado que se quieren pruebas claras...

Se armó una especie de motín. Había mujeres determinadas a hacer, decían ellas, una exposición al mismísimo rey, pidiendo contraindulto. Y, por turno, dormían en casa de la asistenta, para que la pobre mujer pudiese conciliar el sueño. Afortunadamente, el tercer día llegó la noticia de que el indulto era temporal, y al presidiario aún le quedaban algunos años de arrastrar el grillete. La noche que lo supo Antonia fue la primera en que no se enderezó en la cama, con los ojos desmesuradamente abiertos, pidiendo socorro.

Después de este susto, pasó más de un año y la tranquilidad renació para la asistenta, consagrada a sus humildes quehaceres. Un día, el criado de la casa donde estaba asistiendo creyó hacer un favor a aquella mujer pálida, que tenía su marido en presidio, participándole como la reina iba a parir, y habría indulto, de fijo.

Fregaba la asistenta los pisos, y al oír tales anuncios soltó el estropajo, y descogiendo las sayas que traía arrolladas a la cintura, salió con paso de autómata, muda y fría como una estatua. A los recados que le enviaban de las casas respondía que estaba enferma, aunque en realidad solo experimentaba un anonadamiento general, un no levantársele los brazos a labor alguna. El día del regio parto contó los cañonazos de la salva, cuyo estampido le resonaba dentro del cerebro, y como hubo quien le advirtió que el vástago real era hembra, comenzó a esperar que un varón habría ocasionado más indultos. Además, ¿Por qué le había de coger el indulto a su marido? Ya le habían indultado una vez, y su crimen era horrendo; ¡matar a la indefensa vieja que no le hacía daño alguno, todo por unas cuantas tristes monedas de oro! La terrible escena volvía a presentarse ante sus ojos: ¿merecía indulto la fiera que asestó aquella tremenda cuchillada? Antonia recordaba que la herida tenía los labios blancos, y parecíale ver la sangre cuajada al pie del catre.

Se encerró en su casa, y pasaba las horas sentada en una silleta junto al fogón. ¡Bah! Si habían de matarla, mejor era dejarse morir!

Solo la voz plañidera del niño la sacaba de su ensimismamiento.

—Mi madre, tengo hambre. Mi madre, ¿qué hay en la puerta? ¿Quién viene?

Por último, una hermosa mañana de sol se encogió de hombros, y tomando un lío de ropa sucia, echó a andar camino del lavadero. A las preguntas afectuosas respondía con lentos monosílabos, y sus ojos se posaban con vago extravío en la espuma del jabón que le saltaba al rostro.

¿Quién trajo al lavadero la inesperada nueva, cuando ya Antonia recogía su ropa lavada y torcida e iba a retirarse? ¿Inventola alguien con fin caritativo, o fue uno de esos rumores misteriosos, de ignoto origen, que en vísperas de acontecimientos grandes para los pueblos, o los individuos, palpitan y susurran en el aire? Lo cierto es que la pobre Antonia, al oírlo, se llevó instintivamente la mano al corazón, y se dejó caer hacia atrás sobre las húmedas piedras del lavadero.

—Pero ¿de veras murió? —preguntaban las madrugadoras a las recién llegadas.

—Si, mujer...

—Yo lo oí en el mercado...

—Yo, en la tienda...,

—¿A ti quién te lo dijo?

—A mí, mi marido.

—¿Y a tu marido?

—El asistente del capitán.

—¿Y al asistente?

—Su amo...

Aquí ya la autoridad pareció suficiente y nadie quiso averiguar más, sino dar por firme y valedera la noticia. ¡Muerto el criminal, en víspera de indulto, antes de cumplir el plazo de su castigo! Antonia la asistenta alzó la cabeza y por primera vez se tiñeron sus mejillas de un sano color y se abrió la fuente de sus lágrimas. Lloraba de gozo, y nadie de los que la miraban se escandalizó. Ella era la indultada; su alegría, justa. Las lágrimas se agolpaban a sus lagrimales, dilatándole el corazón, porque desde el crimen se había «quedado cortada», es decir, sin llanto. Ahora respiraba anchamente, libre de su pesadilla. Andaba tanto la mano de la Providencia en lo ocurrido que a la asistenta no le cruzó por la imaginación que podía ser falsa la nueva.

Aquella noche, Antonia se retiró a su cama más tarde que de costumbre, porque fue a buscar a su hijo a la escuela de párvulos, y le compró rosquillas de «jinete», con otras golosinas que el chico deseaba hacía tiempo, y ambos recorrieron las calles, parándose ante los escaparates, sin ganas de comer, sin pensar más que en beber el aire, en sentir la vida y en volver a tomar posesión de ella.

Tal era el enajenamiento de Antonia, que ni reparó en que la puerta de su cuarto bajo no estaba sino entornada. Sin soltar de la mano al niño entró en la reducida estancia que le servía de sala, cocina y comedor, y retrocedió atónita viendo encendido el candil. Un bulto negro se levantó de la mesa, y el grito que subía a los labios de la asistenta se ahogó en la garganta.

Era él. Antonia, inmóvil, clavada al suelo, no le veía ya, aunque la siniestra imagen se reflejaba en sus dilatadas pupilas. Su cuerpo yerto sufría una parálisis momentánea; sus manos frías soltaron al niño, que, aterrado, se le cogió a las faldas. El marido habló.

—¡Mal contabas conmigo ahora! —murmuró con acento ronco, pero tranquilo.

Y al sonido de aquella voz donde Antonia creía oír vibrar aún las maldiciones y las amenazas de muerte, la pobre mujer, como desencantada, despertó, exhaló un ¡ay! agudísimo, y cogiendo a su hijo en brazos, echó a correr hacia la puerta.

El hombre se interpuso.

—¡Eh..., chst! ¿Adónde vamos, patrona? —silabeó con su ironía de presidiario—. ¿A alborotar el barrio a estas horas? ¡Quieto aquí todo el mundo!

Las últimas palabras fueron dichas sin que las acompañase ningún ademán agresivo, pero con un tono que heló la sangre de Antonia. Sin embargo, su primer estupor se convertía en fiebre, la fiebre lúcida del instinto de conservación. Una idea rápida cruzó por su mente: ampararse del niño. ¡Su padre no le conocía; pero, al fin, era su padre! Levantole en alto y le acercó a la luz.

—¿Ese es el chiquillo? —murmuró el presidiario, y descolgando el candil llegolo al rostro del chico.

Este guiñaba los ojos, deslumbrado, y ponía las manos delante de la cara, como para defenderse de aquel padre desconocido, cuyo nombre oía pronunciar con terror y reprobación universal. Apretábase a su madre, y esta, nerviosamente, le apretaba también, con el rostro más blanco que la cera.

—¡Qué chiquillo tan feo! —gruñó el padre, colgando de nuevo el candil—. Parece que lo chuparon las brujas.

Antonia sin soltar al niño, se arrimó a la pared, pues desfallecía. La habitación le daba vueltas alrededor, y veía lucecitas azules en el aire.

—A ver: ¿No hay nada de comer aquí? —pronunció el marido.

Antonia sentó al niño en un rincón, en el suelo, y mientras la criatura lloraba de miedo, conteniendo los sollozos, la madre comenzó a dar vueltas por el cuarto, y cubrió la mesa con manos temblorosas. Sacó pan, una botella de vino, retiró del hogar una cazuela de bacalao, y se esmeraba sirviendo diligentemente, para aplacar al enemigo con su celo. Sentose el presidiario y empezó a comer con voracidad, menudeando los tragos de vino. Ella permanecía de pie, mirando, fascinada, aquel rostro curtido, afeitado y seco que relucía con este barniz especial del presidio. Él llenó el vaso una vez más y la convidó.

—No tengo voluntad... —balbució Antonia: y el vino, al reflejo del candil, se le figuraba un coágulo de sangre.

Él lo despachó encogiéndose de hombros, y se puso en el plato más bacalao, que engulló ávidamente, ayudándose con los dedos y mascando grandes cortezas de pan. Su mujer le miraba hartarse, y una esperanza sutil se introducía en su espíritu. Así que comiese, se marcharía sin matarla. Ella, después, cerraría a cal y canto la puerta, y si quería matarla entonces, el vecindario estaba despierto y oiría sus gritos. ¡Solo que, probablemente, le sería imposible a ella gritar! Y carraspeó para afianzar la voz. El marido, apenas se vio saciado de comida, sacó del cinto un cigarro, lo picó con la uña y encendió sosegadamente el pitillo en el candil.

—¡Chst!... ¿Adónde vamos? —gritó viendo que su mujer hacía un movimiento disimulado hacia la puerta—. Tengamos la fiesta en paz.

—A acostar al pequeño —contestó ella sin saber lo que decía. Y refugiose en la habitación contigua llevando a su hijo en brazos. De seguro que el asesino no entraría allí. ¿Cómo había de tener valor para tanto? Era la habitación en que había cometido el crimen, el cuarto de su madre. Pared por medio dormía antes el matrimonio; pero la miseria que siguió a la muerte de la vieja obligó a Antonia a vender la cama matrimonial y usar la de la difunta. Creyéndose en salvo, empezaba a desnudar al niño, que ahora se atrevía a sollozar más fuerte, apoyado en su seno; pero se abrió la puerta y entró el presidiario.

Antonia le vio echar una mirada oblicua en torno suyo, descalzarse con suma tranquilidad, quitarse la faja, y, por último, acostarse en el lecho de la víctima. La asistenta creía soñar. Si su marido abriese una navaja, la asustaría menos quizá que mostrando tan horrible sosiego. Él se estiraba y revolvía en las sábanas, apurando la colilla y suspirando de gusto, como hombre cansado que encuentra una cama blanda y limpia.

—¿Y tú? —exclamó dirigiéndose a Antonia—. ¿Qué haces ahí quieta como un poste? ¿No te acuestas?

—Yo... no tengo sueño —tartamudeó ella, dando diente con diente.

—¿Qué falta hace tener sueño? ¡Si irás a pasar la noche de centinela!

—Ahí... ahí..., no... cabemos... Duerme tú... Yo aquí, de cualquier modo...

Él soltó dos o tres palabras gordas.

—¿Me tienes miedo o asco, o qué rayo es esto? A ver cómo te acuestas, o si no...

Incorporose el marido, y extendiendo las manos, mostró querer saltar de la cama al suelo. Mas ya Antonia, con la docilidad fatalista de la esclava, empezaba a desnudarse. Sus dedos apresurados rompían las cintas, arrancaban violentamente los corchetes, desgarraban las enaguas. En un rincón del cuarto se oían los ahogados sollozos del niño...

Y el niño fue quien, gritando desesperadamente llamó al amanecer a las vecinas que encontraron a Antonia en la cama, extendida, como muerta. El médico vino aprisa, y declaró que vivía, y la sangró, y no logró sacarle gota de sangre. Falleció a las veinticuatro horas, de muerte natural, pues no tenía lesión alguna. El niño aseguraba que el hombre que había pasado allí la noche la llamó muchas veces al levantarse, y viendo que no respondía echó a correr como un loco.

Los pazos de Ulloa (1886)

Capítulo III [fragmento]

Mudaron de rumbo, dirigiéndose al enorme caserón, donde penetraron por la puerta que daba al huerto, y habiendo recorrido el claustro formado por arcadas de sillería, cruzaron varios salones con destartalado mueblaje, sin vidrios en las vidrieras, cuyas descoloridas pinturas maltrataba la humedad, no siendo más clemente la polilla con el maderamen del piso. Pararon en una habitación relativamente chica, con ventana de reja, donde las negras vigas del techo semejaban remotísimas, y asombraban la vista grandes estanterías de castaño sin barnizar, que en vez de cristales tenían enrejado de alambre grueso. Decoraba tan tétrica pieza una mesa —escritorio, y sobre ella un tintero de cuerno, un viejísimo vade de suela[34], no sé cuántas plumas de ganso y una caja de obleas vacía.

Las estanterías entreabiertas dejaban asomar legajos y protocolos en abundancia; por el suelo, en las dos sillas de baqueta, encima de la mesa, en el alféizar mismo de la enrejada ventana, había más papeles, más legajos, amarillentos, vetustos, carcomidos, arrugados y rotos; tanta papelería exhalaba un olor a humedad, a rancio, que cosquilleaba en la garganta desagradablemente. El marqués de Ulloa, deteniéndose en el umbral y con cierta expresión solemne, pronunció:

---

34 En algunas ediciones aparece "bade", entre ellas la primera; pero se trata de "vade", como se corrige en ediciones posteriores. Marina Mayoral, en su edición de *Los Pazos de Ulloa* (Debolsillo, 2006), señala: "bade es una carpeta de escritorio". Es una forma contraída de vademécum, en la acepción de la RAE (1884): "cartapacio o bolsa de badana en que llevan los estudiantes y niños de escuela los papeles que escriben en ella".

115

—El archivo de la casa.

Desocupó en seguida las sillas de cuero, y explicó muy acalorado que aquello estaba revueltísimo —aclaración de todo punto innecesaria— y que semejante desorden se debía al descuido de un fray Venancio, administrador de su padre, y del actual abad de Ulloa, en cuyas manos pecadoras había venido el archivo a parar en lo que Julián veía...

—Pues así no puede seguir —exclamaba el capellán—. ¡Papeles de importancia tratados de este modo! Hasta es muy fácil que alguno se pierda.

—¡Naturalmente! Dios sabe los desperfectos que ya me habrán causado, y cómo andará todo, porque yo ni mirarlo quiero... Esto es lo que usted ve: ¡un desastre, una perdición! ¡Mire usted..., mire usted lo que tiene ahí a sus pies! ¡Debajo de una bota!

Julián levantó el pie muy asustado, y el marqués se bajó recogiendo del suelo un libro delgadísimo, encuadernado en badana verde, del cual pendía rodado sello de plomo. Tomólo Julián con respeto, y al abrirlo, sobre la primera hoja de vitela, se destacó una soberbia miniatura heráldica, de colores vivos y frescos a despecho de los años.

—¡Una ejecutoria de nobleza! —declaró el señorito gravemente.

Por medio de su pañuelo doblado, la limpiaba Julián del moho, tocándola con manos delicadas. Desde niño le había enseñado su madre a reverenciar la sangre ilustre, y aquel pergamino escrito con tinta roja, miniado, dorado, le parecía cosa muy veneranda, digna de compasión por haber sido pisoteada, hollada bajo la suela de sus botas. Como el señorito permanecía serio, de codos en la mesa, las manos cruzadas bajo la barba, otras palabras del señor de la Lage acudieron a la memoria del capellán: «Todo eso de la casa de mi sobrino debe ser un desbarajuste... Haría usted una obra de caridad si lo arreglase un poco». La verdad es que él no entendía gran cosa de papelotes, pero con buena voluntad y cachaza...

—Señorito —murmuró—, ¿y por qué no nos dedicamos a ordenar esto como Dios manda? Entre usted y yo, mal sería que no acertásemos. Mire usted, primero apartamos lo moderno de lo antiguo; de lo que esté muy estropeado se podría hacer sacar copia; lo roto se pega con cuidadito con unas tiras de papel transparente...

El proyecto le pareció al señorito de perlas. Convinieron en ponerse al trabajo desde la mañana siguiente. Quiso la desgracia que al otro día Primitivo descubriese en un maizal próximo un bando entero de perdices entretenido en comerse la espiga madura. Y el marqués se terció la carabina y dejó para siempre jamás amén a su capellán bregar con los documentos.

José María Pereda

Pedro Sánchez (1883)[35]

VIII

[fragmento]

En uno de estos pueblos, después de habernos desayunado en Palencia con los famosos bollos del parador de Pampín, nos detuvimos a comer, a las dos de la tarde. Entramos en el parador por la cuadra, con las mulas del tiro que se reanudaba allí, y pasamos a un comedor de adobes, como todo el edificio, donde nos sirvieron en larga mesa, regularmente limpia, tras de los clásicos garbanzos, pollos y palominos en varios condimentos, queso ovejuno, dulce de membrillo y una infusión de salvia que allí denominan té. ¡Con qué minuciosa exactitud recuerdo todas estas cosas al cabo de tantos años, y con qué placer las revuelvo en la memoria! Bien sabe Dios el trabajo que me cuesta cerrar la válvula para que no salten sobre el papel otras infinitas de la misma casta; y con qué recelos apunto las pocas que se me escapan en el relato, temiéndome que ni aun por su interés histórico y arqueológico las aceptarían de buen grado, si llegaran a verlas, los jóvenes que hoy van en diez y ocho horas de Santander a Madrid, en cómodos vagones de ferrocarril, y tienen la fortuna de no haber rodado nunca en diligencia sobre aquel interminable camino, verdadero río de polvo zurcido en un mar de paño pardo.

Que, entre tanto, el señor del gorro no cerraba boca, no necesito decirlo; pero he de declarar que, aunque continuaba entreteniéndome mucho su expresiva y pintoresca conversación, me entretenía

---

35 Tomado de la edición de la Biblioteca Virtual Miguel de Cervantes (2003).

mucho más la de su hija, que para entonces me había perdido el miedo y hablaba conmigo a ratos sin cortedad alguna. Me encantaba por ingenua, por sencilla... y por todas y cada una de las cualidades y prendas que iba descubriendo en ella. Era la más acabada antítesis de Clara; y no sé si esta observación que se me impuso súbitamente, influyó algo en el juicio que de ella formé entonces. Si esto no, el ser la segunda mujer de aquel pelaje que yo había tratado en mi vida, y la intimidad que se establece entre los compañeros de un largo y nada cómodo viaje, bien pudieron ser parte a que mi imaginación la viera sobre más alto pedestal que el que en buena justicia le pertenecía.

Por ella supe que su padre era un empleado del Gobierno, declarado cesante en Santander cuatro meses antes. Iban a Madrid, donde ella había nacido, porque su padre había logrado un empleíllo particular allí, al amparo del cual pensaba vivir mientras trabajaba para que le repusiera el Gobierno en su destino. El cesante se llamaba don Serafín Balduque; su hija, Carmen, y la mujercilla fea, criada antiquísima de la familia y casi aya de la joven, como ya queda dicho, Quica.

En otro poblachón como en el que habíamos comido, cenamos a deshora de la noche los mismos pollos, los mismos palominos, el propio queso con membrillo en dulce, y la mismísima salvia por remate... Y vuelta a dormir y a rodar en llano, hasta que amaneció el nuevo día entre polvo del camino real y campos de desolación. Sobre ellos, como sobre los que iban quedando atrás, descollaban acá y allá muy de tarde en tarde, tal cual tumor, plomizo y rapado, encima de alguno de los cuales se erguía un castillete coronado de unos barrotes, entre los que subía y bajaba una cosa negra, a modo de caldero. Eran los telégrafos ópticos, que, lejos de alegrar el paisaje, le entristecían todavía más; pues a la contemplación del insulso detalle iba unida la consideración de que, dentro de aquella jaula de sólidas paredes, había seres humanos incomunicados con el resto del mundo; y para mayor burla de la desgracia, ellos, los encargados de conducir maquinalmente la palabra de los demás a través de la tierra, estaban condenados a no hablar con nadie, fuera de lo que hablaran entre sí.

No sé por qué comparaba yo aquellos destellos de *luz*, relativamente al sitio en que brillaban, con la mocosa candileja que se deja ver en el fondo negro de un vasto subterráneo.

Nos explicó don Serafín cuanto se le alcanzaba del modo de funcionar de aquellos aparatos; y llegando a decirnos la miserable retribución con que pagaba el Gobierno el suplicio moral de los empleados que los manejaban, puso a todos los gobiernos españoles como no digan dueñas; y una vez enzarzado con ellos por aquel motivo, despellejolos vivos por todos los imaginables, y especialmente por los que a él le atañían.

Entonces nos refirió su historia con todos sus pormenores el bueno de don Serafín Balduque, historia que me puso a mí los pelos de punta, y no era para menos.

Según su relato, el tal don Serafín había comenzado a servir al Estado, bajo la protección de un *personaje influyente*, a la edad de diez y siete años y con cuatro mil reales de gratificación. Desde entonces hasta la fecha en que nos lo decía, cuarenta y siete años justos, con una hoja de servicios limpia como una patena, había sido cesante veintitrés veces, que representan veintitrés larguísimas temporadas de angustiosas privaciones, y otras tantas batallas rudísimas para conseguir la reposición. Como la necesidad le obligaba a aceptar lo que le ofrecían, cada vez que le empleaban, vuelta a tejer el pobre hombre casi de nuevo la destejida tela de su oficio en otro ramo diferente de la Administración del Estado. Así saltaron sobre él todos sus contemporáneos, y jamás pudo llegar a la categoría que le pertenecía de derecho, para jubilarse con un sueldecillo mediocre, y descansar de una vez. Había sido empleado en casi todas las poblaciones de España en que hay oficinas del Estado, y pasaban de tres las ocasiones en que al ir a tomar posesión de su nuevo destino, atravesando para ello toda la península, antes de presentar sus credenciales al fin de la jornada, ya era cesante otra vez.

—Es cosa sabida —concluyó—, y hasta proverbial entre las gentes del oficio: ¿hay que hacer un hueco para colocar a un intruso recién llegado? Pues Serafín Balduque cesante. ¿Ambiciona alguien el puesto mío en una capital determinada? Al día siguiente ya está Serafín Balduque trasladado a los quintos infiernos. ¿Se habla de crisis? Balduque al agua. ¿Se arma un tiberio político en cualquiera parte del mundo? Don Serafín sin empleo.

—Eso es ya mucho exagerar —apuntó aquí el caldista[36] con voz de sochantre.

—¡Exagerar! —exclamó don Serafín mirándole con ojos de lástima, después de haber echado con un rápido movimiento de cabeza el gorro sobre el entrecejo—. ¿Y por qué?

—Porque no tiene nada que ver el destino que usted desempeña con lo que suceda por esos mundos.

—¿Y cree usted —volvió a preguntar el cesante echando el gorro hacia la oreja derecha—que tiene algo que ver mi empleo con la venida del rey a Santander?

—Maldita la cosa —respondió el caldista.

---

36 El narrador, Pedro Sánchez, lo describe la primera vez que aparece como "traficante en caldos", es decir, vendedor de vinos.

—Pues bueno —continuó don Serafín—: en cuanto supe yo que S. M. venía a inaugurar el ferrocarril, y vi la ciudad en movimiento y la gente alborotada, me di por muerto.

—¡Vaya una aprensión!

—Aprensión, ¿eh?... En mayo estuvo el rey en Santander, ¡bien sabe Dios lo que yo le aclamé, y las visitas que hice al jefe de mi negociado que le acompañaba, y lo puntual y asiduo que estuve siempre y para todo!... pues a mediados de junio ya me habían limpiado el comedero.

—Casualidad.

—Enhorabuena; pero, como la capa del otro, tan llena está mi vida de esas casualidades, que han llegado a ser la ley por que me rijo.

No perdía yo ripio en esta conversación, puesto que el asunto de ella tenía bastante más concomitancia con mis proyectos que las crisis europeas con el destino de don Serafín. Metí mi baza en la porfía, y dije al sempiterno cesante:

—Carecerá usted de valedores.

—¡Calabaza, careceré! —respondiome al punto echando el gorro hacia la nuca—. Los tengo como todo hijo de vecino.

—Pues no lo comprendo.

—Lo que hay es, que así como en fuerza de aburrirlos, no dejándolos a sol ni a sombra, me ayudan algo para colocarme, es decir, para verse libres de mí, después, si te he visto no me acuerdo.

—Corriente —dije yo—; pero esa serie de casualidades que le persiguen a usted, aunque para usted han llegado a ser una ley ineludible, no lo serán para todos los empleados del Gobierno.

—Hombre —replicó don Serafín con nerviosa viveza—, no diré que a cada cuarenta y siete años de servicio correspondan en España, irremisiblemente, mis veintitrés cesantías; pero lo que es veinte, docena y media siquiera, no se las quita a nadie el lucero del alba... salvo, se entiende, los niños mimados de la suerte, que comienzan por donde uno acaba y llegan a la cumbre en un dos por tres. Pues si no fuera así, la carrera de empleado era una canonjía para los hombres como yo, de pocas necesidades.

—Gran consuelo es todo eso que usted dice para los aspirantes a esa carrera —expuse yo aquí con la ingenuidad que puede presumirse.

—Le aseguro a usted, señor don Pedro —me dijo Balduque con toda la solemnidad que cabía en él—, que no tiene vergüenza el hombre que, con salud y mediano entendimiento, se echa hoy en España por ese camino. Cuando vuelvo los ojos atrás y cuento los años que llevo sirviendo al Estado; la burla que sus gobernantes han hecho de mí; los apuros, los ahogos en que estas burlas me han puesto tantas veces; las privaciones a que me he sometido; la fe... hasta el entusiasmo con que he trabajado en los múltiples cargos que se me han cometido; la edad que tengo, lo atrasado que estoy en la carrera; lo que será de esa infeliz (y miraba conmovido a su hija, no muy serena), si Dios me quita la vida a la hora menos pensada, me asombro del buen humor que tengo, de no deber un céntimo a nadie... y de lo honrado que soy... De lo honrado que soy, sí; porque conmigo se ha hecho todo lo posible para que no lo fuera. ¡Cuántas veces mi pobre mujer... (de resultas de un forzado viaje penoso por el puerto de Pajares, en el corazón del invierno, la perdí), cuántas veces me aconsejó que abandonara la carrera, solo en desdichas fecunda para la familia, por cualquiera de las ocupaciones que, a Dios gracias, he tenido siempre en Madrid durante mis cesantías...! La verdad es que a remendón de portal que me hubiera dedicado cuando tuve el mal acierto de aceptar el primer destino que me ofrecieron, tendría a la presente fecha mejor pelaje del que tengo, y, sobre todo, hogar y reposo... Dicen que reina cierto malestar en el mundo político y que se temen acontecimientos graves... Bien sabe Dios que no soy hombre de matices ni de pasiones de ese género; pero les aseguro a ustedes que, hoy por hoy, me creo capaz de echarme a la calle con el moro Muza, si el moro Muza lo fuera de exterminar a garrotazo seco la pillería que medra con todos los partidos, y manda y dispone y es causa de mis desventuras, y de otras mucho mayores, que también me duelen porque las llora la patria.

¡Pobre don Serafín! ¡Qué lástima me daba de él en estos casos, y cuando, quizá por no tener con qué pagar las comidas y las cenas, le veía yo, mientras los demás pasajeros de todos los departamentos de la diligencia nos regodeábamos con los vulgares, pero abundantes y calientes condumios de la mesa de los paradores, comprar, medio a escondidas, un poco de pan para volver a comerlo en la diligencia, en compañía de Carmen y de Quica, con los míseros fiambres que estas sacaban cuidadosamente de un saquito de alfombra que llevaban sujeto entre las correas del techo! ¡A qué tristes consideraciones me arrastraba el ejemplo de aquella desdichada familia, cada vez que pensaba yo con alguna serenidad en los propósitos que me habían sacado de mi lugar!

Alejandro Sawa

Declaración de un vencido (1887)[37]

Libro segundo

[fragmento]

Tuvo, pues, el pueblo su querido despotismo, y fue feliz. Ahora quiere libertad, igualdad y fraternidad, libertad, igualdad y fraternidad económicas; y como ni las revoluciones geológicas, ni las revoluciones sociales, se producen por decretos, y no es tan fácil improvisar una tempestad o una revolución como un discurso, la canalla, la oclocracia, el elemento revolucionario radical de todos los países, se retuerce en movimientos febriles de desesperación, y acusa a sus capitanes de ineptos, porque no saben llevarlo a la victoria como ellos desearían, a marchas forzadas, de tal modo, que habiéndonos acostado una noche bajo el dominio de la monarquía o de la república, de un sistema gubernamental cualquiera, nos despertásemos al día siguiente en pleno régimen anarquista, con la solidaridad económica por bases, y la federación de vocaciones y oficios por procedimiento.

Que cada cual hable en nombre del país en que ha nacido. Sostengo que el pueblo español de la primera mitad del siglo XIX era feliz, al modo que lo son los bueyes que tienen buenos terrenos donde pacer, y sostengo también que trabajaba menos y hacía vida más bestialmente satisfecha que el pueblo de los demás países de Europa. Había hecho de su estupidez una coraza, y contra ella botaba, por admirable ley de refracción, lo mismo las inclemencias

---

37 Edición de Madrid: Administración de la Academia, tomada de la Biblioteca Digital Hispánica.

del frío que las del calor. Lo que la coraza no bastaba a rechazar era el latigazo del déspota en pleno rostro, ni el espectáculo insolente de la lascivia y la glotonería del fraile y del mandatario; pero cosas eran esas tan corrientes, como que el sol apareciera todos los días en el horizonte; y además había criado callos en la cara y cataratas en los ojos. No era completamente sensible, y en esto tenía también una vaga semejanza con las piedras de la calle.

No producía nada el obrero de entonces: el laboreo del campo, sencillo como en los tiempos del patriarcado bíblico, y los menesteres y oficios rutinarios de la ciudad. No había industria nacional tampoco, a no ser que se dé este nombre de industria a la elaboración por las monjas de San Leandro, del Cister o de la Trinidad, de los pastelillos rellenos y otras golosinas con que han extendido su fama hasta nosotros. Alguna fábrica de bayetas en Antequera, de papel en Alcoy, o de tejidos de algodón en Cataluña, era todo cuanto en orden fabril se producía en la Península. La avaricia del rey o de sus ministros, no sabiendo, pues, de qué echar mano, no sabiendo sobre qué punta de alfiler fundar una nueva gabela, un nuevo arbitrio, sin dar importancia siquiera a las inicuas ocultaciones de propiedad que tanto contribuyen al estado permanente de déficit de nuestra Hacienda, extendió la mirada más allá de los mares, a nuestras riquísimas colonias ultramarinas, regentadas por arbitrarios virreyes como en tiempo de Las Casas, y envió a ellas, so pretexto de administración, verdaderas gavillas de ladrones, autorizadas para el pillaje y para el expolio, a partir ganancias con los directores de la política y la administración de España. ¡Es claro! Se agotó la paciencia de aquellas colonias, y emprendieron contra la metrópoli sangrienta lucha de emnacipación, que hizo independientes a todos los Estados meridionales de América en poco más de dos años. He ahí por qué la holganza sistemática de las clases productoras en España, fomentada y sostenida por el bodrio de los conventos, ha sido, en mi sentir, una de las causas que han determinado la emancipación de nuestras antiguas posesiones del Sud de América y de los hoy florecientes Estados Unidos mejicanos.

Así y todo, el pueblo de entonces continuaba siendo feliz, porque seguía amarrado a su gleba y posando los pies sobre su terruño. Ya podía reventar todo el universo, que como la catástrofe no alcanzara a España, maldito lo que se les importaba a nuestros compatriotas eso, ni que la gente por ahí despertara a la nueva vida. ¿Había toros y manolas y conventos? ¿Había también rey absoluto, al que hacía guardia de honor a todas horas un buen escuadrón organizado de serviles? Pues había cielo también; y esta vida, esta triste vida humana, ofrece muchos puntos de contacto con la gloria, digan lo que quieran los sabihondos y los que quieren arreglar al mundo con arreglo a sus caprichos. La vida es buena, y un buen plato de gazpacho tiene un sabor delicioso que deleita a todos los paladares.

Este era el criterio antepasado de los braceros de antaño.

Pero, a partir del año cincuenta y tantos, ¡qué grande angustia! Se había erguido el espíritu nacional como un músculo que pide ejercicio, que se dispone a la obra, y una porción de hombres generosos se lanzaron, en una especie de resurrección del cristianismo primitivo, al apostolado de la religión democrática, por el campo y por la ciudad, a manera de misioneros del progreso, semejantes todos en que llevaban el signo del pensamiento vivido en la frente, y la palabra sublime de amor en los labios. Asaltaron cuantas conciencias hallaron al paso; y antes del año 68, diez años antes cuando menos, ya la revolución estaba hecha en los espíritus. Solo que aquellos propagadores confundieron la generosidad con el despilfarro, y fueron demasiado dogmáticos —defecto propio de todos los apostolados— para dejar de ser platónicos hasta el delirio. No ha habido una sola doctrina, lo mismo política que religiosa, que haya dejado de ser socialista allá en el génesis de sus comienzos. La misma doctrina de Cristo, la más extendida de todas por nuestras civilizaciones occidentales, ha dejado caer con peso de muerte sobre la cabeza de los poderosos abominaciones y anatemas que, si le enajenaron las simpatías de los ricos, le atrajeron en cambio la de los miserables —enemigos por instintos y horripilaciones nerviosas del capital,— haciendo inevitable aquella revolución religiosa, resplandeciente por contraste, sin embargo del tiempo transcurrido, a fuerza de la enorme acumulación de harapos que llegó a reunir en poco tiempo. —La democracia española tuvo durante su periodo de propaganda un fondo de socialismo tan marcado, que no pudiendo realizarlo allá en las esferas de la práctica el año 73, concluyó por matarla, apenas nacida a las entusiastas expansiones de la existencia. Y lo que creían lastre, se convirtió en peso que hunde. Un naufragio.

Le hemos quitado la creencia en Dios a la parte de pueblo que sabe leer, y le hemos rellenado en cambio la cabeza de frases y logomaquias casi míticas, importadas del tecnicismo metafísico que se usa en los libros y en las escuelas filosóficas modernas; lo hemos convencido de que vale tanto preocuparse de los problemas de la otra vida como de pensar en las musarañas, y estas seguridades nuestras lo han impulsado a no apasionarse de otra cosa que del íntimo contentamiento de su cuerpo, de la completa hartura de su estómago, de que el vientre se le redondee todo lo posible, y de que el patrón lo haga trabajar seis horas en vez de ocho, o cuatro en vez de seis. Ha perdido la costumbre de mirar a lo alto. De seguir as, es posible que a esos hombres del pueblo les salga un nervio junto al cogote, y que, como a los cerdos, les sea imposible levantar la cabeza para nada, teniendo que tirarse panza arriba en el suelo para ver el sol, con su hermoso disco ígneo, que parece cosa de fantasía.

Mirada la cuestión social bajo un punto de vista exclusivamente económico, resulta que no ha habido cambio más que en el precio de la producción, pero no en las condiciones de la producción. Los artículos de primera necesidad han encarecido notablemente, y todos los días se dibujan en ellos nuevas tendencias a la alza. El alquiler de las viviendas también ha tenido aumento considerable. Solo el jornal del productor ha continuado sin variación sensible de progreso o retroceso, petrificado en su tipo medio. El preciso tipo medio para que no reviente de hambre en medio de la carretera. Ha tenido, pues, que redoblar el esfuerzo de trabajo para ir prolongando la vida a cuartas y a palmos; y esta violencia, esta coacción moral, de todos los instantes, con que él mismo se martiriza, lo empuja, fuera de su casa, a la taberna, y en su casa, a toda la serie de envilecimientos y degradaciones que forman el cortejo obligado de la miseria material, de la sangre empobrecida y de las panzas metidas hacia adentro.

Se ha resentido la constitución de la familia con este intolerable malestar económico. La madre, en las grandes ciudades, va al río a lavar la ropa; la hija a un taller, donde gana una peseta y pierde una pureza, en la promiscuidad de vicios aneja a las aglomeraciones de gente en una sala; con más frecuencia todavía al lupanar o al vagabundaje por las calles.

En los pueblos y en las aldeas, la organización de la familia no es menos miserable. El padre se levanta del camastro al amanecer para ir al campo, frecuentemente acompañado de su mujer, y ya no vuelven en todo el día a la casa, hasta ya cerrada la noche. Quedan los hijos abandonados a sí propios, sin otra salvaguardia que la solidaridad de su común desgracia. Y apenas desarrollados, casi en estado lácteo todavía, sin sexo definido, ya se les obliga a que ayuden a sus padres en la odiosa lucha por la existencia con el trabajo de sus débiles bracitos, que arrancan hierbas medicinales y comestibles de los campos, en vez de solazarse con los dulces entretenimientos que son el más categórico derecho de la infancia: revolcarse como los pollinos y los animales jóvenes por el césped de los prados, y jugar a los arroyitos, a la gallina ciega, a lo que les da la gana, en el seno de la grande y próvida naturaleza, en constante ayuntamiento con ella.

La mesocracia, la clase media, como en lenguaje más corriente se la llama, es aún si cabe más desdichada, más miserable; recibe y sufre diariamente, por minutos, más cantidad de azotes que el tercer estado, que el mismo pueblo. La clase media española, sobre todo, es el Cristo ensangrentado y coronado de espinas, que cae tres veces con el madero a cuestas antes de llegar a fenecer en el suplicio. Puede decir también, mirando al cielo, como el hermoso reformador hebreo: «¡Padre, padre mío!, ¿por qué me has abandonado?» —Tiene las miserias materiales de la clase obrera y las aficiones dispendiosas de la clase aristocrática. Es malaventurada, pues. De ella puede afirmarse, sin riesgo a equivocaciones, que come de vez en cuando. Sacrifica sus haberes a la ridícula vanidad del traje, y se estrecha el cinturón un punto más todos los días.

No hablo de la aristocracia, porque esa clase social no necesita sino que se la extienda la partida de defunción para ser enterrada con todos los honores que corresponden a sus infamias y latrocinios de antaño, y a su sorprendente corrupción de costumbres de hogaño. Murió la aristocracia en Francia el día en que los representantes del estado llano hicieron abstracción completa de ella, congregándose, para sus deliberaciones y acuerdos, en la sala del juego de pelota en Versalles. Murió en España desde que se permitió el acceso a todas las alturas políticas y administrativas al pueblo lo mismo que a la clase media, ofreciéndose aquí el caso singularísimo de que todas las voluntades directivas del país, a partir del establecimiento del régimen parlamentario, son provinientes del pueblo y de la burguesía. Casi no queda aristocracia más que en Rusia. La aristocracia inglesa está formada en su mayoría de judíos enriquecidos en el tráfico de los negocios.

De este malestar colectivo, de este malestar de todos, ha partido el grande e irresistible movimiento pesimista de la época. Literatura, artes , ciencias de abstracción, todo se resiente de este sudario de tristeza que nos cubre de arriba abajo, entorpeciendo la libertad de nuestros movimientos. La filosofía es positivista; la moral determinista; el arte rudo y atrevido, como si la nueva generación artística tuviera la misión de hacer con sus contemporáneos lo que los vándalos y los hunos con los pueblos afeminados y envilecidos que asaltaron para purificarlos. Todo es indicio de un renacimiento o del despertar de una nueva época. Solo que, por próxima que se halle, yo no podré conocerla, no podré manifestarme en su seno, porque voy a morir. Sin embargo, palpitando entre estas líneas, yo envío a esa nueva época, yo envío al porvenir mis ardientes besos de enamorado.

Creer en el porvenir, ¡bah!, ya es algo. Y yo necesito agarrarme a esa creencia para no morirme de pronto y del todo.

Enrique Gaspar Rimbau

El anacronópete (1887)[38]

Capítulo VI

[fragmento]

No había llegado aún a la puerta cuando el prefecto de policía, apeándose de su carruaje, penetró en el pabellón y se dirigió al sabio.

—¿Puede el señor García acordarme una conferencia de breves minutos? —le dijo.

—Hiciéralo con placer si no fuese ya la hora reglamentaria y temiese abusar de la impaciencia pública.

—Me trae aquí una misión oficial. Vengo en nombre del gabinete.

Ante esta observación no había medio de insistir. Los comensales se retiraron prudentemente a un extremo de la tienda, mientras en el opuesto los dos interlocutores sostenían el siguiente diálogo:

—El gobierno me delega para pedirle a usted un señalado servicio.

—Me honra tal confianza. Escucho a usted.

—A nadie se le oculta que la Francia, desgraciadamente, atraviesa un periodo de relajación moral que amenaza destruir los ya minados cimientos de la familia, fundamento de todas las sociedades.

---

38 Tomado de la edición de Barcelona (Establecimiento Tipográfico Editorial de Daniel Cortezo y Cª.) en la Biblioteca Digital Hispánica.

—Aunque con dolor, me es fuerza asentir a tan acertado parecer.

—El gobierno, más interesado que nadie en la redención de su patria, ha penetrado con ánimo resuelto en el fondo de esta cuestión pavorosa; y cree poder afirmar que el quebrantamiento de los vínculos sociales proviene de ese escandaloso mercado sensual con que no ya emulamos, sino trasponemos el histórico y poco plausible renombre de Síbaris y Capua.

—Evidentemente; mas no alcanzo cuál pueda ser la parte que me incumba en esa misión redentora.

—A eso voy. Regenerar a la mujer es crear buenas madres de que carecemos.

—No, en absoluto.

—Es usted muy amable. Gracias por la mía. Tener madres es garantizar la educación de los hijos. De los buenos hijos germinan los esposos modelos y los íntegros ciudadanos. Luego hay que purificar la familia para salvar la patria.

—Estamos de acuerdo.

—Ahora bien; de esas desgraciadas mujeres, que, para vergüenza de propios y extraños, arrastran sus vicios por nuestras populosas ciudades pregonando con histéricas carcajadas su mercancía, pocas, contadas, son las que consiguen un resultado beneficioso que consolide su existencia en la vejez. Los hospitales, los teatros, las porterías suelen constituir su última trinchera; y muchas hay que al perder la menguada lozanía de los primeros años volverían con arrepentimiento a la senda de la virtud, a no impedírselo el estado en que los excesos y la depravación las han sumido y que las hacen ineptas para los puros goces de la familia. El gabinete, pues, en consejo extraordinario, me encarga ser intérprete de sus sentimientos cerca de usted y me comisiona para dirigirle a usted una proposición.

El prefecto acercó más aún su silla a la de don Sindulfo y prosiguió de esta manera:

—¿Hemos entendido mal o es cierto que con el maravilloso vehículo de su invención puede el navegante rejuvenecerse a medida que retrograde en el tiempo?

—Así es, con tal de que previamente no se haya sometido a la inalterabilidad de las corrientes del fluido que lleva mi nombre; pues de otro modo vería pasar los siglos sin experimentar alteración alguna.

—¿En qué tiempo puede usted recorrer un espacio de veinte años?

—En una hora.

—¿Y llegado a ese término, le es a usted dable perpetuar la edad de la persona en el punto porque entonces atraviese?

—Sin ningún obstáculo.

—Pues bien. El plan del gobierno es rogar a usted que acepte en la expedición una docena de señoras que frisen en los cuarenta (edad en que la vejez no las ha hecho aún desistir de las ilusiones; pero harto avanzada en mujeres de su condición para abrigar esperanzas de medro), y ofrecerles que en sesenta minutos van a reconquistar sus veinte abriles. De este modo, es indudable que, aleccionadas por la experiencia, y arrepentidas por el fracaso, al encontrarse dueñas de sus hechizos por segunda vez, sigan la senda de la morigeración y abandonen la del vicio.

—Plausible es la intención. ¿Pero no teme usted, señor prefecto, que si lo que entra con el capillo no sale sino con la mortaja, las buenas señoras al verse en el pleno ejercicio de sus facultades quieran volver a tentar fortuna?

—No lo espero. De todos modos este no es más que un ensayo de que desistiremos si no salimos airosos, o que en caso contrario repetiremos en grande escala. ¿Qué responde usted al ministerio?

—La misión me honra sobremanera para rechazarla; pero debo advertir a usted que yo viajo con mi sobrina y...

—No tema usted el menor desafuero. Se portarán dignamente. Ya las hemos exhortado y el miedo al castigo las contendrá.

—Lo celebraría aunque lo dudo.

—Se lo aseguro a usted; la amenaza es temible.

—¿Cuál se les ha impuesto?

—No quitarles ni un año de encima si se exceden en algo.

—Tiene usted razón; me tranquilizo.

—¿Estamos de acuerdo?

—Completamente.

—El gobierno sabrá recompensar a usted favor tan señalado.

—Me basta conseguir por premio que Francia sea digna en el orden moral de la supremacía que por tantos otros conceptos se ha conquistado en el mundo.

Terminada la entrevista, el cortejo con don Sindulfo a la cabeza salió del pabellón, a cuya puerta esperaban en sus carruajes las alegres expedicionarias que, apeándose, se agregaron al grupo oficial, tomando todos juntos la dirección del Anacronópete.

Llegados al pie del coloso cruzose un último adiós. El sabio, Benjamín y las viajeras penetraron en el vehículo y este, herméticamente cerrado, atrajo desde aquel momento las miradas de todos los circunstantes.

No habría transcurrido un cuarto de hora, cuando un murmullo de dos millones de almas onduló en el espacio. El Anacronópete se elevaba con la majestad de un montgolfier. Nadie aplaudía porque no había mano que no estuviese provista de algún aparato óptico; pero el entusiasmo se traducía en ese silencio más penetrante que el ruido mismo.

Llegado a la zona en que debía tener lugar el viaje, el monstruo, reducido al tamaño de un astro, se paró como si se orientara. De repente estalló un grito en la multitud. Aquel punto, bañado por un sol canicular, había desaparecido en el firmamento con la brusca rapidez con que la estrella errática pasa a nuestros ojos de la luz a las tinieblas.

Benito Pérez Galdós

Miau[39] (1888)

II

«¡Colocarme!» exclamó Villaamil poniendo toda su alma en una palabra. Sus manos, después de andar un rato por encima de la cabeza, cayeron desplomadas sobre los brazos del sillón. Cuando esto se verificó, ya doña Pura no estaba allí, pues había salido con la carta, y llamó desde la escalera a su nieto, que estaba en la portería.

Ya eran cerca de las seis cuando Luis salió con el encargo, no sin volver a hacer escala breve en el escritorio de los memorialistas. «Adiós, rico mío —le dijo Paca besándole—. Ve prontito para que vuelvas a la hora de comer (Leyendo el sobre). Pues digo... no es floja caminata, de aquí a la calle del Amor de Dios. ¿Sabes bien el camino? ¿No te perderás?».

¡Qué se había de perder ¡contro!, si más de veinte veces había ido a la casa del Sr. de Cucúrbitas y a las de otros caballeros con recados verbales o escritos! Era el mensajero de las terribles ansiedades, tristezas e impaciencias de su abuelo; era el que repartía por uno y otro distrito las solicitudes del infeliz cesante, implorando una recomendación o un auxilio. Y en este oficio de peatón adquirió tan completo saber topográfico, que recorría todos los barrios de la Villa sin perderse; y aunque sabía ir a su destino por el camino

---

39 El título de la novela es un acrónimo de los planes del cesante, Villaamil, para reformar la Hacienda Pública: Moralidad, *Income Tax*, Aduanas, Unificación de la Deuda. Sobre el tema, puede leerse a Manuel Martínez Bargueño ("Miau": "una lectura administrativa" de la novela de Galdós) y a Alan Hoyle ("Algo más sobre "Miau"). Los textos, como la propia novela, se pueden encontrar en la Bibilioteca Virtual Miguel de Cervantes.

más corto, empleaba comúnmente el más largo, por costumbre y vicio de paseante o por instintos de observador, gustando mucho de examinar escaparates, de oír, sin perder sílaba, discursos de charlatanes que venden elixires o hacen ejercicios de prestidigitación. A lo mejor, topaba con un mono cabalgando sobre un perro o manejando el molinillo de la chocolatera lo mismito que una persona natural; otras veces era un infeliz oso encadenado y flaco, o italianos, turcos, moros falsificados que piden limosna haciendo cualquiera habilidad. También le entretenían los entierros muy lucidos, el riego de las calles, la tropa marchando con música, el ver subir la piedra sillar de un edificio en construcción, el Viático con muchas velas, los encuartes de los tranvías, el trasplantar árboles y cuantos accidentes ofrece la vía pública.

«Abrígate bien —le dijo Paca besándole otra vez y envolviéndole la bufanda en el cuello—. Ya podrían comprarte unos guantes de lana. Tienes las manos heladitas, y con sabañones. ¡Ah, cuánto mejor estarías con tu tía Quintina! ¡Vaya, un beso a Mendizábal, y hala! Canelo irá contigo».

De debajo de la mesa salió un perro de bonita cabeza, las patas cortas, la cola enroscada, el color como de barquillo, y echó a andar gozoso delante de Luis. Paca salió tras ellos a la puerta, les miró alejarse, y al volver a la estrecha oficina, se puso a hacer calceta, diciendo a su marido: «¡Pobre hijo!, me le traen todo el santo día hecho un carterito. El sablazo de esta tarde va contra el mismo sujeto de estos días. ¡La que le ha caído al buen señor! Te digo que estos Villaamiles son peores que la filoxera. Y de seguro que esta noche las tres lambionas se irán también de pindongueo al teatro y vendrán a las tantas de la noche».

—Ya no hay cristiandad en las familias —dijo Mendizábal grave y sentenciosamente—. Ya no hay más que suposición.

—Y que no deben nada en gracia de Dios (meneando con furor las agujas). El carnicero dice que ya no les fía más aunque le ahorquen; el frutero se ha plantado, y el del pan lo mismo... Pues si esas muñeconas supieran arreglarse y pusieran todos los días, si a mano viene, una cazuela de patatas... Pero Dios nos libre... ¡Patatas ellas!, ¡pobrecitas! El día que les cae algo, aunque sea de limosna, ya las tienes dándose la gran vida y echando la casa por la ventana. Eso sí, en arreglar los trapitos para suponer no hay quien les gane. La doña Pura se pasa toda la mañana de Dios enroscándose las greñas de la frente, y la doña Milagros le ha dado ya cuatro vueltas a la tela de aquella eternidad de vestido, color de mostaza para sinapismos. Pues digo, la antipática de la niña no para de echar medias suelas al sombrero, poniéndole cintas viejas o alguna pluma de gallina, o un clavo de cabeza dorada de los que sirven para colgar láminas.

—Suposición de suposiciones... Consecuencias funestas del materialismo -dijo Mendizábal, que solía repetir las frases del periódico a que estaba suscrito—. Ya no hay modestia, ya no hay sencillez de costumbres. ¿Qué se hizo de aquella pobreza honrada de nuestros padres, de aquella... (no recordando lo demás) de aquella, pues... como quien dice...?

—Pues el pobre D. Ramón, cuando cierre el ojo, se irá derecho al Cielo. Es un santo y un mártir. Créete que si yo le pudiera colocar, le colocaba. ¡Me da una lástima! Con aquellas miradas que echa parece que se va a comer a la gente ¡pobre señor!, y se la comería a una, no por maldad, sino por puras hambres (clavándose en el pelo la cuarta aguja). Da miedo verle. Yo no sé cómo el señor Ministro, cuando le ve entrar en las oficinas, no se muere de miedo y le coloca por perderle de vista.

—Villaamil —dijo Mendizábal con suficiencia— es un hombre honrado, y el Gobierno de ahora es todo de pillos. Ya no hay honradez, ya no hay cristiandad, ya no hay justicia. ¿Qué es lo que hay? Ladronicio, irreligiosidad, desvergüenza. Por eso no le colocan, ni le colocarán mientras no venga el único que puede traer la justicia. Yo se lo digo siempre que pasa por aquí y se para en el portal a echar un párrafo conmigo: «No le dé usted vueltas, D. Ramón, no le dé usted vueltas. De todo tiene la culpa la libertad de cultos. Porque ínterin tengamos racionalismo, mi señor D. Ramón, ínterin no sea aplastada la cabeza de la serpiente, y... (perdiendo el hilo de la frase y no sabiendo ya por dónde andaba) y en tanto que... precisamente... quiero decir, digo... (cortando por lo sano). ¡Ya no hay cristiandad!».

Entretanto, Luisito y Canelo recorrían parte de la calle Ancha y entraban por la del Pez siguiendo su itinerario. El perro, cuando se separaba demasiado, deteníase mirando hacia atrás, la lengua de fuera. Luis se paraba a ver escaparates, y a veces decía a su compañero esto o cosa parecida: «Canelo, mira qué trompetas tan bonitas». El animal se ponía en dos patas, apoyando las delanteras en el borde del escaparate; pero no debían de ser para él muy interesantes las tales trompetas, porque no tardaba en seguir andando. Por fin llegaron a la calle del Amor de Dios. Desde cierta ocasión en que Canelo tuvo unos ladridos con otro perro, inquilino en la casa de Cucúrbitas, adoptó el temperamento prudente de no subir y esperar en la calle a su amigo. Este subió al segundo, donde el incansable protector de su abuelo vivía; y el criado que le abrió la puerta púsole aquella noche muy mala cara. «El señor no está». Pero Luisito, que tenía instrucciones de su abuelo para el caso de hallarse ausente la víctima, dijo que esperaría. Ya sabía que a las siete infaliblemente iba a comer el señor D. Francisco Cucúrbitas.

Sentose el chico en el banco del recibimiento. Los pies no le llegaban al suelo, y los balanceaba como para hacer algo con qué distraer el fastidio de aquel largo plantón. El perchero, de pino imitando roble viejo, con ganchos dorados para los sombreros, su espejo y los huecos para los paraguas, le había producido en otro tiempo gran admiración; pero ya le era indiferente. No así el gato, que de la parte interior de la casa solía venir a enredar con él. Aquella noche debía de estar ocupado el micho, porque no aportó por el recibimiento; pero en cambio vio Luis a las niñas de Cucúrbitas, que eran simpáticas y graciosas. Solían acercarse a él, mirándole con lástima o con desdén, pero nunca le habían dicho una palabra halagüeña. La señora de Cucúrbitas, que a Luis le parecía, por lo gruesa y redonda, una imitación humana del elefante Pizarro, tan popular entonces entre los niños de Madrid, solía también dejarse rodar por allí, y ya conocía bien Cadalsito sus pasos lentos y pesados. La señora llegaba al ángulo que el pasillo de la derecha formaba con el recibimiento, y desde aquel punto miraba con recelo al mensajero. Después se internaba sin decirle una palabra. Desde que el chico la sentía venir, se levantaba rígido, como un muñeco de resortes, recordando las lecciones de urbanidad que le había dado su abuelo. «¿Cómo está usted?... ¿Cómo lo pasa usted?». Pero la mole aquella, rival en corpulencia de Paca la memorialista, no se dignaba contestarle, y se alejaba haciendo estremecer el suelo, como la máquina de apisonar que Luis había visto en las calles de Madrid.

Aquella noche fue muy tarde a comer el respetable Cucúrbitas. Observó el nieto de Villaamil que las niñas estaban impacientes. La causa era que tenían que ir al teatro y deseaban comer pronto. Por fin sonó la campanilla, y el criado fue presuroso a abrir la puerta, mientras las pollas, que conocían los pasos del papá y su manera de llamar, corrían por los pasillos dando voces para que se sirviera la comida. Al entrar el señor y ver a Luisín, dio a entender con ligera mueca su desagrado. El niño se puso en pie, soltando el saludo como un tiro a boca de jarro, y Cucúrbitas, sin contestarle, metiose en el despacho. Cadalsito, aguardando a que el señor le mandara pasar, como otras veces, vio que entraron las hijas dando prisa a su papá, y oyó a este decir: «Al momento voy... que saquen la sopa», y no pudo menos de considerar cuán rica sopa sería aquella que a sacar iban. Esto pensaba cuando una de las señoritas salió del despacho y le dijo: «Pasa, tú». Entró gorra en mano, repitiendo su saludo, al cual se dignó al fin contestar D. Francisco con paternal acento. Era un señor muy bueno, según opinión de Luis, el cual, no entendiendo la expresión ligeramente ceñuda que tenía en su cara lustrosa el próvido funcionario, se figuró que haría aquella noche lo mismo que las demás. Cadalsito recordaba muy bien el trámite: el señor de Cucúrbitas, después de leer la carta de Villaamil, escribía otra o, sin escribir nada, sacaba de su cartera un billetito verde o encarnado, y metiéndolo en un sobre se lo daba y decía: «Anda, hijo; ya estás despachado». También era cosa corriente sacar del bolsillo duros o pesetas, hacer un lío y dárselo, acompañando su acción de las mismas palabras de siempre, con esta añadidura: «Ten cuidado, no lo pierdas o no te lo robe algún tomador. Mét22elo en el bolsillo del pantalón... Así... guapo mozo. Anda con Dios».

Aquella noche, ¡ay!, en pie, delante de la mesa de ministro, observó Luis que D. Francisco escribía una carta, frunciendo las peludas cejas, y que la cerraba sin meter dentro billete ni moneda alguna. Notó también el niño que al echar la firma, daba mi hombre un gran suspiro, y que después le miraba a él con profundísima compasión.

«Que usted lo pase bien» dijo Cadalsito cogiendo la carta; y el buen señor le puso la mano en la cabeza. Al despedirle, le dio dos perros[40] grandes, añadiendo a su acción generosa estas magnánimas palabras: «Para que compres pasteles». ¡Salió el chico tan agradecido...! Pero por la escalera abajo le asaltó una idea triste: «Hoy no lleva nada la carta». Era, en efecto, la primera vez que salía de allí con la carta vacía. Era la primera vez que D. Francisco le daba perros a él, para su bolsillo privado y fomentar el vicio de comer bollos. En todo esto se fijó con la penetración que le daba la precoz experiencia de aquellos mensajes. «Pero ¡quién sabe! —dijo después con ideas sugeridas por su inocencia—; ¡puede que le diga que le colocan mañana...!».

Canelo, que ya estaba impaciente, se le unió en la puerta. Se pusieron ambos en camino, y en una pastelería de la calle de las Huertas, compró Luis dos bollos de a diez céntimos. El perro se comió uno y Cadalsito el otro. Después, relamiéndose, apresuraron el paso, buscando la dirección más corta por el mismo laberinto de calles y plazuelas, desigualmente iluminadas y concurridas. Aquí mucho gas, allí tinieblas; acá mucha gente; después soledad, figuras errantes. Pasaron por calles en que la gente presurosa apenas cabía; por otras en que vieron más mujeres que luces; por otras en que había más perros que personas.

---

40 En el diccionario de 1895 de Elías Zerolo, nombre que se le daba a la moneda de cobre.

Juan Bautista Amorós y Vázquez de Figueroa, *Silverio Lanza*

Ni en la vida ni en la muerte (1890)[41]

[fragmento]

Don Ligurco Redondo (Juez de delitos)

Se le llama también juez de preparación o, como decía el presidente de un tribunal de apelación, «el juez de los primeros pasos», y en una procesión de Semana Santa envió al nominado detrás del Cristo amarrado a la columna, porque «usted me va inztruyendo este procezo y yo iré a la cola con él cabirdo para zentenciar con arreglo a justicia».

Cuando algún comerciante es presumido se dice que el tal se ha tragado la vara de medir: pues bien, el juez de delitos de Villaruin se ha tragado la vara de la justicia. Se la ha tragado porque anda más estirado que un pino. Se la ha tragado y le ha producido una indigestión.

Afortunadamente solo se ha tragado la vara; otros se comen la justicia y engordan. El juez de Villaruin está para cebar; y el descaro con que asoman los huesos por debajo de la piel hace honor a la probidad de tan digno sacristán de Themis.

¡Pobre iluso!

Antes de tomar posesión de la plaza, se presentó al jefe del negociado de Derecho del Interior, y el alto funcionario le dijo:

—Usted dirá.

—Soy el juez de delitos nombrado para Villaruin.

---

41 Tomado de la edición de la Biblioteca Virtual Miguel de Cervantes.

—Está bien.

—Y vengo a despedirme de Vuecencia.

—Está bien.

—Mañana salgo para mi destino.

—¡Ah! mañana... y, ¿a dónde va usted?

—A Villaruin.

—A Villaruin, está bien. ¿Por permuta?

—No, señor; obtuve plaza en las últimas oposiciones, y...

—Está bien... Pues me felicito, señor mío, por las grandes responsabilidades que sobre mí pesan, y me felicito en nombre de la administración de justicia de que esta se halle representada en... ¿dónde ha dicho usted?

—Villaruin.

—Está bien... en Villaruin por persona tan dignísima como usted y de quien tengo tan buenos antecedentes.

—Mil gracias.

—Nada de eso. Estoy muy descontento de la gestión judicial en... en... Villaruin; y yo espero que usted ha de resolver los expedientes que hay acumulados, y no ha de defraudar las esperanzas que en usted tenemos puestas desde su brillante ingreso en la carrera a que todos nos honramos en pertenecer.

—Muchas gracias... Puedo a usted asegurar...

—Está bien. No le digo a usted que se siente porque querrá usted tomar el exprés del Norte.

—No, señor; salgo en el correo del Sur.

—¿Sí?

—Villaruin está en la provincia Central.

—Ya, ya lo sé; pero creí que... está bien.

—Pues, con el permiso de Vuecencia...

—Nada de tratamiento. ¿Su gracia de usted?

—Licurgo Redondo.

—¡Ah!, ¿es usted Licurgo?

—Sí, señor; como mi padre.

—Pues no decrete usted el reparto de la propiedad. Villaruin no está en Esparta.

—No, señor; está en la provincia Central.

—Lo sé, lo sé... está bien. Gutiérrez, abra usted la puerta.

—A las órdenes de usted.

—No le digo a usted nada. Nosotros somos dos compañeros.

—Mil gracias.

—Vaya usted con Dios.

(Desde la puerta)

—Servidor de usted.

—Beso a usted su mano.

El jefe de negociado no supo ni sabe dónde está Villaruin, ni dónde está don Licurgo Redondo. Recibe diariamente treinta o cuarenta visitas semejantes a la descrita, y solo se ocupa de conservar su lucrativo puesto, adular al ministro y engañar a su mujer (la del jefe).

Pero el juez novato toma el correo del Sur, llevando en su cabeza más humo que el que despide la locomotora, haciendo caminar a su imaginación más rápida que el tren, y exponiéndose a lo que se exponen los trenes rápidos: a parar de pronto en el fondo de un precipicio.

Un carnero atravesado en la vía y un cacique atravesado en el juzgado hacen desviar de su camino a un mixto y a un exprés; a un juez de primeros pasos y al presidente del inapelable tribunal de lo contencioso y finiquito.

Le asustan las graves responsabilidades que sobre él pesan; le llenan de orgullo los buenos antecedentes que acerca de su eximia persona tiene el jefe del negociado; medita por qué este estará descontento de la gestión judicial en Villaruin, y se propone no jugar y beber como su antecesor y ser casto como el único rey de España a quien se llamó casto y que tampoco fue casto.

Reflexiona sobre lo que es y se asombra considerando que aquel Licurguillo que cometió en su casa y en su pueblo hurtos y ataques al pudor sea ahora el encargado de hacer justicia y distribuir el derecho entre los humanos.

Piensa que para proceder es necesario conocer del delito, y teme que muchos queden impunes. Que para condenar es preciso conocer al reo, y que es muy difícil conocer a un hombre. Quisiera saber todos los idiomas, y todas las leyes, y antropología, y biología, y etnología; y quisiera investigar todas las conciencias y adivinar todos los pensamientos, y quisiera ser Dios para poder ser justo.

Pero no es Dios y teme cometer horribles crímenes al aplicar ciegamente las bárbaras e irracionales leyes hechas por la soberbia de los hombres cobardes. Quisiera no ser juez y vivir como su hermano arando y durmiendo.

—¿Usted fuma?

—Mil gracias.

—Encienda usted.

—Encienda usted.

—No, señor, no.

—Muchas gracias... Digo que hemos tenido suerte.

—Sí, sí.

—Ya ve usted, solo vamos cuatro en un departamento de primera.

—Es verdad.

—Y, ¿va usted muy lejos?, aunque sea indiscreción.

—Usted mande. Voy a Enlace.

—Pero seguirá usted más allá.

—Sí, señor. Voy de juez a Villaruin.

—Que sea enhorabuena, señor mío. ¿Estaba usted antes?

—No, señor; me acaban de nombrar.

—Ya decía yo: es usted muy joven.

—Así, así.

—¡Qué bonita carrera! Son ustedes la primera figura en todas partes.

—Gracias.

—La verdad, la verdad solamente. Yo tengo un tío que es presidente de un tribunal de apelación. En mi familia hay mucha toga. Hasta yo mismo he sido muchas veces fiscal y defensor; y un asistente que tuve, y que después llegó a caporal, se aficionó tanto a estas cosas que hoy le tiene usted verdugo en una circunscripción.

—Pero...

—Perdone usted. Hoy los militares estamos de más porque nada se arregla a estacazos; todo lo arreglan ustedes.

—Todo, no.

—Tampoco nosotros arreglábamos nada, pero quiero decir que ustedes tienen la sartén por el mango.

—Nosotros estamos dentro de la sartén.

—No lo crea usted, señor mío. Mire usted, esta, que es hija mía...

—A los pies de usted.

—Beso a usted la mano.

—Pues bien; esta, como no ha visto en casa otra cosa, tiene delirio por los cuerpos armados, y yo estoy por los civiles.

—Todos me gustan, papá.

—Ya lo creo; como que en todos hay capitanes generales, pero yo me muero por la justicia.

—Gracias, mil gracias.

—Y, diga usted, en ese pueblo adonde va usted, ¿hay algún crimen sobre el tapete?

—Creo que no.

—Vamos, será gente pacífica.

—Pacífica.

—Más vale así, porque estamos es unos tiempos que ya, ya. Pero, hombre, ¿ha visto usted ese crimen horrible de ayer?

—¿Dónde?

—En Granburgo. Yo lo he sabido por el novio de la criada, que es cargador y paisano del criminal.

—Pues, no sé nada.

—¡Una friolera! Un padre que ha cortado la cabeza a todos sus hijos para hacerse una botonadura.

—¡Qué atrocidad!

—Esta no quiere que lo cuente porque se pone mala, pero yo se lo contaré a usted.

—Calla, papá, por amor de Dios; estamos en Ágape y yo quiero tomar café en la fonda de la estación.

—Vamos allá. Yo nunca contradigo a las mujeres, porque el valor se emplea con los hombres. Cuidado que mi esposa sabía que yo era un toro bravo, pero me dominaba. Lo confieso. Al menos tengo esa franqueza. Vamos allá, hija, vamos allá. ¿Ustedes gustan?

—Que aproveche.

Rodeado de sombras y silencio camina el tren rápidamente sobre los raíles, con regularidad pasmosa que hace más imponente su marcha. Tiende al viento su humeante cabellera de difuminadas puntas: llena de blanca luz el camino que busca, y deja tras sí rojo color como si caminase herido o fuese matando.

Antes hubiera sido una divinidad: hoy no hay Dios, porque ya hasta la justicia es hechura del hombre. Ese mismo monstruo de entrañas de fuego y tentáculos de acero vive sujeto a los raíles si quiere vivir y quiere marchar. Hasta el Rey y hasta el Papa están sujetos a las armónicas leyes sociales, o arriesgan, al desprenderse, marchar inertes al abismo de todas las negaciones.

El General se ha tumbado cuan largo es y ronca con estrépito.

La banqueta de enfrente está ocupada por la hija del General y el otro viajero; ambos tendidos a sus anchas y con los pies juntitos, sea por comodidad o por distracción.

Solo queda en el departamento un asiento muy pequeño para un cura lleno de carnes y de vicios, pero suficiente para el sobrio ejecutor de la justicia en Villaruin.

Ya han pasado los escrúpulos de Licurgo; y ya se siente apto para ser justo. Las atenciones de que es objeto le prueban que un juez, aun siendo muy bruto, merece consideraciones de un general, aunque el general sea también muy bruto.

Recuerda a su tío, que es cura, y no conoce el Derecho canónico; a su padre, que no conoce las Ordenanzas de montes, y a su hermana, que nunca oyó nombrar las leyes suntuarias. Una sonrisa de conmiseración abre las comisuras de sus labios cuando la memoria lanza al entendimiento el recuerdo de Águeda, que seguirá lavando ropa y amasando pan y esperándole para ser su esposa.

Conviene en que una pasión de un niño no debe destruir el porvenir del hombre; que esos amoríos en que toman parte los astros y las flores son buenos para cantados por un poeta hambriento, pero no para ser sentidos por quien es acreedor a la gratitud de la sociedad. Piensa en la hija del General y después en las hijas de todos los generales. Aspira a lograr una esposa rica o noble, pero siempre elegante, capaz para el fausto, *comme il faut*. ¿Y si no es honrada? Pues no la recibirán en su pueblo, pero la recibirán en la corte. Esto basta.

Nada: hay que ser severo, rígido. La gente de los villorrios es astuta y no he de dispensarles ninguna confianza...

El jefe espera que yo arregle la gestión judicial, y la arreglaré. La curia de Villaruin será gente cuca, pero yo les pondré las peras a cuarto... Necesito un crimen que me dé nombre, y si no lo encuentro lo inventaré. La prensa se ocupará de mí, aunque me cueste los cuartos. Daré bombo al prefecto y de rechazo me daré bombo...

Mucha guardia rural, mucha, mucha... ¿Y a mí qué?...

La cuestión es medrar...

Ya sabes que Villaruin no está en Esparta.

Cuando Licurgo tomó posesión del juzgado ya tenía la vara de la justicia a lo largo de la faringe y del esófago.

Rodeáronle los caciques y arremetió contra los justos y los hombres de buena fe.

Destituyó a este y al otro produciéndoles ira o hambre. Registró hogares, apresó mujeres, buscó mancebas para su jefe y domésticas para la ministra. Fue tan inhábil que jamás dio con ningún criminal, pero persiguió a todos los hombres honrados.

Un día quiso salir de Villaruin, y ni encontró quien quisiera permutar ni en el ministerio le hicieron caso.

Comprendieron los caciques que aquel juez solo servía para cobrar su paga y le emplearon como objeto de sus groseras mofas.

Id hoy a Villaruin y veréis, al ocultarse el sol, un hombre joven, flaco, de rostro amarillento y ojos hundidos, que pasea solo por las afueras del pueblo. Nadie le saluda, todos hablan quedito cuando pasan a su lado, y todos le envían en silencio una maldición o un insulto. Húyenle las mozas porque encausó a todos los zagales. Produce espanto a los niños, odio a los hombres y desprecio a los viejos.

Ese es Licurgo.

Licurgo, que no comprendió que para ser pillo es preciso ser astuto, y para ser buen juez es necesario ser bueno.

Benito Pérez Galdós

Ángel Guerra (1891)[42]

Capítulo V

Dos cosas calmaron el coraje homérico de don Simón García Babel: la presencia de su hija, que solía ser nuncio de una era de provisiones, y estas palabras de doña Catalina, que cayeron en medio del campo de Agramante como una bomba de paz: «Ea, Simón y Pito, estúpidos, no os sofoquéis, que vamos a cenar». Esta frase sublime determinó en la cara del inválido marino una iluminación singular. El resplandor indeciso de sus ojos azules parecía llamarada de alcohol flotando sobre la aspereza del corcho insensible. Cara más áspera, más amojamada no se podía ver, comparable quizás, más que al alcornoque, a una esponja vieja y reseca, surcada de cortes y desgarraduras profundísimas. Era su frente cuarteada, como la piel del cocodrilo; su pescuezo como un manojo de raíces de droguería; sus manos, forzudas aún, revelaban parentesco con el cabo de filamento de coco; sus barbas blancas a trechos, a trechos verdosas, crecían entre las grietas de la piel como el escaramujo en un casco que ha navegado largo tiempo sin entrar en dique.

Don Simón, acariciando a su hija y desenojándose, súbitamente, le dijo: «¿Has visto ese majadero de Bailón? ¡Proponer que haya Cortes Constituyentes! Eso no se le ocurre ni al que asó la manteca».

Y el cura renegado saludaba familiarmente a doña Catalina diciéndole: «A su marido de usted, a ese chiflado, hidrófobo, hay

---

42 Tomado de la edición de la Biblioteca Virtual Miguel de Cervantes.

que ponerle un bozal. ¡Defender la dictadura! Yo quiero que la ley vaya siempre delante, y que todo se haga conforme a derecho».

—Dulce, hija de mi alma —dijo don Pito a su sobrina, sin abandonar su posición indolente—; ven acá, da un abrazo a tu pobre tío, que está con el cigüeñal roto, los fuegos apagados... ¡Ay, no me puedo mover! La pierna de estribor no gobierna, chica, y el mamparo este (la boca del estómago) parece que se me quiere subir a la escotilla. Tú siempre tan simpática. ¿Nos traes auxilio? Si no fuera por ti, ¡qué sería de estos pobres cascos...! ¡Carando...! Cuéntame, ¿qué es de tu vida? ¿Y ese pobre Guerra...?».

La entrada de *Naturaleza* aplacó los ánimos irritados, y hasta don Simón parecía transigir con que hubiera Cortes Constituyentes. Llegose a su amigo y mediaron nobles explicaciones sobre los *voquibles* pronunciados en el hervor de la patriótica contienda. La de Alencastre fue a la cocina, mientras su hija ponía la mesa, entendiéndose por esto el tender un mantel de tres semanas y colocar sobre él unos cuantos platos y cubiertos, salero, y un perrito de porcelana, sin cabeza, en cuyo lomo se clavaban los palillos. Dulce era condescendiente y amable con todos, y el único a quien no tragaba era Bailón, porque en verdad no parecía bien que aquel gorronazo, que pasaba por rico en la vecindad, y prestaba dinero con usura, se convidase a cenar, consumiendo parte no floja de la exigua pitanza. La conversación se reanudó en tonos templadísimos, y las ideas de tolerancia y mutua consideración flotaban sobre la mesa, como las nubecillas de un cielo sereno sobre campo en que se ven señales de buena cosecha.

Don Simón tiene la palabra:

—Venga la revolución de cualquier manera, que es lo que importa. Tabla rasa, y después veremos. Yo le escribí a don Manuel el mes pasado, a raíz del fracaso, y le decía: «No hay que desanimarse... Esto se derrumbará por sí solo, y se deshará como un azucarillo rociado con agua. Después, los que nos sabemos al dedillo las necesidades del país, por habernos quemado las cejas estudiándolas, le daremos a usted los materiales para que los vaya mandando a la *Gaceta*. Nada de Parlamentos, ni discursos, ni vocinglería. *Gaceta, Gaceta y Gaceta*. En ocho días, España del revés, como se vuelve un calcetín». Y a vuelta de correo me contestó...

Aquí estuvo a punto de reproducirse la anterior tempestad, porque Bailón, soltando la carcajada, dejó al otro con la palabra entre los dientes. En un tris estuvo que el clerizonte le dijera: «No sea usted mamarracho. Ni usted ha escrito a don Manuel, ni el don Manuel ese le hace a usted maldito caso». Pero no quiso exacerbar a su amigo, y todo quedó en un tiroteo de frasecillas irónicas.

—Como quiera que sea, Simón —apuntó don Pito—, arréglalo pronto, que más perdidos de lo que estamos no podemos estar. Soy modesto en mis aspiraciones. Me contento con una ayudantía de Marina en cualquier puerto de tercera clase.

—¡Pero qué simple es usted! —le dijo Bailón. ¿Cree que entonces habrá ayudantías, ni marina, ni siquiera puertos?

—Señor de Bailón —saltó Babel entre despreciativo y amenazador—, ¿usted qué sabe lo que habrá ni lo que no habrá? En otras manos está el pandero. Descuide usted, que hablará la *Gaceta*, y entonces sabrán todos cómo se corta el queso. Lo que puedo anticiparle, y usted me cree o no me cree, según le convenga, es que las clases pasivas se liquidarán con un papel que crearemos al efecto; que el ejército nuevo costará la décima parte que el antiguo; que las misas páguelas quien las oiga y que no se permitirá retener los sueldos de los empleados civiles ni militares... Por ahí le duele a usted. ¡Ah!, por eso quiere Cortes Constituyentes y discurseo, dictámenes y líos, y patetas, con el fin de empapelar la revolución, para que todo siga como ahora está.

—No, si yo no quiero nada, mi amigo señor don Simón —dijo el cura renegado echándose a reír—. Que haya orden y moralidad es mi único deseo.

—Moralidad, eso...—exclamó don Pito dando puñetazos sobre la mesa.

—¡Moralidad, moralidad! —repitió Babel atusándose los bigotazos—. De eso se trata. Pues vea usted: yo sostengo que la revolución no hará la moralidad de golpe y como por ensalmo, pues en país tan corrupto como el nuestro, donde la máquina está oxidada, no es fácil limpiarlo todo en un día, ni en dos... pero ni en tres... Se hará lo que se pueda. ¿Cómo? ¡Ah! No lo debo decir.

—Lo primero que tenéis que hacer —propuso don Pito— es colgar de una verga a tantísimo tunante y tantísimo ladrón. Que la paguen, que la paguen, y así los que vengan detrás aprenderán a andar derechos. Y yo pondría en cada oficina un contramaestre armado de un buen bejuco[43], y a rebencazo limpio les haría trabajar a esos gandules de empleados... Al que faltara o me hiciera algún chanchullo... a ver, trincarme a ese... un *bocabajo*... doscientos palos, sal y vinagre en las heridas, y a otro... ¡Ah, qué administración tendría yo si me dejaran! Daría gusto verla, y el país agradecido me llamaría su padre, padre de la patria. Sí, no hay que reírse, ¡yema! Y a los diputados les haría andar más derechos que un palo

---

43 Planta de las Indias orientales y occidentales; "de la especie más delgada se hacían las varas de los alguaciles" (Diccionario de la Real Academia de 1884).

macho. Al que dijera algo contra la libertad, o al que me armara intrigas y enredos, ¡listo! codo con codo a las islas Marianas. Desengañaos, es el gran sistema. A la pillería de este país, no hay quien la baraje sino con la ley del *componte*. ¡Eh! Señor Cánovas. o señor Castelar o señor Sagasta: ¿qué me dice usted ahí? ¿Qué los derechos y qué la prerrogativa, y que sí y que no, y qué pateta? Póngase usted bocabajo, que le voy a explicar mis doctrinas constituyentes y el alma pastelera del tío Carando... Veríais cómo andaban todos derechos. Si no hay otra manera, desengáñense, no la hay. ¡Conozco a la humanidad, porque he bregado mucho con ella, y sé que es un animal feroz si no se le sabe domesticar!...

La conversación siguió en estos tonos, de grotesco humorismo. Servida la cena, toda la familia cayó sobre ella con alegre voracidad, no siendo el intruso Bailón el menos aplicado a despacharla. Dulce fue a llamar a su hermano Fausto y a su primo Policarpo, que abstraídos en misteriosa faena, dentro de la estancia llamada laboratorio, no hacían caso de los repetidos llamamientos de doña Catalina para que fueran a cenar. Se habían encerrado por dentro, y Dulce tocó una y otra vez en la puerta, hasta que al fin abrieron; pero no pudo la joven satisfacer su curiosidad, pues antes de abrir ocultaron todo, cubriendo con periódico los objetos diversos que sobre la mesa tenían. El aposento era pequeño, con ventanas a un fétido patio, y de la pared pendían formas extrañas, figuras de guiñol, de estúpida cara, una cabeza de toro disecada, un estantillo con varios frascos de reactivos y barnices; libros viejos y sucios; en el suelo piedras litográficas, montones de periódicos, herramientas diversas, todo en el mayor desorden, mal oliente, pringoso, polvoriento.

—Pero ¿qué demonios hacéis? —les dijo Dulce, tapándose la nariz—. ¡Qué asco! No sé cómo respiráis en esta sentina.

El uno se restregaba los ojos, encendidos por la fatiga de un largo trabajo con luz artificial, y el otro limpiaba unas plumas, guardándolas cuidadosamente.

—Primita —dijo Policarpo con insinuante voz—, ¿por qué no te corres con un par de pesetillas? Ten compasión de estos *esgalichaos*.

—Pero, ¿qué hacéis? ¿en qué os ocupáis? decídmelo —replicó Dulce sacando su portamonedas.

—Se lo diremos para que no crea que es cosa mala —indicó Fausto, limpiándose las manos con un trapo más sucio que ellas—. Hemos hecho unas aleluyas políticas... cosa de gracia, y ahora estamos con *el lapicero mágico*, porque el juguetillo del gato y el ratón ya no hay quien lo compre. Fabricamos chucherías que se venden en la Puerta del Sol a perro chico. Miseria, hija, miseria. Pero, verás, con el *Cálculo infalible de las jugadas a la lotería* que estoy inventando ahora, hemos de ganar muchísimo dinero.

Dulce les dio la limosna, que ellos agradecieron mucho. Por cierto que si se descuidan en ir a cenar, no encuentran más que los platos vacíos porque los manjares, a saber, tortilla, salchichas, jamón, arenques, etc.... volaban que era un gusto de los platos a las bocas, y los comensales semejaban maestros de prestidigitación, por la rapidez con que hacían desaparecer la comida. El general apetito mataba la plática, y solo se oía el ruido de masticaciones diferentes, y el picoteo de los diestros tenedores, cogiendo la ración. Por derecho consuetudinario, la botella estaba bajo la jurisdicción y custodia de don Pito, quien no escanciaba en los vasos sino raciones muy medidas, teniendo algo que rezongar cuando se le pedía parte de lo que él estimaba de su exclusiva pertenencia. *Naturaleza*, siempre humilde tomaba lo que le daban sin permitirse reclamar. Los desperdicios eran siempre para él, y es fama que en cierta ocasión se contentaba con los huesos de las aceitunas, aunque el caso no está comprobado. Fausto y Policarpo devoraban, el jefe de la familia cumplía como bueno, y doña Catalina no comía más que pan pringado, entreverando las degluciones con suspiros, que sacaban pedazos del alma, a medida que iban entrando pedazos de alimento.

Terminada la cena, despedíase Dulce de su madre en la puerta de la cocina, cuando vio venir por el pasillo adelante, arrastrando la pata derecha, al gran don Pito, auxiliado de un bastón, eructando y echando maldiciones contra el reuma. Al verla se regocijó, como siempre, y la invitó a pasar a su cuarto, donde la obsequiaría con una copa de *lo que resucita a los muertos*.

—Ya, ya van al aguardentazo —dijo doña Catalina furiosa—. No hay mayor perjuicio que dar de comer a estos borrachones, que no pueden digerir si no se llenan el cuerpo de esa ponzoña.

Don Simón apareció en seguimiento de su hermano, tarareando aquello de *cuatro boqueroncitos*, y al oír las expresiones de su cara mitad, tomó el tonillo zumbón para decirle: «Prenda mía, ya sabes que yo no empino. Mi hermano es el que se encandila. Yo no lo cato, por no ofenderte, y aquí me tienes rendido, y dispuesto a besar tu real pata».

—Anda, gandul, mejor emplearas en trabajar ese talento, ese pesquis que maldito para qué te sirve.

—Camarera —gritó don Pito entrando en su cuarto, próximo a la cocina—, no se incomode usted. Yo solo bebo, pero es para abrigarme por dentro, tapándole las rendijas al frío. Entra tú, Dulcenombre, y lo probarás.

—¿Yo? ¡qué asco!

El cuarto del capitán de barco no tenía más que el tamaño suficiente para una angosta cama, una percha, rinconera que hacía de mesa de noche, y lavabo de trípode de hierro, en cuya jofaina difícilmente cabía un azumbre de agua. Más que cuarto parecía camarote. Sobre un estantillo de mala muerte veíanse los planos arrollados y sucios, el sextante cubierto de cardenillo, y la caja vacía de los cronómetros; de un clavo pendía el capote de agua; el baúl claveteado, que hacía las veces de silla y de sofá, guardaba un aneroide roto, algunos libros de derrota y otros restos del ajuar del marino. Sentose este en la cama, después de haber sacado de los bolsillos del capote de agua (que de alacena le servían) una botella y una copa, y allí, ante su sobrina y cuñada, se sirvió ración bastante para tumbar a cualquier cristiano. Pero el maldito tenía la cabeza hecha a las fuertes presiones, y solo se ponía un poquitín alegre, y le entraba una especie de ternura humanitaria, perdonando a los que antes quería matar a latigazos. Su hermano se obsequió con media copa, y tanto instaron ambos a la noble doña Catalina, que probó la ginebra, haciendo mil visajes, y carraspeando. Hasta el comedor donde Bailón preparaba el tablero de damas, llegó el olorcillo, y el clérigo acudió a las voces que le daba don Pito: «Capellán, capellán, que estamos pasando la línea, y hay que remojarla». Y acudía el capellán para alumbrarse un poco, y como quisieran hacer lo mismo Policarpo y Fausto, su madre les despachaba con un bufido: «¿También vosotros? A la calle, bigardones. Harto hacemos con llenaros el buche». Salían ellos refunfuñando, y los demás se convocaban en la sala, con júbilo febril, dispuestos a charlar y disputar, riendo como locos hasta más de medianoche. Doña Catalina se dormía como un cesto.

Salió Dulce de la leonera con el corazón oprimido, llorando mentalmente y presagiando desdichas, calamidades y tragedias.

Leopoldo Alas Clarín

"La yernocracia" (1893)[44]

Hablaba yo de política días pasados con mi buen amigo Aurelio Marco, gran filósofo *fin de siècle* y padre de familia no tan *filosófico,* pues su blandura doméstica no se aviene con los preceptos de la modernísima pedagogía, que le pide a cualquiera, en cuanto tiene un hijo, más condiciones de capitán general y de hombre de Estado, que a Napoleón o a Julio César.

Y me decía Aurelio Marco:

—Es verdad; estamos hace algún tiempo en plena yernocracia: como a ti, eso me irritaba tiempo atrás, y ahora... me enternece. Qué quieres; me gusta la sinceridad en los afectos, en la conducta; me entusiasma el entusiasmo verdadero, sentido realmente; y en cambio, me repugnan el *pathos* falso, la piedad y la virtud fingidas. Creo que el hombre camina muy poco a poco del brutal egoísmo primitivo, sensual, instintivo, al espiritual, reflexivo altruismo. Fuera de las rarísimas excepciones de unas cuantas docenas de santos, se me antoja que hasta ahora en la humanidad nadie ha querido de veras... a la sociedad, a esa abstracción fría que se llama *los demás,* el prójimo, al cual se le dan mil nombres para dorarle la píldora del menosprecio que nos inspira.

El patriotismo, a mi juicio, tiene de sincero lo que tiene de egoísta; ya por lo que en él va envuelto de nuestra propia conveniencia, ya de nuestra vanidad. Cerca del patriotismo anda la gloria, quinta esencia del egoísmo, colmo de la *autolatría;* porque el

---

44 Incluido en *El señor y lo demás, son cuentos,* tomado de la edición de la Biblioteca Virtual Miguel de Cervantes.

egoísmo vulgar se contenta con adorarse a sí propio él solo, y el egoísmo que busca la gloria, el egoísmo heroico... busca la adoración de los demás: que el mundo entero le ayude a ser egoísta. Por eso la gloria es deleznable... claro, como que es contra naturaleza, una paradoja, el sacrificio del egoísmo ajeno en aras del propio egoísmo.

Pero no me juzgues, por esto, pesimista, sino cauto; creo en el progreso; lo que niego es que hayamos llegado, así, en masa, como obra social, al *altruismo* sincero. El día que cada cual quisiera a sus conciudadanos de verdad, como se quiere a sí mismo, ya no hacía falta la política, tal como la entendemos ahora. No, no hemos llegado a eso; y por elipsis o hipocresía, como quieras llamarlo, convenimos todos en que cuando hablamos de sacrificios por amor al país... mentimos, tal vez sin saberlo, es decir, no mentimos acaso, pero no decimos la verdad.

—Pero... entonces —interrumpí—¿dónde está el progreso?

—A ello voy. La evolución del amor humano no ha llegado todavía más que a dar el primer paso sobre el abismo moral insondable del amor *a otros*. ¡Oh, y es tanto eso! ¡Supone tanta idealidad! ¡Pregúntale a un moribundo que ve cómo le dejan irse los que se quedan, si tiene gran valor espiritual el esfuerzo de amar *de veras* a lo que no es *yo* mismo!

—¡Qué lenguaje, Aurelio!

—No es pesimista, es la sinceridad pura. Pues bien; el primer paso en el amor de los demás lo ha dado parte de la humanidad, no de un salto, sino por el camino... del cordón umbilical... las madres han llegado a amar a sus hijos, lo que se llama amar. Los padres dignos de ser madres, los padres—madres, hemos llegado también, por la misteriosa unión de la sangre, a amar de veras a los hijos. El amor familiar es el único progreso serio, grande, *real*, que ha hecho hasta ahora la sociología positiva. Para los demás círculos sociales la coacción, la pena, el convencionalismo, los *sistemas*, los equilibrios, las fórmulas, las hipocresías necesarias, la *razón de Estado*, lo del *salus populi* y otros arbitrios sucedáneos del amor verdadero; en la familia, en sus primeros grados, ya existe el amor cierto, la argamasa que puede emir las piedras—para los cimientos del edificio social futuro. Repara cómo nadie es utopista ni revolucionario en su casa; es decir, nadie que haya llegado al amor real de la familia; porque fuera de este amor quedan los solterones empedernidos y los muchísimos mal casados y los no pocos padres descastados. No; en la familia buena nadie habla de corregir los defectos domésticos con *ríos de sangre*, ni de *reformar* sacrificando miembros podridos, ni se conoce en el hogar de hoy la pena de muerte, y puedes decir que no hay familia *real* donde, habiendo hijos, sea posible el divorcio.

¡Oh, lo que debe el mundo al cristianismo en este punto, no se ha comprendido bien todavía!

—Pero... ¿y la yernocracia?

—Ahora vamos. La yernocracia ha venido después del *nepotismo*, debiendo haber venido antes; lo cual prueba que el nepotismo era un falso progreso, por venir fuera de su sitio; un egoísmo disfrazado de altruismo familiar. Así y todo, en ciertos casos el nepotismo ha sido simpático, por lo que se parecía al verdadero amor familiar; simpático del todo cuando, en efecto, se trataba de hijos a quien por decoro había que llamar sobrinos. El nepotismo eclesiástico, el de los Papas, acaso principalmente, fue por esto una *sinceridad* disfrazada, se llevaba a la política el amor familiar, filial, por el rodeo fingido del lazo colateral. En el rigor etimológico, el nepotismo significaría la influencia política del amor a los hijos de los hijos, porque en buen latín *nepos,* es el nieto; pero en el latín de baja latinidad, *nepos* pasó a ser el sobrino; en la realidad, muchas veces el *nepotismo* fue la protección del hijo a quien la sociedad negaba esta gran categoría, y había que compensarle con otros honores.

Nuestra hipocresía social no consiente la *filiocracia* franca, y después del nepotismo, que era o un disfraz de la *filiocracia* o un disfraz del egoísmo, aparece la yernocracia... que es el gobierno de la hija, matriz sublime del amor paternal.

¡La hija, mi Rosina!

Calló Aurelio Marco, conmovido por sus recuerdos, por las imágenes que le traía la asociación de ideas.

Cuando volvió a hablar, noté que en cierto modo había perdido el hilo, o por lo menos, volvía a tomarlo de atrás, porque dijo:

—El nepotismo es generalmente, cuando se trata de verdaderos sobrinos, la familia refugio, la familia imposición; algo como el dinero para el avaro viejo; una mano a que nos agarramos en el trance de caducar y morir. El sobrino imita la familia real que no tuvimos o que perdimos; el sobrino finge amor en los días de decadencia; el sobrino puede imponerse a la debilidad senil. Esto no es el verdadero amor familiar; lo que se hace en política por el sobrino suele ser egoísmo, o miedo, o precaución, o pago de servicios: egoísmo.

Sin embargo, es claro que hay casos interesantes, que enternecen, en el nepotismo. El ejemplo de Bossuet lo prueba. El hombre integérrimo, independiente, que echaba al rey sol en cara sus manchas morales, no pudo en los días tristes de su vejez extrema abstenerse de solicitar el favor cortesano. Sufría, dice un historiador, el horrible mal *de piedra,* y sus indignos sobrinos, sabiendo que no era rico y que, según él decía, «sus parientes no se aprovecharían de los bienes de la Iglesia», no cesaban de torturarle, obligándole continuamente a trasladarse de Meaux a la corte para implorar favores de todas clases; y el grande hombre tenía que hacer antesalas y sufrir desaires y burlas de los cortesanos; hasta que en uno de estos tristes viajes de pretendiente murió en París en 1704. Ese es un caso de *nepotismo* que da pena y que hace amar al buen sacerdote. Bossuet fue puro, sus sobrinos eran sobrinos.

—Pero... ¿y la yernocracia?

—A eso voy. ¿Conoces a Rosina? Es una reina de Saba de tres años y medio, el sol a domicilio; parece un gran juguete de lujo... con alma. Sacude la cabellera de oro, con aire imperial, como Júpiter maneja el rayo; de su vocecita de mil tonos y registros hace una gama de edictos, decretos y rescriptos, y si me mira airada, siento sobre mí la excomunión de un ángel. Es carne de mi carne, ungida con el óleo sagrado y misterioso de la inocencia amorosa; no tiene, por ahora, rudimentos de buena crianza, y su madre y yo, grandes pecadores, pasamos la vida tomando vuelo para educar a Rosina; pero aún no nos hemos decidido ni a perforarle las orejitas para engancharle pendientes, ni a perforarle la voluntad para engancharle los grillos de la educación. A los dos años se erguía en su silla de brazos, a la hora de comer, y no cejaba jamás en su empeño de ponerse en pie sobre el mantel, pasearse entre los platos y aun, en solemnes ocasiones, metió un zapato en la sopa, como si fuera un charco. Deplorable *educación*... pero adorable criatura. ¡Oh, si no tuviera que crecer, no la educaba; y pasaría la vida metiendo los pies en el caldo! Más que a su madre, más que a mí, quiere a ratos la reina de Saba a *Maolito,* su novio, un vecino de siete años, mucho más hermoso que yo y sin barbas que piquen al besarle.

Maolito es nuestro eterno convidado; Rosina le sienta junto a sí, y entre cucharada y cucharada le admira, le adora... y le palpa, untándole la cara de grasa y otras lindezas. No cabe duda; mi hija está enamorada a su manera, a lo ángel, de *Maolito.*

Una tarde, a los postres, Rosina gritó con su tono más imperativo y más *apasionado* y elocuente, con la voz a que yo no puedo resistir, a que siempre me rindo...

—Papá... yo quere que papá sea rey (rey lo dice muy claro) y que haga ministo y general a Maolito, que quere a mí...

—No, tonta —interrumpió *Maolito,* que tiene la precocidad de todos los españoles—; tu papá no puede ser rey; di tú que quieres que sea ministro y que me haga a mí subsecretario.

Calló otra vez Aurelio Marco y suspiró, y añadió después, como hablando consigo mismo:

—¡Oh, que remordimientos sentí oyendo aquel antojo de mi tirano, de mi Rosina! ¡Yo no podía ser rey ni ministro! Mis ensueños, mis escrúpulos, mis aficiones, mis estudios, mi filosofía, me habían apartado de la ambición y sus caminos; era inepto para político, no podía ya aspirar a nada... ¡Oh, lo que yo hubiera dado entonces por ser hábil, por ser ambicioso, por no tener escrúpulos, por tener influencia, distrito, cartera, y sacrificarme por el país, plantear economías, reorganizarlo todo, salvar a España y hacer a *Maolito* subsecretario!

"La educación del rey" (1893)[45]

Los niños suelen ser monárquicos; a lo menos en tierras que tienen antigua tradición de realeza.

Esta observación no la hago para preparar mi entrada en el partido dinástico, porque yo soy un posibilista de los que han de seguir siempre con Castelar; y como Castelar no ha de pasarse a la monarquía, yo me contento con declamar como Radamés al final de un acto de *Aida:*

¡Sacerdote, io resto à te!

Bueno; pues aunque yo sea republicano vitalicio (y por ello no me doy tono, como no me doy tono por creer que todos los radios del círculo son iguales), reconozco que los niños, a lo menos en España, casi todos son monárquicos.

Verdad es que algunos republicanos hacen gritar a sus chiquitines *¡Viva la república!,* como podían enseñar a un loro a ser partidario de la democracia pura; bien; pero yo no soy de esos, y reconozco que a los niños debe de entusiasmarles más el poder de un *rey* (que ellos se figuran siempre y *naturalmente* absoluto), que las funciones armónicas, o el templar gaitas de un Cleveland o un Carnot.

Yo tengo un chiquitín de cinco años que anda siempre muy preocupado con las grandezas del cielo y de la tierra, y suele entablar conmigo diálogos del tenor siguiente:

—Papá; el mar, donde es más hondo, ¿le llegará a Dios a las rodillas?

---

45 Incluido en *Palique*, tomado de la edición de la Biblioteca Virtual Miguel de Cervantes.

—Por de pronto, Dios no tiene rodillas…

—Y a los reyes, ¿adónde les llega el agua?…

—Algunas veces al cuello; pero no precisamente cuando el Sr. Vallés y Ribot se vuelve a su bufete y el Sr. Sol se pone en *Acuario*… de cerrajas.

—Quién manda más; ¿Dios, o el rey?

—Positivamente, Dios.

—¿Y quién tiene más años?

—Dios también.

—Y quién manda más; ¿tú, o el rey?

—El rey, hijo. Yo no mando nada.

—¿Tú, nunca fuiste mandón?

—Ni lo seré.

—¿Qué fue lo más parecido a rey que tú fuiste en tu vida?

—Lo más, lo más… concejal y catedrático de entrada.

—¿Y por qué te quedaste a la puerta?

—Porque según el Consejo de Instrucción pública, «no he escrito libros».

—¿Pues y esos veinte y pico que tienes ahí?

—Esos no los ha leído el Consejo.

—¿Hay algún otro que haya escrito libros y no los haya escrito para ese Consejo?

—Sí, hijo; Menéndez y Pelayo, que vale muchísimo más que yo.

—¿Ese es rey?

—No, es sabio.

—Entonces el Consejo, que no sabe leer, ¿será rey?...

—No, hijo; se puede ser rey y saber leer y se puede no saber leer... y no ser rey.

—¿El rey sabe leer?

—¿Qué rey?

—El nuestro. El de los sellos... ¿Sabe leer?

—Pues hijo... no lo sé... supongo que sí.

—¿Y cómo no sabes eso, una cosa tan importante?

—Ahí verás...

—¿Y el rey sabe gramática? ¿Sabe el rey lo que es pluscuamperfecto de subjuntivo como mi hermano el que tiene ocho años?

—No lo sé.

—¿Cuántos años tiene el rey?

—Siete acaba de cumplir.

—¡Ay qué pocos! ¡Menos que mi hermano el mayor! ¿Y para qué estudia el rey?

—No lo sé, hijo mío.

—¿Pero estudia? ¿Cuántas horas? ¿Qué libros tiene? ¿Le castiga el maestro? ¿Tiene institutriz? ¿Hace gimnasia como yo? ¿Le hacen hablar en francés antes de saber castellano? ¡Ay, papá, qué soso eres!, no sabes nada de lo que sabe o no sabe el rey...

*

Y es verdad. Nadie habla de eso; y lo que tanto deseaba saber mi muñeco, parece que no le importa aquí a nadie. Todos se ente-

175

ran de lo que el rey cobra, y nadie quiere saber lo que aprende, que el día de mañana puede ser lo que paga.

—¿Para qué? —me decía ayer, hablando de esto mi amigo Tiberio Graco Fernández, rojo de buena fe, y más astringente que el tanino en materia de política parlamentaria; quiero decir, retraído y obstruccionista como un socio de la tertulia de Esquerdo.

¿Qué nos importa a los republicanos que el rey se eduque bien o mal, se instruya o deje de instruirse? ¡Para lo que ha de durar la monarquía!

—Mira, Tiberio —replicaba yo—; el ser buen republicano no consiste en ver la república en puerta. Yo puedo querer tanto como tú a un amigo ausente, y sin embargo, dudar si vendrá por la Pascua o por la Trinidad; pues así, el que no cuenta con el triunfo próximo de las ideas que defiende y es consecuente, es más fiel, más leal, tiene más mérito que el que espera la victoria para la mañana siguiente. Los cristianos que siguieron siéndolo después de convencerse de que la vuelta del Mesías iba para largo, acreditaron mejor su fe que los que creyeron que verían a Jesús por las nubes antes de morir ellos en este mundo perecedero... Todo buen republicano debe ser, ante todo, buen patriota; amar la república, no como una fórmula, sino como un bien para la patria; luego el bien de la patria es lo primero: y como el bien del objeto amado debe procurarse con previsión, hay que ponerse en todo, y entre otras cosas, en lo peor. Supongamos que la monarquía dura y dura... No me dirás que metafísicamente es imposible...

—Metafísicamente... no; pero si hacemos la revolución...

—Como no hagáis la revolución en la metafísica, no me podrás negar que puede durar la monarquía...

—Puede; porque ya no hay caracteres...

—Sea. Como no hay caracteres, puede durar la monarquía; y en tal caso, ¿no importa a todo ciudadano, republicano o monárquico, la educación del rey? Tú mismo has dicho mil veces que un rey, aun constitucional, puede mandar mucho si es listo y enérgico, y es verdad. Sobre todo, en países como España, donde las Cortes se van tras el Gobierno, el rey puede, con sus funciones armónicas, mandar *por tabla* muchísimo. Constitucional o no, un rey bien educado puede hacer mucho bien, y un rey mal educado puede hacer mucho mal.

»Pues aquí donde tanto preparamos el porvenir con leyes de mil clases, garantías de todos géneros, ¿quién piensa en ese factor tan importante, como es posible que en lo porvenir lo sea para la suerte de España, la instrucción y la educación del rey? Se habla mucho (aunque se hace poco) de la instrucción pública, del maestro de escuela. ¿Quién se acuerda del *maestro del rey*? Se ha dicho que el maestro de escuela venció en Sedan. El maestro del rey puede perdernos en cualquier parte. ¡Cuántas batallas habrá perdido España, que siempre pierde en sus guerras civiles, por culpas de maestros *reales*! ¡Es tan delicada misión la de educar a los reyes! Todo un Bossuet, que escribió un libro inmortal para enseñar las leyes de la historia al *Delfín,* su discípulo, no pudo impedir que el Delfín saliera un mala cabeza, que de haber llegado a reinar, hubiera dado grandes disgustos a su patria.

»No basta que la madre de un rey sea buena, porque, si bien es muy importante, no es todo, ni con mucho, la educación por la madre.

»Los simples ciudadanos tenemos maestros, además de tener buena madre.

»¡Cuánto se estudia hoy lo que debe ser, lo que debe hacer el maestro del simple ciudadano!

»¡Y nadie piensa, en el Estado, en tomar en serio, con cuidadosa atención, el asunto de la *escuela* del rey!

—Pero esa desidia es mayor culpa en los monárquicos —dijo Tiberio.

—Ciertamente, mucho mayor. Porque ellos deben reconocer que uno de los defectos de la monarquía consiste en lo mucho que hay que dejar al azar de la naturaleza, que puede hacer que sea bueno o malo el que la ley *a priori* elige para rey; y en vez de enmendar este defecto en lo posible, recordando con Calderón que es *posible vencer a las estrellas,* en vez de enmendarlo por el arte de la educación, añaden casualidad a casualidad, azar a más azar; y no ven, ¡insensatos!, que en tanto que ellos disputan y se afanan por vanas fórmulas parlamentarias y por cuatro ochavos de menos o de más, la fortuna ciega puede estar preparando en Palacio, con la urdimbre del hábito, de la sugestión y de la herencia, los más graves problemas de la política futura... las vicisitudes de la vida nacional de mañana...

—De modo que, según tú, importa mucho a todos velar por la educación del rey...

—Sí, a todos: a los republicanos, por si acaso; a los monárquicos, por serlo; a España, de todas maneras.

—Según eso... ahí tienes un destino que podría desempeñar sin desdoro un republicano... posibilista.

—¿Cuál?

—El de maestro del rey.

—Claro que sí, cualquier buen patriota... que además fuera buen maestro.

—¿Admitirías tú el cargo?

—Si lo mereciese, con mil amores.

—¡Tránsfuga!

—Si lo mereciese; pero como no lo merezco...

—Bueno; ¡pues tránsfuga, en pretérito imperfecto de subjuntivo!

Ángel Ganivet

La conquista del reino de Maya[46]
por el último conquistador español Pío Cid (1897)[47]

Capítulo XVIII [fragmento]

Medidas políticas encaminadas a fortificar el poder central.
—Fabricación y monopolio del alcohol. —Influencia capital
de este importante líquido en el progreso de la nación maya.

El hombre es esencialmente salvaje mientras tiende a simplificar la vida y a prescindir de necesidades artificiales, e inhumano mientras conserva su amor al aislamiento, su odio a la solidaridad. La civilización no está, como muchos creen, en el mayor grado de cultura, sino en las mayores exigencias de nuestro organismo, en la servidumbre voluntaria a que nos somete lo superfluo; y los sentimientos humanitarios, más que de las doctrinas morales y religiosas profesadas, dependen de nuestra sumisión al poder absorbente de un núcleo social.

Superficialmente, parecía que los mayas caminaban con paso rápido hacia un estado envidiable de perfección, puesto que su sistema

---

46 "Los paralelismos entre Maya y Europa, todos ellos de clara intencionalidad satírica, no son infrecuentes; así, la capital del reino es tan grande como Madrid (33), Maya tiene una figura alargada parecida a la de Portugal (58-59), el sistema judicial de los mayas evoca al europeo (22), la religión maya refracta motivos de la fé cristiana (46-54) y su escritura fue importada de Europa por un indígena llamado Lopo (47). Las reformas de Pío Cid, al tener estas como resultado la extrapolación de un sistema proto-capitalista a una tribu africana, no hacen más que aumentar los parecidos entre la sociedad maya y la occidental" (Santiánez Tió 1994: 112).

47 Tomado de la edición de la Biblioteca Virtual Miguel de Cervantes (2000).

político era sinceramente democrático, sus costumbres cada día más suaves, su alimentación más abundante y sus vestidos más limpios; pero el exacto conocimiento que yo tenía de los medios por donde tales bellezas se habían conseguido me obligaba a ser cauto y a trabajar con prudencia para que los nuevos usos arraigaran. A veces ocurríaseme pensar qué pasaría allí si faltase mi dirección, y veía desaparecer mi obra como una decoración de teatro. Para que las costumbres sean duraderas han de ser también amadas, y para que sean amadas han de halagar los instintos, han de satisfacer una necesidad fisiológica violenta.

Faltaba, pues, a mis reformas un detalle importante: estar ligadas entre sí por algo que las asociara a la constitución espiritual y corpórea de los súbditos de Mujanda; y yo veía con inquietud que ninguna de ellas había podido tiranizar a estos hombres espartanos, que, sometidos en la apariencia, deseaban tirar, como suele decirse, la casa por la ventana, y volver a su estado primitivo, no porque les pareciera mejor, sino porque, molestándoles soberanamente pensar y trabajar, las ventajas de los adelantos que yo les impuse no les compensaban la incomodidad de sostenerlos y perfeccionarlos. Así como los animales tienen como centro principal de atracción los alimentos, los mayas, situados un escalón más arriba en la escala zoológica, tenían dos: la cocina y la alcoba. Se imponía un esfuerzo más y un centro vital más elevado: el comercio de ideas.

Devanábame los sesos para ver el modo de acrecentar sus necesidades y de despertarles algunas muy violentas que pudieran subsistir por su propia virtud, sin mi acción providencial permanente, y sirviesen de cimiento a tanta reforma útil hecha y por hacer. De las industrias creadas, las más importantes, como la fabricación de bujías y jabón y preparación de abonos, se habían convertido en monopolios reales, y ni servían para estimular la iniciativa industrial del país, ni para hacerles trabajar mucho más. Las emisiones abundantísimas de *rujus* fueron más beneficiosas en este sentido; pero la llegada de los *accas* las había compensado con exceso, y en general se veía a la simple vista que el pueblo maya era más holgazán bajo mi gobierno que bajo los gobiernos anteriores. La agricultura daba mayores rendimientos, la industria indígena había progresado notablemente en cuanto a la ejecución de sus diversas manufacturas, y el comercio era algo más activo a consecuencia de las mayores facilidades en las vías y medios de transporte; mas, a pesar del crecimiento de esas fuerzas, que todo el mundo se ha puesto de acuerdo para llamar fuerzas vivas de las naciones, la resultante total no cambiaba gran cosa la constitución económica del país por faltar una ley de división del trabajo, sin la que no puede haber progresos duraderos.

Los mayas continuaban considerándose como aislados en medio de aquella sociedad, que, por ser democrática, parecía deber inspirarles confianza en el porvenir; sin acertar a explicarlo, pensaban en su fuero interior que el Estado maya era una coalición impuesta por el miedo recíproco y por la necesidad de disfrutar algunos periodos de paz para consagrarse con todas sus fuerzas a la procreación, llenar los huecos dejados por las luchas pasadas, y preparar nuevas y numerosas falanges para las venideras. Y ¿quién sabe si en esta concepción nebulosa de la vida social habrá un fecundo germen de verdadero progreso, del progreso que brota de los combates, no del impuesto por una inteligencia superior arbitraria? De esta suerte, considerando como un hecho posible, y aun probable, la disolución del Estado, se tenían a sí mismos como centros de su propia vida y se educaban como si hubieran de vivir de su exclusivo trabajo. La industria y el comercio eran como accesorios de la agricultura, y nadie se consagraba a ellos por entero; todos eran agricultores en primer término, y si no disponían de tierras productivas, cazadores o pescadores. En el caso de dislocarse la nación, no existían clases sociales que quedasen en el aire y que se opusieran a la ruina y acabamiento final. Algún pequeño trastorno sufrirían los herreros o carpinteros, los vendedores de pieles o de pescado seco; pero trastorno momentáneo, pues a los pocos días los habitantes del bosque se darían por satisfechos con atracarse de frutas, los de tierra llana tendrían de sobra con sus cereales y legumbres, y los del río con los productos de la pesca.

El gran Usana debió pensar en tan importante cuestión, y sin duda para fundar la unidad nacional instituyó las fiestas religiosas y el congreso de los uagangas, que yo por mi parte había desarrollado hábilmente, con el propósito ya expresado de centralizar más el poder; pero tan firmes instituciones no bastaban, porque, habiendo sido imitadas por todas las ciudades, cada una de ellas tenía en sí los medios de vivir independientemente de la corte. Sabida es la premura con que las ciudades se apresuraban a copiar cuantas reformas se introducían en el gobierno, religión, fiestas, trajes y costumbres de la capital, y en un pueblo tan perezoso como el maya, ese apresuramiento quería decir que todo el mundo deseaba recobrar su autonomía o mantenerse en estado de disfrutar de ella una vez que la centralización actual desapareciese. Cuando la revolución promovida por Viaco y los hijos de Lopo, se vio de un modo experimental que la civilización maya había llegado ya a tal punto que repugnaba la autonomía de los ensis, bien por la imposibilidad de celebrar el afuiri y gozar de las tiernas expansiones de los días muntus, bien por la inseguridad de las personas y de los bienes, pero que aún no profesaba gran amor a la patria común, sin duda porque este suele ser un estado superior del amor al terruño, amor que, por no haber tenido Usana el buen acuerdo de establecer la propiedad individual, los mayas no poseían. En vida del usurpador Viaco se habían reconstituido las ciudades contra el mandato de la ley, y aun después de muerto fue necesaria toda mi prudencia política para restaurar el imperio de la monarquía legítima sobre todo el país. Mi deseo, pues, había sido, y era, modificar de tal suerte la organización del Estado maya que, en caso de revolución, volviese este por las solas fuerzas naturales a reconstituirse para presidir eternamente los destinos de la nación una e indisoluble.

A tal punto se enderezaron algunas de mis reformas, como la venta de tierras a perpetuidad y la unificación de los escalafones. Estas reformas eran, sin embargo, armas de dos filos; antes de engendrar el noble sentimiento de amor a la patria, la propiedad territorial atraviesa por fases muy peligrosas, y la primera que yo pude estudiar más de cerca fue un crecimiento formidable del egoísmo de los que poseían mucho, y un desencadenamiento de los odios de los que poseían poco o nada, y más aún de los que perdían sus propiedades. Antes de convertirse en columna de las instituciones, el propietario procura ser él mismo institución, feudalizarse, ennoblecerse y avasallar. Por fortuna, las arremetidas de los grandes propietarios y ambiciosos del poder estaban contrarrestadas por el excesivo número de funcionarios inútiles, creados por mí, y que en este periodo de transición fueron la tabla en que se salvó la monarquía y el país.

Es costumbre hablar mal de los funcionarios que desempeñan destinos poco o nada útiles para la marcha aparente del Estado, y se considera como ideal de una buena administración la ausencia de parásitos, que, en opinión de los mismos censores, no solo dañan por lo que no hacen y por lo que no dejan hacer, sino más bien por lo que complican el engranaje administrativo y dificultan su ordenada marcha. Error grave, del que deben huir los estadistas deseosos de fundar instituciones duraderas, pues ninguna sociedad puede subsistir sin el parasitismo. En Maya observé yo la curiosa particularidad de que la vida de la nación estuviese principalmente sostenida y regularizada por el número, en verdad abrumador, de funcionarios públicos, que yo fui intercalando en donde quiera que las falanges administrativas me parecían poco espesas. Apenas ocurría algún trastorno, notaba que los empleados que desempeñaban una función necesaria, como los reyezuelos, eran los más inseguros, porque contaban sobre la realidad de su poder para sostenerse en el gobierno. Los particulares simpatizaban con cualquier tentativa de cambio político: los ricos, por ambición; los pobres, por descontentos; todos por variar y mejorar. Los únicos fieles defensores eran los funcionarios inútiles, que, convencidos de que la agitación nacía del deseo de turnar en el disfrute de las prebendas, se aprestaban sin vacilación a la lucha y, combatiendo por sus intereses, combatían por el Gobierno y le sostenían. El parasitismo es, ciertamente, una causa de debilidad; pero es también signo seguro de vida, porque los parásitos huyen de la muerte. Un Gobierno libre de ellos está a dos pasos de su fin, sea que termine por consunción, sea que se exponga a morir de exceso de salud; estado ideal al que los humanos deben procurar cuidadosamente no aproximarse.

Sin embargo de haber obtenido brillantes resultados de la unificación e indefinido alargamiento de los escalafones, con los que formé dos grandes grupos de funcionarios: pedagógicos y sacerdotales, que constituían la policía profiláctica, y militares, que representaban la terapéutica o represiva (amén de los numerosos mnanis o auxiliares de ambos grupos), aún no vi bastantes intereses creados a la sombra del orden y de la unidad nacional, y temía que estos numerosos funcionarios se acomodasen, en caso de necesidad, a vivir sobre estas o aquellas ciudades, en la misma forma en que lo venían haciendo sobre la nación entera, y que no tuviesen bastante interés en conservar a esta su preciosísima unidad. En tal caso, como ellos eran el vínculo más fuerte que mantenía unidos los diferentes núcleos o cantones, la obra esbozada por Lopo, planteada por Usana y perfeccionada por mí, estaba expuesta a perecer.

Ese lazo de unión tan deseado lo hallé en un nuevo monopolio, que no fue admitido, como los anteriores, con indiferencia, sino con tan vivo entusiasmo, que vine a comprender que, en lo sucesivo, los mayas todos aceptarían y sufrirían el supremo poder de Mujanda y sus sucesores para asegurar el disfrute del nuevo producto de la industria real, el alcohol, cuya venta se inauguró la primera noche muntu. Ninguno de mis éxitos, ni el del lavado y estampado de las túnicas, ni la institución del segundo día festivo, de las luchas de circo y del alumbrado, puede compararse con el de la invención del alcohol, aceptado desde el primer momento sin oposición ni discusión.

Cuando por primera vez se me ocurrió utilizar el alcohol para afianzar los poderes públicos, anduve madurando bastantes semanas mi proyecto, examinando sus contingencias posibles, buenas y malas. El interés gubernamental no hubiera bastado a decidirme si comprendiera que había de seguirse algún daño para los individuos, o cuando menos para la raza. Dos razones, entre otras, hicieron gran mella en mi ánimo y determinaron mi decisión afirmativa. La primera fue que, si por acaso resultaban exactos los dichos de los sociólogos, y el alcohol producía grandes perturbaciones orgánicas y funcionales en los individuos que de él abusaran, y la degeneración de su descendencia, siempre habría tiempo para suprimirlo; pues siendo un monopolio, y no estando divulgado el secreto de la fabricación, bastaría para ello una decisión del poder real, que por algo es considerado por los estadistas como poder moderador. No era, sin embargo, probable que tales perniciosas consecuencias se presentaran, porque los sociólogos que yo había leído se referían en particular a la raza blanca, en la que es cierto que el alcoholismo suele terminar por la locura, el idiotismo, las deformaciones orgánicas y demás signos de degeneración. La raza negra es más robusta, y no solo podría resistir mejor la acción de ese agente deletéreo, sino que acaso encontraría en él un estímulo para espiritualizarse; de suerte que, si el alcohol engendra el idiotismo en los seres civilizados, vendría a producir el desarrollo intelectual en estas razas primitivas, que ya poseen el idiotismo por naturaleza. En el caso de que mis suposiciones resultaran fallidas, y de que realmente hubiera que lamentar un salto atrás en estos individuos, que tan pocos habían dado hacia adelante, venía en mi auxilio la segunda razón, que me fue suministrada por el recuerdo de mis propias observaciones en el continente europeo, donde, no obstante las declamaciones de los mismos sociólogos, había notado que la prosperidad de las naciones dependía, en primer término, del embrutecimiento de sus individuos merced a varios abusos, y entre ellos el abuso del alcohol.

El progreso económico exige, como condición esencial, la sumisión de grandes masas de hombres a una inteligencia directriz. En tanto que los individuos se consideran a sí mismos como hombres enteros, completos, y se mueven independientemente los unos de los otros, y no se asocian sino contra su voluntad y para lo más necesario —en lo que los mayas pueden servir de tipo perfecto—, el trabajo no progresa; todos los hombres son libres, pero la suma de sus libertades da la instabilidad de la libertad general; ninguno es pobre, pero la reunión de sus mediocres fortunas da la pobreza colectiva. Si los individuos se transforman en fragmentos de hombres, en instrumentos especiales de trabajo, y se asocian de un modo permanente para producir la obra común, los resultados materiales son maravillosos, la obra es tanto más grande cuanto mayor es la humillación de los obreros, cuanto más completa es la abdicación de su personalidad; entonces todos los hombres son esclavos, pero la libertad colectiva es permanente; todos son pobres, pero la sociedad, representada por los que dirigen y unifican esas fuerzas brutales, desborda de riquezas. Parecíame, pues, disculpable y hasta conveniente el problemático embrutecimiento y degeneración de mis gobernados si la agricultura, la industria y el comercio, fuentes vivas del país, según indiqué antes, salían en ello gananciosas.

Luis Rodríguez Figueroa

El cacique (1901)[48]

I

[fragmento]

Se acercaba el periodo electoral. Por todas partes hablábase de política y se comentaban nombres de candidatos. Unos defendían a los conservadores, otros a los republicanos, otros a los liberales… La prensa isleña, a semejanza de la peninsular, abarrotaba de proclamas y artículos de soporífica doctrina y enrevesado estilo literario sus columnas. En paseos, plazas, cafés, calles y tiendas zumbaba el rumor de las discusiones y apasionamientos con guirigay de pajarera.

Desgobernaban a la sazón los conservadores. Sus huestes eran numerosas en el archipiélago, y la representación insular, potente pero desmandada, iba a vérselas con adversarios que, para escindirla y mermar sus fuerzas en la futura lucha, minaban el terreno y preparaban la explosión.

Pero fue en vano todo. Avisados de la estratagema, si bien perdieron algunos elementos de combate, tomaron nuevas posiciones, revisaron las filas y aguardaron a la defensiva mientras se aproximaba el día de la batalla decisiva… No había que temer. Contaban con una buena falange de soldados duchos en el arte del *embuchado*, y con lucido estado mayor, apto y habilísimo para combinar la arbitrariedad y la marrullería. En último caso, para eso tenían la sartén por el mango y el chanchullo como recurso extremo.

---

48 Tomado de la edición del Centro de la Cultura Popular Canaria (1996).

—¿Verdad, don Oroncio? ¿Verdad que triunfaremos legalmente? … Tenemos la mayoría.

Don Oroncio era el cacique del Valle, del interior, y el que le dirigía la palabra, uno de los prohombres del conservadurismo tinerfeño. Hallábanse en el café de don Rosendo, bebiendo cerveza, entre un corro de liberales y conservadores —Capuletos y Monteses unidos por el formulismo social— que promovían las contingencias de la aún problemática electoral.

El viaje de don Oroncio y su estancia en Santa Cruz habían obedecido al llamamiento que le hicieran sus amigos políticos para celebrar una conferencia secreta y discurrir con anticipación y común acuerdo la táctica que había de emplearse en la lucha. Sin él no se podía hacer nada. Su prestigio entre los electores de los pueblos del interior era muy grande, y de aquí las distinciones y acatamientos que le dispensaban sus corifeos, y la importancia que don Oroncio se atribuía. En la respetable clase de caciques, nadie le aventajaba.

Pío Baroja

Camino de perfección (pasión mística) (1902)[49]

XXVII

[fragmento]

Salieron Arévalo y Ossorio a pasear. Arévalo quería llevar a Fernando a cualquier café y pasarse allí la tarde jugando al dominó. Fueron bajando hacia la Puerta del Sol. Junto a esta había una casita pequeña de color de salmón, con las ventanas cerradas, y el teniente propuso entrar allí a Fernando.

—¿Qué casa es esta? —dijo Ossorio.

—Es una casa de muchachas alegres. La casa de la Sixta. Una mujer que baila la danza del vientre que es una maravilla. ¿Vamos?

—No.

—¿Has hecho voto de castidad?

—¿Por qué no?

—Chico, tú no estás como antes —murmuró el teniente—. Has variado mucho. — Es posible.

—¿Y quieres que pasemos la tarde andando por callejuelas en cuesta? Pues es un porvenir, chico.

Fernando estuvo por decirle que le dejara y se fuese; pero se calló, porque Arévalo creía que era una obligación suya impedir que Fernando se aburriera.

—¡Hombre! —dijo el teniente— tengo un proyecto; vamos al Gobierno civil.

---

49 Tomado de la edición de Rafael Caro Raggio (Madrid, 1920).

—¿A qué?

—Veremos al gobernador. Es un hombre muy barbián[50].

Fernando trató de oponerse, pero Arévalo no dio su brazo a torcer. Habían de ir donde decía él o si no se incomodaba.

Se fueron acercando al Gobierno civil. Atravesaron un corredor que daba la vuelta a un patio; subieron por una escalera ruinosa y preguntaron por el gobernador.

No se había levantado aún.

—Sigue madrileño —murmuró el teniente sonriendo.

Podían pasar al despacho; Arévalo hizo algunas consideraciones humorísticas acerca de aquel gobernador refinado, "amigo de placeres, gran señor en sus hábitos y costumbres, que dormía a pierna suelta en el enorme y destartalado palacio a las tres de la tarde.

El despacho del gobernador era un salón grande, tapizado de rojo, con dos balcones. En el testero principal había un retrato al óleo de Alfonso XII; unos cuantos sillones y divanes, una mesa de ministro debajo del retrato y dos o tres espejos en las paredes.

En medio de la sala zumbaba una estufa encendida. Como hacía mucho calor, Arévalo abrió un balcón y se sentó cerca de él. Desde allá se veía un entrelazamiento de tejados con las tejas cubiertas de musgos que brillaban con tonos amarillentos, verdosos y plateados. Por encima de las casas, como si fueran volando por el aire, se presentaban las blancas estatuas del remate de la fachada del Instituto.

---

50 "Alegre y comunicativo" (Zerolo 1895); "de gallarda presencia o de carácter alegre (Toro 1901).

Se oían las campanas de alguna iglesia que retumbaban lentamente, dejando después de sonar una larga y triste vibración.

—Esto me aplasta —dijo Arévalo irritado—. ¡Qué silencio más odioso!

Fernando no le contestó.

Al poco rato entró un señor flaco, de bigote gris, en el despacho.

El teniente y él se saludaron con afecto, y después Arévalo se lo presentó a Fernando como escritor, sociólogo y pedagogo.

—¿No se ha levantado el gobernador? — preguntó el pedagogo.

—No; todavía, no. Sigue tan madrileño.

—Sí; conserva las costumbres madrileñas. Yo ahora me levanto a las siete. Antes, en Madrid, me levantaba tarde.

Después, encarándose con Fernando, le dijo:

—¿A usted le gusta Toledo?

—¡Oh! Sí. Es admirable.

—¡Ya lo creo!

Y el pedagogo fuee barajando palabras de arquitectura y de pintura con un entusiasmo fingido.

En esto entró el gobernador, vestido de negro. Era un hombre de mediana estatura, de barba negra, ojos tristes, morunos, boca sonriente y voz gruesa.

Saludó a Arévalo y al otro señor, cambió unas cuantas frases amables con Fernando, se sentó a la mesa, hizo sonar un timbre, y al conserje que se presentó le dijo:

—Que vengan a la firma.

Se presentaron unos cuantos señores, con un montón de expedientes debajo del brazo, y el gobernador empezó a firmar vertiginosamente.

—¿Ve usted ese retrato de Alfonso XII? —dijo a Fernando el pedagogo—. Pues es todo un símbolo de nuestra España.

—¡Hombre! ¿Y cómo es eso?

—Es un retrato que tiene su historia. Fue primitivamente retrato de Amadeo, vestido de capitán general; vino la República, se arrinconó el cuadro y sirvió de mampara en una chimenea; llegó la Restauración, y el gobernador de aquella época mandó borrar la cabeza de Amadeo y substituirla por la de Alfonso. Es posible que esta de ahora sea substituida por alguna otra cabeza. Es el símbolo de la España.

No había acabado de decir esto, cuando entró el secretario en la sala y habló al oído del gobernador.

—Que esperen un poco, y cuando concluya de firmar que pasen —dijo este.

Se retiraron los empleados con sus mamotretos debajo del brazo, y entraron en la sala los individuos de una comisión del Ayuntamiento de un pueblo que venían a quejarse del cura de la localidad.

El gobernador, volteriano en sus ideas, engrosó la voz y les dijo que él no podía hacer nada en aquel asunto.

¿Creían que el cura había faltado? Pues le procesaban, instruían expediente y le llevaban a presidio. Los del Ayuntamiento, que comprendían que nada de aquello se podía hacer, marcharon cabizbajos y cariacontecidos.

Al salir estos, entró un señor grueso, bajito, muy elegante, con botas de charol y chaleco blanco, que habló a media voz y riéndose con el gobernador.

Concluyó diciendo:

—Usted hace lo que quiera; a mí me los han recomendado las monjas.

El gobernador hizo sonar el timbre, entró su secretario y le dijo:

—Diga usted a esos señores que pasen.

Aparecieron dos curas en la puerta y saludaron a todos haciendo grandes zalemas.

—¿Cómo está su excelencia?

—No me den ustedes tratamiento —dijo el gobernador, después de estrechar las manos a los dos—. Vamos aquí.

Y se fue a hablar con ellos al hueco de uno de los balcones.

El grupo del teniente Arévalo, el pedagogo y Fernando se había engrosado con el señor gordo de las botas de charol y del chaleco blanco.

Ossorio, interrogado por el pedagogo, contó la impresión que le había producido un convento al amanecer.

El señor bajo y gordo, que dijo que era médico, al oír que Ossorio creía en la espiritualidad de las monjas, dijo con una voz impregnada de ironía:

—¡Las monjas! Sí; son casi todas zafias y sin educación alguna. Ya no hay señoritas ricas y educadas en los conventos.

—Sí. Son mujeres que no tienen el valor de hacerse lavanderas —afirmó el pedagogo— y vienen a los conventos a vivir sin trabajar.

—Yo las insto —continuó el señor grueso— para que coman carne. ¡Ca! Pues no lo hacen. Mueren la mar; como chinches. Luego ya no tienen ni dinero, ni rentas; viven diez o doce en caserones grandes como cuarteles, en unas celdas estrechas, mal olientes, con el piso de piedra, sin que tengan ni una esterilla, ni nada que resguarde los pies de la frialdad.

—A mí me gustaría verlas —dijo el teniente—. Debe de haber algunas guapas.

—No, no lo crea usted. Si no estuviéramos en Adviento —replicó el médico—, yo les llevaría a ustedes; pero ya no tiene interés.

De pronto se oyó la voz de uno de los curas que, en tono de predicador decía:

—Todo el mundo tiene derecho a ser libre menos la Iglesia, ¿y esa es la libertad tan decantada?

El gobernador le dijo que hiciera lo que quisiese, que él no había de tomar cartas en el asunto, y les acompañó a los dos curas hasta la puerta.

El teniente y Fernando se despidieron del gobernador; y este les invitó a comer con él, dos días después.

Vicente Blasco Ibáñez

La catedral (1903)[51]

[fragmento]

Terminó la guerra y se desvanecieron las últimas ilusiones del jardinero. Cayó en un mutismo de desesperado: no quería saber nada de fuera de la catedral. Dios había abandonado a los buenos; los traidores y los malos eran los más. Lo único que le consolaba era la fortaleza del templo, que llevaba largos siglos de vida y aún podría desafiar a los enemigos durante muchos más.

Solo quería ser jardinero, morir en el claustro alto, como sus abuelos, y dejar nuevos Luna que perpetuasen los servicios de la familia en la catedral. Su hijo mayor, Tomás, tenía doce años y le ayudaba en el cuidado del jardín. Con un intervalo de algunos años había tenido otro, Esteban, que apenas sabía andar y ya se arrodillaba ante las imágenes de la habitación, llorando para que su madre le bajase a la iglesia a ver los santos.

La pobreza entraba en el templo; reducíase el número de canónigos y racioneros. Al morir los empleados anulábanse las plazas, y eran despedidos los carpinteros, los albañiles, los vidrieros, que antes vivían en la Primada como obreros adheridos a ella, trabajando continuamente en su reparación. Si de tarde en tarde era indispensable verificar un trabajo, se llamaban jornaleros de fuera. En las Claverías se desocupaban muchas habitaciones; un silencio de cementerio reinaba allí donde antes se aglomeraba todo un pueblo falto de espacio. El gobierno de Madrid —había que ver con qué expresión de desprecio subrayaba el jardinero estas palabras—

---

51 Tomada de la edición de Prometeo (Valencia). Biblioteca Digital Hispánica.

andaba en tratos con el Santo Padre para arreglar una cosa que llamaban Concordato. Se limitaba el número de los canónigos, como si la Iglesia Primada fuese una colegiata cualquiera. Se les pagaba por el gobierno, lo mismo que a los empleadillos, y para el sostenimiento y culto de la más famosa de las catedrales españolas, que cuando cobraba el diezmo no sabía dónde encerrar tantas riquezas, se destinaban mil doscientas pesetas mensuales.

—¡Mil doscientas pesetas, Tomás! —decía a su hijo, un chicarrón silencioso a quien no interesaba gran cosa lo que no fuese su jardín—. ¡Mil doscientas pesetas, cuando yo he conocido a la catedral con más de seis millones de renta! ¿Para qué hay con eso? Malos tiempos nos esperan, y si yo fuese otro, os dedicaría a un oficio, a cualquier cosa, fuera, de la Primada. Pero los Luna no pueden desertar, como tantos pillos que han traicionado la causa de Dios. Aquí hemos nacido y aquí hemos de morir hasta el último de la familia.

Y enfurecido contra los clérigos de la catedral, que parecían acoger con buen gusto el Concordato y sus sueldos, satisfechos de salir bien, librados de la tormenta revolucionaria, se aislaba en el jardín, cerrando la puerta de la verja y rehuyendo las tertulias de otros tiempos.

José Francos Rodríguez

El catedrático (1904)[52]

[Fragmento]

Acto primero

Una sala despacho amueblada con mucha modestia. Se ve que la estancia pertenece a un hombre muy estudioso y de escasos medios de fortuna, pero se advierten al mismo tiempo el gusto y las aficiones de una persona culta. En el fondo dos armarios atestados de libros. Algunos cuadros en las paredes, copia de lienzos famosos. A la izquierda una mesa, sobre la cual hay hacinados libros y papeles. Dos butacas y sillas también modestas. En el foro una puerta, después de la cual hay una habitación pequeña que hace de recibimiento; a la izquierda de esta habitación se supone que está la puerta, de entrada que no ve el público. A la derecha una puerta que figura comunicar con habitaciones interiores. Cuando empiece la acción de este acto son las diez de la mañana. Al levantarse el telón entra Gabriela por la puerta del foro, se acerca a la derecha y se pone a observar, y así la sorprende Ramona que sale.

Escena primera

Gabriela y Ramona

Gabriela ¡Ah! (Retirándose.)

Ramona ¡Hola, Gabrielita!

---

52 Tomado de la Biblioteca Digital Hispánica.

GABRIELA (confusa.) Perdone usted... me puse a mirar...

RAMONA ¡Tontina! Me figuro lo que deseaba usted saber. ¡Si se había ido Eduardo!... Pues no, aún está en casa.

GABRIELA ¿De manera que no hay noticias?

RAMONA No las hay. Ahora se va a la Universidad. ¡Lo ha tomado con una parsimonia!... Todo se me vuelve decirle: Eduardo, que es tarde , date prisa, Eduardo, y él tan tranquilo, tan sereno, tan calmoso.

GABRIELA Eso me gusta. Revela que Eduardo tiene la seguridad de conseguir lo que ambiciona.

RAMONA ¡Lo que merece! Seguro sí está, y lo estoy yo, y lo está su padre. ¡Cómo no estarlo! Si desde chico le decían los catedráticos a Galiana: ¡Vaya un hijo que te ha dado Dios! ¡Qué talento!

GABRIELA Pero a pesar de todo, hasta que no sepa fijamente el resultado... ¡Las injusticias!...

RAMONA Con mi hijo no se atreverán a cometerlas. Como Galiana ha servido tantos años en la Universidad, ¡cuarenta años de bedel!, le conocen los profesores y le estiman mucho: pue s todos le han asegurado lo mismo. La cátedra es para tu hijo. ¡No puedes figurarte lo que sabe!

GABRIELA No, si yo no dudo de Eduardo. Lo que vale se le conoce en la cara.

RAMONA ¿Verdad, eh? No es porque sea mi hijo, pero a mí me parece un portento. ¡Qué bien lo explica todo y qué penetración la suya! ¡Si hasta adivina los pensamientos! Por lo menos los míos sí los adivina. ¡Pues y cuando echa discursos! Yo no le he oído ninguno, pero todos dicen que es maravilloso, y lo es, vaya si lo es... De segurxo que está usted pensando al escucharme: ¿quién alaba a la novia ?

GABRIELA Al contrario. Me parecen pequeñas esas ponderaciones. ¿No leyó usted el periódico del domingo?

RAMONA No. ¿Qué decía, qué decía?

GABRIELA Justamente aquí lo traigo, (sacando un periódico, leyendo después de haber buscado la noticia.) «Tocan a su término las oposiciones a la cátedra de derecho penal, vacante en nuestra Universidad. Se elogian calurosamente los brillantes ejercicios de don Eduardo Galiana, el joven jurisconsulto y elocuentísimo orador bien conocido por sus discursos del Ateneo.»

RAMONA ¿Y eso lo dice?... (Con avidez.)

GABRIELA Aquí, (señalando el suelto.)

RAMONA ¡Si yo supiera leer!... ¡Qué gusto tan grande mirar esas letras!... ¡Don Eduardo Galiana! (Como siguiendo la lectura.) El joven jurisconsulto y elocuentísimo orador... ¿Por qué no habrán puesto don Eduardo Galiana y Gutiérrez? Faltando el segundo apellido me parece a mí que se olvidan de la madre al hablar del hijo. Y su madre también merece que la recuerden.

GABRIELA ¡Pues ya lo creo!

RAMONA ¡Cuánto envidio a mi marido! Él asiste a las reuniones en que el chico habla; desde un rincón le escucha, oye lo que dicen de él, y cuando vuelve a casa me cuenta lo que ha presenciado (como relatándolo.) ¡Si vieras! El salón estaba lleno. Una porción de personajes en el público y Eduardo teniendo a todos pendientes de sus palabras. Hablaba, hablaba diciendo cosas muy buenas y muy bonitas. Todos aplaudían, aplaudían entusiasmados. Y al final abrazos, apretones de manos, enhorabuenas, y nuestro hijo sonriendo en medio de tantos señores, con la cara alegre, pero siempre modoso, como si no mereciera los agasajos. Cuando Galiana me cuenta tales cosas, lloramos juntos, aquí en nuestro rincón, lloramos de gozo, y a la vez que se nos saltan las lágrimas, nos parece oír ruido de palmadas, y es el de nuestros corazones que repiquetean en los pechos de pura alegría.

GABRIELA Y de fijo que cuando Eduardo vuelve, usted...

RAMONA (interrumpiéndola.) Me lo como a besos. Entonces es mío, mío solo, sin amigos, sin nadie que me lo robe. El padre le ve y le oye y le admira fuera de casa. Dentro pertenece a la madre, y de seguro que mejor que los aplausos le saben a Eduardo los abrazos que yo le doy.

GALIANA (Dentro.) ¡Ramona !

RAMONA Voy... Necesitar a algun a cosa.

GABRIELA Vaya usted... Yo volveré luego, y perdone si la molesto. Tengo muchas ganas de saber el resultado. No es curiosidad, es verdadero gusto.

RAMONA (con cierta intención.) Ya sé que no es curiosidad, ya lo sé. Hasta luego. (Vase por la misma puerta por donde entró.)

Rosario de Acuña

"El País del Sol" (1907)[53]

(Cuento)

¡Hasta la nieve cuaja en sus montañas! ¡Tiene todo cuanto la tierra puede dar para hacer feliz y hermosa la vida del hombre! Sus flores y sus frutos son los más bellos y exquisitos del mundo. Desde el cedro y la palmera hasta el pinabete y el roble crecen en sus bosques; por sus valles cruzan ríos de agua purísima filtrada de los hielos de sus cumbres. En sus mesetas se cimbrean las mieses ubérrimas de espigas, y desde el airoso faisán hasta la ovejuela merina de sedosa lana; desde el potro, de engallado cuello y finos remos, hasta el gran mastín, guardador y noble, sustenta todas las especies de animales útiles y benefactores del hombre…¡Los humildes hermanos menores de la criatura racional pueblan de alegrías y bienestares las moradas de las almas selectas!...

Los senos de sus cordilleras, que lo cruzan en solanas y umbrías (ofreciéndole así flora y fauna de todos los climas) esconden veneros riquísimos de metales preciosos, tesoros por los cuales las civilizaciones se fundan y se engrandecen.

El mar lo baña por todos sus confines con sus corrientes más tibias y sus vientos más fecundantes y en guirnaldas de escollos sus costas, vierte a montones por sus abras, deltas y playas, la cosecha pesquera, avanzando orgullosamente por el océano entre dos continentes, como una promesa de fraternidad para la ruta de las generaciones humanas.

---

53 Tomado de la edición de la Biblioteca Virtual Miguel de Cervantes (2012).

Mas en el País del Sol se habían instalado tres monstruos, generados por concreciones de sucesivas conquistas[54]. Los tres tenían tentáculos opresores de una potencia extrema y, con ventosas o garras, lo sujetaban furiosos.

El primero era un Sumo Sacerdote, selección fatídica de todo lo atrasado biológicamente. Corcovado y caduco a fuerza de llevar sobre sus lomos la escoria de todos los fanatismos; polvoriento y roñoso, con las extravagancias deístas que las infantilidades humanas amontonaron; de sensualidad rastrera con etiqueta de metafísicas inasimilables, aquel Sumo Sacerdote, seguido de innúmeros adeptos, esparcía por todas partes la sombra, el error, la ferocidad, ocultando, bajo una fórmula de fraternidades, su orgullo de monstruo pernicioso. Tenía muchas moradas, y en todas partes derramaba el veneno de su aniquilamiento. Empuñaba, con mano fuerte, al País del Sol, y era el murciélago representativo del crepúsculo de la inteligencia racional, pues vivía chupando la savia del pensamiento, los ímpetus del corazón y las energías de la voluntad, anestesiando a sus víctimas con el frescor de sus alas, movidas al compás de cantos litúrgicos y ceremonias rituales.

El monstruo que le seguía en poderío destructor era ambicioso y ensoberbecido tanto como el primero, pero mucho más bruto; sin otra habilidad de estrujamiento que la rudeza sanguinaria, cruel, y casi siempre inconsciente, como recibió a través de los siglos muchas palizas de los pueblos insubordinados, al agarrarse al del Sol, se apoya fieramente en la violencia.

---

54 Los tres monstruos son el fanatismo religioso, la brutalidad de las armas y el gobierno dinástico (Fernández Riera 2009).

«¡Quien manda, manda y chitón!», era su divisa, y lo mismo mataba a los hombres para inflarse de gloria, que a los pollos para guisar un arroz.

Se ostentaba siempre en triunfo, y su mente, completamente vacía de conocimientos verdaderos, se llenaba de estridencias, de clarines, zambombazos de metralla y vahos vinosos de prostíbulos de ambos sexos, sin que le cruce nunca por la imaginación que todo aquello no era *gloria* y *supremacía*, sino detritus de animalidad.

La tercera alimaña del País del Sol era canijo y enmadrado, por madre fanática, que es el avechucho más dañino a la especie. Vástago podrido de una familia gotosa, sifilítica y vesánica, en que se dieron todos los casos típicos de degeneración humana, si acaso tenía algunas gotas de sangre sana, que le hacía vivir con apariencia normal, era la heredada (por entre el debilitamiento de su padre), de su abuelo, *no real*, sino *natural*, un caballerete burgués, metido a padre suyo por satiriasis de su abuela.

Centro de una legión de parásitos, imbéciles o pillos que se hinchaban de honores y doblones en los antros del monstruo, este, absorbido por el orgullo de su abolengo inherente a todos los déspotas del mundo, se inspiraba en la idea de ser *escogido por Dios*, para regir los destinos de su pueblo, y a esta idea le ayudaban, por interés combinado, el Sumo Sacerdote y el monstruo de la fuerza bruta.

En realidad era un cacaseno[55] coronado, sin ninguno de los arranques brutales, pero grandiosos de los déspotas medievales,

---

55 Recogida por primera vez en el Diccionario de Alemany y Bolufer (1917): (Por alusión al personaje del mismo nombre de la novela Bertoldo, Bertoldino y Cacaseno, de Della Croce). m. fig. Persona simple o boba.

con pujos de ser absoluto o absolutamente obedecido, pero sin enjundias para hacerse obedecer. Como todos los tontos fuertes era tirano con los débiles. Y junto con los miedos al fracaso las vilezas de los rufianes que saben ser muy corteses, graciosos y comedidos, cuando no pueden ser muy sanguinarios.

Desarrollados en el País del Sol, estos tres monstruos formaban una *trinidad* ante la cual las *arcaicas cimientes* de todas las religiones se quedaban en mantillas. Lo que el uno no chupaba, lo devoraba el otro, y lo que no podían agarrar los dos, lo desgarraba el tercero. Los tres se repartían el contenido de la cazuela donde el trabajo de los solanos se cocía, y el uno con sus iconos chorreando de oro y pedrerías, y el otro con su fuerza y su *espetera*, y el último con sus *fastuosidades* sibaríticas y sus infinitos familiares, formaban unas cuadrillas tan esquilmadoras de su país, que detrás de cada mata saltaba un ladrón, en el núcleo de cada empresa se incubaba una estafa, y sobre los pedestales más altos estaban los más facinerosos, habiendo conseguido, al fin, entre los tres, hacer de los hogares solanos nidos de miseria, de odio, de mentiras, de vicios; cuando no de vesanias y crímenes; y así se hacía posible que los enseñadores, impuestos por los monstruos, y escogidos entre sus más seniles, ni enseñasen ni corrigiesen, ni iniciasen ni impulsaran, atentos solo a sus pucheras, que les serían quitadas, o envenenadas, a poco que se desmandasen de las consignas.

Y marchando la cultura espiritual de los solanos por estos sucios caminos, se la sometía ovejunamente, a embuchar: unos mandatos sacerdotales retirados ya de la circulación humana, unas disciplinas del tiempo de Tamerlau. Y todo esto, solo aceptable en estados semisalvajes, se sumaba el que la infancia berrease por pueblos y ciudades como tribus de pequeños zulúes, sin más actividades que las perniciosas; y la juventud, con fausto de señorío, o hábito de mendigo, sin un vislumbre de conocimiento y comprensión de la naturaleza, llenaba sus cuerpos de los estigmas del vicio y sus almas con todas las brutalidades de la envidia y el egoísmo. Y llegaban a la virilidad, y así doblaban al cabo de la vejez.

Y el País del Sol se quedaba sin bosques en sus montañas, sin florestas en sus vegas, sin mieses en sus campos, sin agua en sus ríos sumidos en estepas, sin labores en sus minas, sin sanidad en sus poblados; sin que las riquezas inmensas, de que era arca preciosa, pudiesen ser alumbradas por el santo trabajo humano, todo amor y alegría para el bien de la especie y gloria de la Suprema Voluntad, y que no pudiese ser fecundo ni bendito realizado bajo el dolor y las maldiciones, pues solo maldiciones y dolor flotaba en los ambientes del País del Sol.

Mas, ¿y el pueblo?... ¿La masa confusa que era una verdadera mole homogénea para el avance humano? El pueblo solano estaba en parte *subido a la higuera*, y otra rascándose los piojos, pegándose en el ombligo estampitas de iconos, o dando volteretas mortales en los trampolines que le preparaban sus amos.

Los *licurgos* del pueblo (todo pueblo los tuvo y los tendrá siempre) andaban tirándose los trastos a la cabeza —con gran contentamiento de los tres monstruos consabidos—, escupiendo por el colmillo los mosquitos que se les meten en la boca, y tragándose sin fatigas, elefantes e iniquidades. Haciendo pucheros de varias formas para dejarlos luego sin cocer; diciéndose unos a otros: «¡más eres tú!» y «¡peor eres tú», como mozas de fuente; y revolviéndose cual energúmenos todos en perjuicio de la masa, sobre si el porvenir había de ser para la comunidad o para los individuos, ¡o para los imbéciles!

El pueblo solano y sus obligados licurgos estaba empeñado en subir una alta escalera sin poner el pie en ningún peldaño, y sin pensar siquiera que todo porvenir tiene que *decantarse* al pozo estéril del pasado, y que la operación del decaimiento no se hizo en el pueblo solano, pues seguía con los pozos revueltos y pestíferos de un ayer negro y feroz casi milenario.

El pueblo del País del Sol hacía caso omiso de toda labor decantadora que en el orden histórico de la humanidad se verifica por medio de revoluciones más o menos asoladoras, tempestades purificantes para el mundo de las almas que saben hacer los pueblos que *aun viven*. Pero este pueblo chupado, desgarrado, aplastado por los tres monstruos que de él se nutrían iba metiéndose lentamente en un fangal sorbedor de sus esencias espirituales, y no preparaba ni *cimentaba* ningún porvenir claro, preciso, fecundo, como podría hacerse con el *afán del presente*, porque «A Dios rogando y con el mazo dando»…

¡Y bueno es soñar con lo remoto, pero también es bueno hacer lo inmediato, que tiempo habría de echar las ayudas a un lado si estorbaban para llegar al porvenir!...

¡Haciendo reverencias y trazando signos ante los fetiches que le presentaba el Sumo Sacerdote; vertiendo su sangre y perdiendo su vida para diversión y endiosamiento del monstruo de la fuerza, y siguiendo con la boca abierta y la baba caída las carrozas del monstruo canijo llegaría a un porvenir de *penumbra apocalíptica*, en que todas sus esperanzas, ideales y esfuerzos, se perderían en el olvido eterno, destinado a los pueblos que no supieron conquistar su progreso abrazados a la Razón, a la Libertad y a la Justicia!

La tribu solana caminaba a morir, perdida entre el polvo que la caravana de la humanidad levanta en su ascensión.

¡Ay de los solitarios, de los inadaptados, de los pocos solanos que *hubo*, y *hay*, y *habrá* en la vorágine catastrófica! La ira tiembla en sus almas; el dolor estruja sus corazones; todas sus energías vibran en oposición al poderío de los monstruos, pero cayeron y caerán en su noche de muerte, sin que ni uno solo de sus esfuerzos repercuta en su hermosa patria, y ¡harto podrían hacer si salvaran su individualidad, los efectos de sus hogares y su próxima descendencia, de las salpicaduras de la ciénaga que los envolvía!...

¡Todos, todos caerían en el olvido, asaeteados por los sicarios de los monstruos, y apretada en sus sienes la corona del martirio moral, y a veces físico, a que están condenados!...

¡Mas el destino será cumplido! Cuando quisiera acordar la *manada* de los solanos sería comida, hasta los rabos, por sus propios mentores.

Después empezarían los monstruos a devorarse unos a otros. Ya se barruntan sus rugidos de competencias. El más fuerte y ansioso será el sacerdotal, que tiene algunos tentáculos agarrados en otros países. El último que quede se comerá a sí mismo; porque es final de todo cuento de ogros, el que terminen sucumbiendo.

Y pasarán los días; y la gloria de luz radiante y la abundancia de selectos dones, y la briosa alegría de las tierras y cielos en el País del Sol, quedarán, por una eternidad sin testigos que las revelen, sin poetas que las sublimen, sin inteligencias que las transmitan, porque toda la tribu solana yacerá revuelta con los últimos detritus de sus monstruos dominadores.

Rafael de Santa Ana

La cabeza del ministro:
capricho cómico en un acto y en prosa (1907)[56]

[fragmento]

La escena representa gabinete despacho del secretario del ministro don Abdón de León. Una puerta en cada primer término. Balcón al foro derecha. Estantería y mesa ministra a la izquierda. Aparato telefónico y de timbres encima de dicha mesa, escribanía, carpeta, libros, periódicos, etc. Al lado del balcón, velador y encima una bandeja con botella, con agua y copas. Sofá, sillería tapizada. Alfombra. Aparato de luz eléctrica. A la derecha en el segundo término deben hallarse enclavadas unas poleas higiénicas y encima de una banqueta unas pesas pequeñas.

ESCENA PRIMERA

BLASA y SATURO limpian el polvo.

BLASA ¡Vaya una idea que ha tenido el señor de traer estos aparatos al despacho de su secretario!

SATURO Es que desde que es ministro, le gusta hacer gimnasia aquí mientras despacha. ¡Sí que hemos tenido suerte con que nombren ministro al señor!

BLASA ¿No lo había sido ya?

SATURO Nunca.

---

56 Tomado de la Biblioteca Digital Hispánica.

BLASA ¡No te das tú poca importancia!

SATURO ¡Ja, ja, ja! ¡Chiquilla, mira que hemos tenido suerte con que nos hagan ministros!

BLASA ¡La mar!

SATURO Por todas partes nos llueven las propinas.

BLASA Y las recomendaciones...

SATURO Remuneradas.

BLASA Yo he colocado a mi padre de portero del Ministerio.

SATURO Y yo a mi hermano en Hacienda, con seis mil.

BLASA ¡Qué barbaridad! ¿Qué has colocado a seis mil?

SATURO ¡Tonta! Con seis mil reales.

BLASA ¡Ah!

SATURO ¡Nada, que como esto dure, hacemos el caldo gordo! ¿Eh? Alguien viene…

BLASA ¡Ay, debe ser el señorito Roberto!

SATURO Parece que te alegra.

BLASA ¡Qué malicioso eres!

SATURO ¡No, que me chupo el dedo!

ESCENA II

DICHOS y ESPAÑA que traerá una abultada cartera de a folio.

ESPAÑA ¡Hola, señores!

SATURO ¡Buenos días, señorito! Muy abultada trae usted hoy la cartera.

ESPAÑA Como que a don Abdón se le ha abierto de pronto la válvula y dicta más disposiciones que el Tostado. ¡Adiós, Blasilla! ¿Te has quedado muda?

BLASA Es que hay veces que vale más no hablar.

ESPAÑA (Acercándose.) ¡Vamos, tontilla!

SATURO ¡Ejem, ejem! (España y Blasa. se separan con afectada indiferencia.)

ESPAÑA ¿Y el jefe? (se sienta ante la mesa.)

SATURO Aún no ha llamado.

BLASA ¡Como se acuesta tan tarde!

ESPAÑA ¡La maldita política!

BLASA Pero, oiga usted, don Roberto, ¿quién inventó la política?

ESPAÑA Pues debió de ser Caín en un momento de aburrimiento, por lo visto.

SATURO ¡Qué cosas tiene el señorito!

ESPAÑA ¡Pero, hombre! Aquí me faltan periódicos ... (Rebuscándolos.) El País y España Nueva.

BLASA Es que la señora ha dispuesto que se rompan en cuanto se reciban.

ESPAÑA ¿La señora?

SATURO ¡Qué entienden las señoras de política! (Saca de debajo del chaleco dos periódicos.) Aquí tiene usted un ejemplar de cada uno que yo escondí...

BLASA ¡Hombre, me gusta!

ESPAÑA Hay que servir a la causa de la libertad, como dice el señor en todos sus discursos.

ESPAÑA Este es un buen liberal.

BLASA Un hereje es lo que es este.

ESPAÑA ¡Vaya! Déjenme trabajar, que hoy es día de mucha faena. Además, el ministro de Instrucción pública vino conmigo y se entró derecho al cuarto del jefe.

SATURO ¡Caramba! Ya me habrá llamado.

ESPAÑA Y que conviene que esté usted por allí...

SATURO ¡Digo! (Vase por la derecha precipitadamente quitándose el mandil.)

Gabriel Miró

Libro de Sigüenza[57]

El señor de Escalona (Justicia) (1907)

[fragmento]

Sigüenza y el de Escalona, sencillos y medrosos, contemplaron el estrado del tribunal. Había once varones solemnes. Allí estaba don Manuel García Prieto, entonces nada más abogado, aunque de mucha autoridad, fino, gentil, muy grato para el levantino, porque supo que residía en un palacio de hermosa y elegante rudeza de casa suiza: allí también se veía al señor don Ismael Calvo y Madroño, cuyo segundo apellido le presentaba a Sigüenza la brava simplicidad de un bosque con los arbustos encendidos de aquel fruto otoñal: allí reposaba el magistrado señor Ponce de León, ancho, lardoso, de párpados perezosos y oblicuos; parecía un mandarín con levita un poco estrecha, y otros que no pudo ver porque le llamaron a la tribuna.

Subió Sigüenza. Desdobló la primera papeleta de los temas de su suerte. ¡Oh malaventura! Y leyó: Policía de Abastos. ¡Señor!, ¿qué sería Policía de Abastos?... Y el señor Ponce de León, por una rendija de sus párpados, le miraba, le miraba insaciablemente.

El señor de Escalona y el señor Sigüenza retornaron vencidos a sus hogares.

Años después, tocole al levantino ser jurado en la Audiencia de su provincia.

---

57 Tomado de la edición de Biblioteca Nueva (Madrid, 1938), de la Biblioteca Digital Hispánica.

En la húmeda y fosca entrada del viejo casón de la Justicia hacían corros unos hombres lugareños, mudados, muy humildes. Fumaban, hablando de sequía, de sementera, de mulas de labranza, de diputados de su distrito.

Si alguno intentaba subir la decrépita escalera, un ujier menudo, trasijado, con botas de paño, grandes, dobladas, siniestras, de difunto, y la casaca raída, calva, demasiado holgada, de difunto también, decía que estaba prohibido hasta que llamasen.

Después, ya en el estrado, un licenciadito con toga flamante, y el birrete ladeado a lo lindo, les dijo a los señores jurados que "por las conquistas del Derecho moderno" ellos eran los "mantenedores de la sociedad"; "les estaba encomendada una augusta, una sagrada misión", y les llamó sacerdotes. Los jurados, sorprendidos, miraban al ujier, que no les dejó pasar de la escalera.

Todo se lo escribió Sigüenza a su amigo, el señor de Escalona. Y acababa la carta de esta guisa:

"A estas horas, amigo mío, ya habrá sido usted jurado en su Audiencia castellana, ¡como yo lo fui ha pocos días en la de mi ciudad. ¡Y quién duda de que, al sentarse para administrar justicia y después de ver ujieres y curiales y de oír las maravillas de los abogados, no se le hayan renovado las memorias de nuestras oposiciones! ¿Y para esto nos afanamos, y sufrimos, y empeñamos nuestra pobre hacienda? Pero no nos pese. Alcemos los hombros y bendigamos la vida, que nos ha permitido colaborar en un capítulo de la Historia de España…

Ramón M.ª del Valle-Inclán

Los cruzados de la causa (1908)[58]

XXIV

Don Juan Manuel se animaba recordando y narrando parecidos lances de la otra guerra, y la monja, que muy en sigilo había venido a la casa del vinculero[59], quiso mostrar aquel ejemplo a Cara de Plata:

—¡Si tienes el corazón de tu padre, mucha gloria puedes alcanzar bajo las banderas del Rey!

Y advirtió el Maestrescuela:

—¡Lástima que no quiera ser de los nuestros, don Juan Manuel!

Oyó su nombre el viejo linajudo, y volvió la cabeza hacia el rincón donde hablaban:

—¿Qué ocurre?

La monja le dirigió una sonrisa, aquella sonrisa mundana y lánguida del año treinta, con que se retrataban las damas y recibían en el estrado a los caballeros:

—¿Tío, por qué duda usted de la eficacia cristiana de las leyes?

—¡No dudo, sobrina!

El canónigo, que con los ojos bajos hacía pliegues al manteo, le soltó de pronto:

---

58 Tomado de la edición de Madrid (1909), en la Biblioteca Digital Hispánica.
59 El titular del vínculo ("unión y sujeción de los bienes al perpetuo dominio en una familia, con prohibición de enajenarlos", Diccionario de la Real Academia, 1899).

—En la eficacia cristiana de las leyes, tenemos puesta nuestra esperanza, cuantos conocemos el corazón magnánimo de Carlos VII.

Don Juan Manuel rio sonoramente:

—¡Hablan de las leyes como de las cosechas!... Yo, cuando siembro, todos los años las espero mejores... Las leyes, desde que se escriben, ya son malas. Cada pueblo debía conservar sus usos y regirse por ellos. Yo cuento setenta años, y jamás acudí a ningún alguacil para que me hiciese justicia. En otro tiempo mis abuelos tenían una horca. El nieto no tiene horca, pero tiene manos, y cuando la razón está en su abono, sabe que no debe pedírsela a un juez. Pudiera acontecer que me la negase, y tener entonces que cortarle la diestra, para que no firmase más sentencias injustas. La primera vez que comprendí esto, era yo joven, acababa de morir mi padre. El marqués de Tor me había puesto pleito por una capellanía, pleito que gané sin derecho. Entonces me fui a donde estaba mi primo, y le dije: Toda la razón era tuya, córtale la mano a ese juez y te entrego la capellanía.

La madre abadesa murmuró entre asustada y risueña:

—¡No lo haría!

—No lo hizo... Pero yo le devolví la capellanía.

—¡Pobre marqués de Tor, me lo figuro!... ¡Él siempre tan mirado!...

Don Juan Manuel levantó los brazos:

—¡Y aquel mentecato aún siguió en pleitos toda su vida, acatando la justicia de los jueces!

El maestrescuela desaprobaba moviendo la cabeza. Los demás casi hacían lo mismo, y a todos, las palabras del hidalgo les parecían ingeniosas, pero poco razonables. Despúes el canónigo declaró sin apresurarse, sonriendo con estudiada deferencia:

—Señor mío, que haya un juez venal no implica maldad en la ley.

—No la implica...

En los labios del canónigo se acentuaba la sonrisa doctoral:

—¿Entonces, señor mío?...

Don Juan Manuel hizo un gesto violento:

—¡Pero si con ley buena hay sentencia mala, puede haber con ley mala sentencia buena, y así no está la virtud en la ley, sino en el hombre que la aplica! Por eso yo fío tan poco en las leyes, y todavía menos en los jueces, porque siempre he visto su justicia, más pequeña que la mía.

El marqués de Bradomín, que paseaba silencioso en el fondo de la sala, se detuvo un momento, y luego, con gran reposo, llegó a donde hablaban:

—Yo también pienso muchas veces, si no convendría pasar una hoz segando las cabezas más altas, antes de que subiese al trono nuestro Rey.

Parecía convencido y, sin embargo, apuntaba en sus palabras un dejo de ironía, aquella ironía con que el viejo dandy lograba dar a todas las cosas, y a todos los sentimientos, un aire de frivolidad galante. La madre abadesa cerró los ojos, murmurando con voz interior y meditabunda:

—¡En otro tiempo no eran así los partidarios!...

El maestrescuela interrumpió:

—Ni ahora lo son... ¡Bien se advierte que habla en broma nuestro ilustre marqués!

El marqués tuvo una sonrisa ambigua, que ni negaba ni consentía:

—Yo temo la hora del triunfo, porque en ese momento harán profesión de fe carlista, todos los setembrinos[60], que hoy llevan el gorro frigio, y que antes eran un día devotos y otro día, traidores a doña Isabel.

La monja alzó el cristo de su rosario:

—¡Dios mío, aparta a los malos del palacio de nuestros Reyes!

Y declaró con su tono grave y doctoral el maestrescuela:

—Carlos VII jamás transigirá con los traidores. Nuestro caro marqués, que ha vivido por largo tiempo en la casa del rey, puede decir si me equivoco.

Aprobó con un gesto, sin desplegar los labios, el caballero legitimista, y el canónigo volvió a insistir, acentuando sus palabras con esa pureza gramatical, entonada y clásica de los oradores sagrados:

—Confieso que deseara verle más explícito, y saber por entero lo que piensa nuestro ilustre amigo.

—Señor maestrescuela, yo pienso que será mucho más difícil vencer en las antecámaras reales, que en la guerra.

—¡Pero don Carlos no transigirá con los traidores!

—Por eso yo digo que antes del triunfo, debía pasar una hoz segando las cabezas más altas. Es preciso destruir y crear. El rey lo entiende así... ¡Pero sabe que el hierro destinado a destruir se rompe algunas veces con ese oficio miserable!

Y como si saliese de un ensueño místico, suspiró la monja:

---

60 Es decir, los defensores de la Constitución.

—Tú quieres decir que la mano que arranque la cizaña no sea la que siembre.

—Yo quiero que la mano real, la que todos debemos besar, no se llene de espinas, y se cubra con regueros de sangre:

—¡Es verdad! ¡Es verdad!

Y aquellos ojos ardientes, sepultos en un cerco amoratado, quedaron fijos un momento sobre los ojos del marqués de Bradomín. El maestrescuela, que atendía desde una ventana a la faena de estivar los fusiles en los carros y cubrirlos con paja, se volvió para seguir la conversación:

—¡Oh!... ¿Qué otro puede ser el deseo de todos los partidarios?

Y repitió la monja, con los ojos parados sobre la cruz del rosario:

—¡Señor, dale la Gracia para que pueda ser, a imagen tuya, un sembrador!...

El canónigo insistió:

—Pero si las reales manos se desgarran al arrancar la mala yerba, hallaran bálsamo que las fortalezca en el amor y en la gratitud de su reino. La lenidad solo es condición para el orden sacerdotal.

Y seguía sonriendo doctoralmente.

Armando Palacio Valdés

Papeles del doctor Angélico (1911)

"El gobierno de las mujeres"[61]

II

[fragmento]

—¡Oh cielos! El día en que sean ustedes diputados y senadores, será un espectáculo bien divertido el presenciar cómo se arrancan los moños.

—No lo será más que cuando ustedes alzan los puños en el Congreso y se dirigen injurias soeces acompañadas de frases de carretero... Pero no, las mujeres, si no respetamos los recintos, respetamos los sentimientos justos y los nobles proyectos. Recientemente se ha organizado una magna asamblea de señoras en Versalles. Pues bien, aquella asamblea celebró varias sesiones con la mayor mesura, discutió sus acuerdos y llegó a formular sus conclusiones con perfecta corrección. Solo unos cuantos caballeros feministas allí admitidos desentonaron, y fueron llamados al orden por la presidenta... Y sin ir tan lejos, todos los días en Madrid se reúnen en asamblea muchas señoras con objetos benéficos, se organizan en comisiones, discuten, ponen en práctica sus decisiones, y todo pasa sin los lamentables incidentes que suelen ocurrir en las asambleas masculinas. No les hablo de los institutos religiosos, porque demasiado saben ustedes que los de mujeres, por el espíritu de abnegación,

---

61 El texto será incluido posteriormente como apéndice (y titulado "Una opinión") en *El gobierno de las mujeres: ensayo histórico de política femenina* (1931), en el marco del debate en torno al sufragio femenino en España. El personaje de Carmen Salazar, una famosa poeta, podría ser trasunto de Carmen de Burgos.

de disciplina y de armonía, son muy superiores a los de los hombres, y lo serían aún mucho más sin la inoportuna intervención de los clérigos que las dirigen.

—¿De dónde procede, entonces, que en tertulias, en bailes, en teatros y conciertos armen ustedes insoportable algarabía? ¿Cuál es la causa de que ustedes se detesten tan cordialmente, y en los paseos se miren ustedes como se miraban los güelfos y gibelinos? —manifestó el conde.

—Por la razón que antes he dicho, por el miserable papel que hasta ahora nos han obligado ustedes a representar. La mujer viene de la esclavitud, y viene con todos los defectos que la esclavitud engendra, la timidez, la mentira, la hipocresía, la ligereza. Pero levantadla a otros destinos más altos, y su alma recobrará su celestial herencia, se abrirá al espíritu de justicia. La mujer es un ser nacido para la política, porque la política toca a las costumbres, y en todos aquellos pueblos que han alcanzado cierto grado de cultura es la reina de las costumbres. De hecho bien saben ustedes que ha intervenido siempre de un modo capital en ella...

—Ahí está la historia para mostrarnos que no lo ha hecho bien—dijo Pareja.

—Ni mejor ni peor que los hombres. ¿Desean ustedes saber por qué ha intervenido algunas veces perniciosamente en los negocios públicos? Porque carecía de responsabilidad, porque la política ha sido hasta ahora para ella un juego. Le está vedado pensar en la transcendencia de sus actos, pero se le permite, como a los niños, satisfacer sus caprichos. La du Barry hacía saltar sobre la mesa, delante de Luis XV, unas naranjas, gritando y riendo: «¡Salta, Choiseul!, ¡salta, Praslin!» Y con estas travesuras hizo caer al primer ministro, su enemigo. Aquella pobre mujer era considerada como un animal hermoso destinado al recreo. Pero aquella mujer guardaba en el fondo del alma un tesoro de bondad admirable; era noble, generosa, inocente. Si en vez de degradarla se la hubiese elevado con una educación adecuada, si en vez de un ser irresponsable la hubieran hecho un ser responsable, no haría saltar a Choiseul por capricho o por venganza..., aunque tal vez le hubiera destituido por traidor.

—De todos modos, mi querida amiga, yo no puedo resignarme a ver la política y las leyes en manos de las mujeres. Son harto frágiles para cosas tan pesadas —apuntó don Sinibaldo.

—¿No se resigna usted? Pues parece usted bien resignado. Al frente de la política y las leyes españolas se encuentra hoy una mujer, y usted la obedece y la acata, y no duda, como nadie duda en Europa, de que su juicio sereno, sus rectas intenciones, el amor que siente por su país adoptivo, son prenda segura de paz y prosperidad para la nación. Largo tiempo ha que nuestra Patria no ha sido regida con tal claridad y justicia, y que una mano tan suave y firme a la vez haya empuñado el cetro español. El prestigio de esta augusta señora aleja del Trono toda sospecha odiosa, la intriga política huye avergonzada, los malvados se esconden, y el ciudadano laborioso vive tranquilo y confiado en su hogar.

—¡Oh Carmita, por Dios!—saltó don Sinibaldo con síntomas de sofocación—. Nadie más que yo admira las dotes incomparables de nuestra Reina Regente. A ella he dedicado mi obra sobre el «censo enfitéutico en Asturias y Galicia», y tuve la dicha de escuchar de sus augustos labios frases de aliento que no se borrarán jamás de mi corazón.

—Pues si usted no duda de que una mujer, no escogida, sino llevada por la casualidad del nacimiento a la dirección política de un país, es apta para gobernarlo, tiene discernimiento bastante para decidir nada menos que de la paz y de la guerra, para poner su veto a las leyes que los representantes del país han votado, para elegir a todos los funcionarios públicos, ¿por qué no quiere usted otorgar a las mujeres elegidas entre las mejores del país aptitud suficiente para contribuir a la elaboración de las leyes y para decidir de lo justo y de lo injusto?

—Pero, en suma, mi ilustre amiga—manifestó Pareja—, si es verdad que hasta ahora han representado ustedes un papel miserable, ¿cuál es el que usted quiere que representemos nosotros el día en que el Parlamento, los Tribunales de justicia y la Hacienda pública se hallen en manos de ustedes?

—¡Ahí me duele, amigo Pareja, ahí me duele!—exclamó doña Carmen dejando escapar un suspiro—. Quizás piense usted, como todos los hombres, que, al arrebatarles esas cosas, les privamos del mayor tesoro de la existencia. Vive usted engañado. La política no es un tesoro, sino una carga. El progreso la hará cada día más ligera, pero hoy es bien pesada. La política no es algo substancial, no pertenece al fondo y a la esencia de la vida, a ese fondo divino que la presta sentido y valor. Sólo es un medio para que la Humanidad pueda gozar de ese tesoro los breves días que el Cielo nos permite alentar sobre la tierra. Al entregarnos la política, ustedes son quienes nos arrebatan el fruto verdaderamente sabroso de la existencia, nos condenan irremisiblemente a un papel secundario. El culto a la Divinidad, el arte, la ciencia, la industria, eso es lo que ennoblece la vida, no la gestión de los presupuestos ni la policía de las calles... Observen ustedes la vida de un sabio o de un artista. Si Dios les ha concedido una esposa prudente, a ella entregan la administración de sus intereses, y sus días se deslizan serenos y felices en la evocación de hermosas imágenes o en la investigación de las sublimes leyes de la Naturaleza... Ahí tienen ustedes a mi hijo... No sabe el dinero que hay en la casa, ni lo que en ella gastamos. Entregado a sus proyectos y dibujos, se ha desentendido de tal modo de todo lo demás que ni de su ropa de vestir se ocupa. ¿Querrán ustedes creer que para que se haga un traje es necesario que Raimunda llame al sastre, escoja el paño y le tomen las medidas por sorpresa? Pues eso que hacen muchos de ustedes dentro de su casa particular, con el tiempo lo harán todos dentro de la casa pública. Entonces no seremos nosotras las esclavas que se arrastran temblando a los pies de su señor, ni tampoco esos ídolos caprichosos a quienes en el norte de América se rinde un culto que resulta irónico, esas máquinas imponentes de gastar dinero que necesitan los millonarios anglosajones para deslumbrar a la muchedumbre. Queremos solamente el papel que la providencia de Dios nos ha asignado en este mundo; la guarda de la casa y el cetro de la justicia. Ustedes, a debatir los altos problemas de la metafísica, a sondear las profundidades de la teología, a escribir poemas inspirados, a modelar estatuas y pintar lienzos inmortales, a conquistar las fuerzas de la Naturaleza y hacerlas esclavas sumisas de nuestro bienestar. Nosotras, pobrecitas, a cuidar de la hacienda, a perseguir a los malvados, a recompensar a los buenos, a dar a cada uno lo que le pertenece, a limpiar de abrojos el camino del sabio, del explorador y del artista. Para vosotros, el goce inefable de la conquista; para nosotras, el trabajo y el peligro sin la gloria. Una bella aurora luce en el horizonte. El eje del mundo, desviado de sus polos diamantinos, se endereza. La claridad desciende al cabo del cielo, y una felicidad desconocida inunda a los mortales. Un nuevo imperio se descubre a nuestra vista, el imperio de la paz y la justicia. Luchemos hasta morir por conseguirlo; esperemos que el Espíritu de Infinita Paz nos lo conceda...

Miguel de Unamuno
"La beca" (1913)[62]

(cuento)

«Vuelva usted otro día…». «¡Veremos!». «Lo tendré en cuenta». «Anda tan mal esto…». «Son ustedes tantos…». «¡Ha llegado usted tarde y es lástima!». Con frases así se veía siempre despedido don Agustín, cesante perpetuo. Y no sabía imponerse ni importunar, aunque hubiese oído mil veces aquello de: «Pobre porfiado saca mendrugo».

A solas hacía mil proyectos, y se armaba de coraje y se prometía cantarle al lucero del alba las verdades del barquero; mas cuando veía unos ojos que le miraban ya estaba engurruñándosele el corazón. «Pero ¿por qué seré así, Dios mío?», se preguntaba, y seguía siendo así, como era, ya que solo de tal modo podía ser él el que era.

Y por debajo gustaba un extraño deleite en encontrarse sin colocación y sin saber dónde encontraría el duro para el día siguiente. La libertad es mucho más dulce cuando se tiene el estómago vacío, digan lo que quieran los que no se han encontrado con la vida desnuda. Estos solo conocen las vestiduras de la vida, sus arreos; no la vida misma, pelada y desnuda.

El hijo, Agustinito, desmirriado y enteco, con unos ojillos que le bailaban en la cara pálida, era la misma pólvora. Las cazaba al vuelo.

—Es nuestra única esperanza —decía la madre, arrebujada en su mantón, una noche de invierno— que haga oposición a una

---

62 Incluido en el libro *El espejo de la muerte*.

beca, y tendremos las dos pesetas mientras estudie… ¡Porque esto de vivir, así, de caridad!… ¡Y qué caridad, Dios mío! ¡No, no creas que me quejo, no! Las señoras son muy buenas, pero…

—Sí, que, como dice Martín, en vez de ejercer caridad se dedican al deporte de la beneficencia.

—No, eso no; no es eso,

—Te lo he oído alguna vez; es que parece que al hacer caridad se proponen avergonzar al que la recibe. Ya ves lo que, nos decía la lavandera al contamos cuando les dieron de comer en Navidad y les servían las señoritas… «Esas cosas que hacen las señoritas para sacarnos los colores a la cara» …

—Pero, hombre…

—Sé franca y no tengas secretos conmigo. Comprende que nos dan limosnas para humillamos…

En las noches de helada no tenían para calentarse ni aun el fuego de la cocina, pues no le encendían. Era el suyo un hogar apagado.

El niño comprendía todo y penetraba en él alcance todo de aquel continuo estribillo de: «¡Aplícate, Agustinito, aplícate!».

Ruda fue la brega en las oposiciones, a la beca, pero la obtuvo, y aquel día, entre lágrimas y besos, se encendió el fuego del hogar.

A partir de este día del triunfo, acentuose en don Agustín su vergüenza de ir a pretender puesto; aunque poco y mal, comían de lo que el hijo cobraba, y con algo más, trabajando el padre acá y allá de temporero, iban saliendo mal que bien, del afán de cada día. ¿No se ha dicho lo de: «Bástele a cada día su cuidado»; y no lo traducimos diciendo que: «No por mucho madrugar amanece más temprano»? Y si no amanece más temprano por mucho madrugar, lo mejor es quedarse en la cama. La cama adormece las penas. Por algo los médicos dicen que el reposo lo cura todo.

—¡Agustín, los libros! ¡Los libros! ¡Mira que eres nuestro casi único sostén, que de ti depende todo!… ¡Dios te lo premie! —decía la madre.

Y Agustinito ni comía, ni dormía, ni descansaba a su sabor. ¡Siempre sobre los libros! Y así se iba envenenando el cuerpo y el espíritu: aquél, con malas digestiones y peores sueños, y este, el espíritu, con cosas no menos indigeribles que sus profesores le obligaban a engullir. Tenía que comer lo que hubiera y tenía que estudiar lo que le diese en el examen la calificación obligada para no perder la beca.

Solía quedarse dormido sobre los libros, a guisa estos de almohada, y soñaba con las vacaciones eternas. Tenía que sacar, además, premios, para ahorrarse las matrículas del curso siguiente:

—Voy a ver a don Leopoldo, Agustinito, a decirle que necesitas el sobresaliente para poder seguir disfrutando la beca…

—No, no hagas eso, madre, que es muy feo…

—¿Feo? ¡Ante la necesidad nada hay que sea feo, hijo mío!

—Pero si sacaré sobresaliente, madre, si lo sacaré.

—¿Y el premio?

—También el premio, madre.

—Mira, Agustinito: don Alfonso, el de Patología médica, está enfermo; debes ir a su casa a preguntar cómo sigue…

—No voy, madre; no quiero ser pelotillero.

—¿Ser qué?

—¡Pelotillero!

—Bueno, no sé lo que es eso, pero te lo entiendo, y los pobres, hijo mío, tenemos que ser pelotilleros. Nada de aquello de: «Pobre, pero orgulloso», que es lo que más nos pierde a los españoles…

—Pues no voy.

—Bien, iré yo.

—No, tampoco irá usted.

—Bueno, no quieres que sea pelotillera…, no, no iré. Pero, hijo mío…

—Sacaré el sobresaliente, madre.

Y lo sacaba el desdichado, pero ¡a qué costa! Una vez no sacó más que notable; y hubo que ver la cara que pusieron sus padres.

—Me tocaron tan malas lecciones…

—No, no; algo le has hecho… —dijo el padre.

Y la madre añadió:

—Ya te lo decía yo… Has descuidado mucho esa asignatura…

El mes de mayo le era terrible. Solía quedarse dormido sobre los libros, teniendo la cafetera al lado. Y la madre, que se levantaba solícita de la cama, iba a despertarle y le decía:

—Basta por hoy, hijo mío; tampoco conviene abusar… Además, te rinde el sueño y se malgasta el petróleo. Y no estamos para eso.

Cayó enfermo y tuvo que guardar cama; le consumía la fiebre. Y los padres se alarmaron, se alarmaron del retraso que aquella enfermedad podía costarle en sus estudios; tal vez le durara la dolencia y no podría examinarse con seguridad de nota, y le quedaría el pago de la beca en suspenso.

El médico auguró a los padres que duraría aquello, y los pobres, angustiados, le preguntaban:

—¿Pero podrá examinarse en junio?

—Déjense de exámenes, que lo que este mozo necesita es comer mucho y estudiar poco, y aire, mucho aire…

—¡Comer mucho y estudiar poco! —exclamó la madre—. Pero, señor, ¡si tiene que estudiar mucho para poder comer poco!…

—Es un caso de *surmenage*.

—¿De *sur* qué?

—De *surmenage*, señora; de exceso de trabajo.

—¡Pobre hijo mío! —y rompió a llorar la madre—. ¡Es un santo…, un santo!

Y el santo fue reponiéndose, al parecer, y cuando pudo ponerse en pie pidió los libros, y la madre, al llevárselos exclamó:

—¡Eres un santo, hijo mío!

Y a los tres días:

—Mira, hoy que está mejor tiempo puedes salir, vete a clase bien abrigado, ¿eh?, y dile a don Alfonso cómo has estado enfermo, y que te lo dispense…

Al volver de clase dijo:

—Me ha dicho don Alfonso que no vuelva hasta que esté del todo bien.

—Pero ¿y el sobresaliente, hijo mío?

—Lo sacaré.

Y lo sacó, y vio las vacaciones, su único respiro. «¡Al campo!», había dicho el médico. ¿Al campo? ¿Y con qué dinero? Con dos pesetas no se hacen milagros. ¿Iba a privarse don Agustín, el padre, de su café diario, del único momento en que olvidaba penas? Alguna vez intentó dejarlo; pero el hijo modelo le decía:

—No, no; vete al café, padre; no lo dejes por mí; ya sabes que yo me paso con cualquier cosa…

Y no hubo campo, porque no pudo haberlo. No recostó el pobre mozo su cansado pecho sobre el pecho vivificante de la madre Tierra; no restregó su vista en la verdura, que siempre vuelve, ni restregó su corazón en el olvido reconfortante.

Y volvió el curso, y con él la dura brega, y volvió a encamar el becario, y una mañana, según estudiaba, le dio un golpe de tos y, se ensangrentaron las páginas del libro por el sitio en que se trataba de la tisis precisamente.

Y el pobre muchacho se quedó mirando al libro, a la mancha roja, y más allá de ella, al vacío, con los ojos fijos en él y frío de la desesperación acoplada en el alma. Aquello le sacó a flor de alma la tristeza eterna, la tristeza trascendental, el hastío prenatal que duerme en el fondo de todos nosotros y cuyo rumor de carcoma tratamos de ahogar con el trajineo de la vida.

—Hay que dejar los libros en seguida —dijo el médico en cuanto le vio—; ¡pero en seguida!

—¡Dejar los libros! —exclamó don Agustín—. ¿Y con qué comemos?

—Trabaje usted.

—Pues si busco y no encuentro; si…

—Pues si se les muere, por su cuenta…

Y el rudo de don José Antonio se salió mormojeando[63]: «¡Vaya un crimen! Este es un caso de antropofagia…; estos padres se comen a su hijo».

Y se lo comieron, con ayuda de la tisis; se lo comieron poco a poco, gota a gota, adarme a adarme.

Se lo comieron vacilando entre la esperanza y el temor, amargándoles cada noche el sacrificio y recomenzándolo cada mañana.

¿Y qué iban a hacer? El pobre padre andaba apesadumbrado y lleno de desesperación mansa. Y mientras revolvía el café con la cucharilla para derretir el terrón de azúcar, se decía: «¡Qué amarga es la vida! ¡Qué miserable la sociedad! ¡Qué cochinos los hombres! Ahora solo nos falta que se nos muriera…». Y luego, en voz alta: «Mozo; ¡el *Vida Alegre*!».

Aún llegó el chico a licenciarse y tuvo el consuelo de firmar en el título, de firmar su sentencia de muerte con mano trémula y febril. Pidió luego un libro, una novela.

—¡Oh, los libros, siempre los libros! —exclamó la madre—. Déjalos ahora. ¿Para qué quieres saber tanto? ¡Déjalos!

—A buena hora, madre.

—Ahora a descansar un poco y a buscar un partido…

—¿Un partido?

—Sí; he hablado con don Félix, y me ha prometido recomendarte para Robleda.

---

63 De acuerdo con el *Lexicón etimológico, naturalista y popular del bilbaíno neto*, de Emiliano de Arriaga (1896), mormojar es "igual que: Marmear, Cuchichear o refunfuñar por lo bajo con enfado al recibir una reprimenda. || Las criadas marmean cuando las riñe la señora. (loc.) Todo es mormojar entre viejas [entre viejas todo es refunfuñar]".

A los pocos días se iba Agustinito, para siempre, a las vacaciones inacabables, con el título bajo la almohada —fue un capricho suyo— y con un libro en la mano; se fue a las vacaciones eternas. Y sus padres le lloraron amargamente.

—Ahora, ahora que iba a empezar a vivir, ahora que nos iba a sacar de miserias; ahora… ¡Ay!, Agustín, ¡qué triste es la vida!

—Sí, muy triste —murmuró el padre, pensando que en una temporada no podría ir al café.

Y don José Antonio, el médico, me decía después de haberme contado el suceso: «Un crimen más, un crimen más de los padres… ¡Estoy harto de presenciarlos! Y luego nos vendrán con el derecho de los padres y el amor paternal… ¡Mentira!, ¡mentira!, ¡mentira! A las más de las muchachas que se pierden son sus madres quienes primero las vendieron… Esto entre los pobres, y se explica, aunque no se justifique. ¿Y los otros? No hace aún tres días que González García casó a su hija con un tísico perdido, muy rico, eso sí, con más pesetas que bacilos, ¡y cuidado que tiene una millonada de estos!, y la casó a conciencia de que el novio está con un pie en la sepultura; entra en sus cálculos que se le muera el yerno, y luego el nieto que pueda tener, de meningitis o algo así, y luego… Y para este padre que se permite hablar de moralidad, ¿no hay grillete? Y ahora, este pobre chico, esta nueva víctima… Y seguiremos considerando al Estado como un hospicio, y vengan sobresalientes y canibalismo…; ¡canibalismo, sí, canibalismo! Se lo han comido y se lo han bebido; se han comido la carne, le han bebido la sangre…; y a esto de comerse los padres a un hijo, ¿cómo lo llamaremos, señor helenista? Gonofagia, ¿no es así? Sí; gonofagia, gonofagia, porque llamando a las cosas en griego pierden no poco del horror que pudieran tener. Recuerdo cuando me contó usted lo de los indios aquellos de que habla Herodoto, que sepultaban a sus padres en sus estómagos, comiéndoselos. La cosa es terrible; pero más terrible aún es el festín de Atreo. Porque el que uno se coma al pasado, sobre todo si ese pasado ha muerto, puede aún pasar; ¡pero esto de comerse al porvenir!...

Y si usted observa, verá de cuántas maneras nos lo estamos comiendo, ahogando en germen los más hermosos brotes. Hubiera usted visto la triste mirada del pobre estudiante, aquellos ojos, que parecían mirar más allá de las cosas, a un incierto porvenir, siempre futuro y siempre triste, y luego aquel padre, a quien no le faltaba su café diario. Y hubiera usted visto su dolor al perder al hijo, dolor verdadero, sentido, sincero —no supongo otra cosa—; pero dolor que tenía debajo de su carácter animal, de instinto herido, algo de frío, de repulsivo, de triste. Y luego esos libros, esos condenados libros, que en vez de servir de pasto sirven de veneno a la inteligencia; esos malditos libros de texto, en que se suele enfurtir todo lo más ramplón, todo lo más pedestre, todo lo más insufrible de la Ciencia, con designios mercantiles de ordinario...

Calló el médico, y callé yo también. ¿Para qué hablar?

Pasado algún tiempo me dijeron que Teresa Martín, la hija de don Rufo, se iba a monja. Y al manifestar mi extrañeza por ello, me añadieron que había sido novia de Agustín Pérez, el becario, y que desde la muerte de este se hallaba inconsolable. Pensaba haberse casado en cuanto tuviera partido.

—¿Y los padres? —se me ocurrió argüir.

Y al contar yo luego al que me trajo esa noticia la manera cómo sus padres se lo habían comido, me replicó inhumanamente:

—¡Bah! De no haberle comido sus padres, habríale comido su novia.

—¿Pero es —exclamé entonces—que estamos condenados a ser comidos por uno o por otro?

—Sin duda —me replicó mi interlocutor, que es hombre aficionado a ingeniosidades y paradojas—, sin duda; ya sabe usted aquello de que en este mundo no hay sino comerse a los demás o ser comido por ellos, aunque yo creo que todos comemos a los otros y ellos nos comen. Es un devoramiento mutuo.

—Entonces vivir solo —dije.

Y me replicó:

—No lograría usted nada, sino que se comerá a sí mismo, y esto es lo más terrible, porque el placer de devorarse se junta al dolor de ser devorado, y esta fusión en uno del placer y el dolor es la cosa más lúgubre que puede darse.

—Basta —le repliqué.

Felipe Trigo

Jarrapellejos (1914)[64]

V

[fragmento]

Octavio le había dicho una vez a su amigo el profesor: «Aunque te parezca mentira, hay en este pueblo, tan groseramente sensual, una especie de academia de poetas.» Y así era cierto. Desde antiguo, en el viejo salón artesonado con maderas negras, de don Pedro Luis, reuníanse los poetas los jueves por la tarde.

Jueves, hoy, don Pedro Luis, acompañado por el médico Barriga y por el juez, había llegado de una boda, cuando ya los otros vates aguardaban. Boda popular, de rumbo, gracias a la simpática protección que le dispensaba al Gato el señorío, Barriga venía con unas migajas de pestiños en la barba y un poco alegrito de aguardiente. Versos de Gabriel y Galán leía Sidoro idílicamente conmovido; y puesto que el nombre y los libros de Gabriel y Galán formaban el evangelio del cenáculo, dejáronle leer, entrando los tres (Barriga tropezó) religiosamente de puntillas.

> «Labriego, ¿vas a la arada?
> Pues dudo que haya otoñada
> más grata y más placentera
> para cantar la tonada
> de la dulce sementera.
> ¿Qué has dicho? ¿Que el desdichado
> que pasa el eterno día bregando tras un arado,

---

64 Tomado de la edición de la Biblioteca Virtual Miguel de Cervantes (1999).

jamás cantó de alegría,
si alguna vez ha cantado?
Es una queja embustera
la que me acabas de dar...»

—¡Bravo! —cortó Barriga.

Sabíanse las divinas estrofas de memoria, como los salmos de un rito, y siempre producíanles los mismos entusiasmos. Cordón lloraba de ternura. Don Pedro Luis Jarrapellejos exclamó una vez más lo que había exclamado tantas veces:

—¡Ah, señores! ¡Qué gratas para el alma estas reuniones, que la purifican y la templan contra todas las durezas del vivir!

Seguía Sidoro, pálido de tan intensa e inefablemente impresionado:

«Es una queja embustera
la que me acabas de dar.
¿Ignoras que yo sé arar?
Pues deja tú la mancera
y oye, que voy a cantar.»
«¡Bruuú!»

—¿Qué?

(Nada; don Pedro Luis que eructó.)

«Labriego, poco paciente,
si crees que solo tu frente
baña copioso sudor
que absorbe innúmera gente,
sal de tu error, labrador.
Lo dice quien es tu hermano,
quien canta tu lucha brava;

> lo dice quien por su mano
> siega la mies en verano
> y el huerto en invierno cava.»

—¡Bravo!

—¡Bravo! —subrayaron ahora don Pedro y don Atiliano de la Maza, limpiándose el sudor, del calor tremendo de la sala, cual si fuese el de la hoz con que segaran o el del azadón con que cavasen. Hubo un silencio de santa comunión con los labriegos, bajo aquellas invocaciones al trabajo. Sonaba una carcoma en la pata de un sillón. Sidoro prosiguió sonoramente:

> «¿Qué sabes tú del tributo
> que el mundo al trabajo rinde?
> ¿Qué sabes tú...»

En todas las casas decentes del pueblo, gracias a la propaganda de los vates, y de Orencia (que odiaba las novelas), había tomos de Gabriel y Galán para leerlos en familia durante las veladas invernales. Códigos de moral sencilla, expresados con belleza soberana, y cuya difusión gratuita entre los pobres habríase llevado a efecto, a propuestas del ingenuo señor don Atiliano de la Maza, de no haber sido porque el sagaz Jarrapellejos opuso una objeción: los braceros no sabían leer, casi ninguno..., y los que sabían era mejor que no leyesen, ante el temor de aficionarlos y que pasasen luego a lecturas peligrosas.

—¡Oooh! —admiraron los demás, cayendo en el por qué no se les concedía atención a las escuelas ni a los decretos del Gobierno sobre enseñanza obligatoria. Ya, verdaderamente, la cierta *labor instructiva* en que aquel trasto forastero de Cidoncha (¡cómo tendrían que llamarle al orden, a seguir!) se obstinaba con su gente del Liceo, estaba dándole a don Pedro la razón: a La Joya iban llegando suscripciones de *El Socialista*[65], y *La Conquista del Pan*[66], y otros folletos subversivos...

Mas no todos los de la reunión hallábanse tan gentilmente consagrados a la alta vigilancia espiritual del pueblo, libres del trabajo corporal, como el gran Jarrapellejos, don Atiliano y aun el médico y el juez. A despecho de castas y de clases, juntábalos en fraternidad admirable, aquí, si no por los paseos y en el Casino (donde reservábase don Pedro a las otras amistades de sus múltiples aspectos de político, galanteador y propietario), el sentimentalismo, la etérea advocación de la poesía. Sidoro, por ejemplo, el lector de la meliflua voz, era un carrocero de obra basta, suscriptor antiguo de *El Motín,* concurrente en el Liceo a la tertulia de Cidoncha, y que no obstante su desmelenada traza de anarquista, componía fábulas morales; y Cordón, un viejo amanuense de notario, poseedor de tres cercas que él mismo cultivaba, aunque desatendíalas por hacer sonetos y acudir a este canáculo, y que había vendido otra y una

---

65 Es probable que se refiera al periódico gaditano del mismo nombre, donde Fermín Salvochea traducirá del inglés *Memorias de un revolucionario,* de Kropotkin por entregas (Sueiro 2023).

66 Se trata del conocido libro de Kropotkin.

    La conquista del pan figuraba entre los cinco libros políticos más leídos por la clase trabajadora española. [Ramiro de] Maeztu señalaba admirado que ningún libro editado en España había alcanzado semejante éxito, a excepción de *Electra* de Galdós y *¿Quo Vadis?*

    [...]

    En España hubo una temprana traducción al castellano en 1893 en la prestigiosa editorial madrileña La España Moderna, justo al año siguiente de la salida al mercado de la versión original parisina, y luego en 1899 en La Revista Blanca y La Revista Nueva. Se reeditó varias veces en 1900 y en años posteriores por las editoriales Maucci, Presa y Atlante, y se vendieron unos 50.000 ejemplares en castellano, entre España y América. (Sueiro 2023: 33-34).

yegua para imprimir su *Historia de La Joya desde el tiempo de los godos,* escrita en quince años. Sin falta acudía también un joven jorobadito, constructor de jaulas de perdiz, hijo de un barbero, aficionado a los clásicos y aventajadísimo discípulo de don Pedro Luis en las composiciones amorosas, tanto que ya su competencia le inspiraba inquietudes al maestro. «Hombre, Raimundete —solía, ladino, este aconsejarle, cuídate, toma el sol; no debieras entregarte de ese modo a la poesía. ¡Vas quedándote en los huesos!

Pero quienes sostenían verdadera competencia, una competencia enconada, que, fuera de la cordialidad de la Academia, les hacía hablar mal unos de otros, eran Cordón, Barriga y el hidalgo y narigudo setentón don Atiliano de la Maza. A los tres dábales la especialidad por los sonetos. Los nuevos de la semana leíanselos y los discutían los jueves. Cordón resultaba invencible por el número: mil seiscientos dieciocho contaba ya el libro *infolio,* de sellado papel de notaría, que aportaba bajo el brazo. Barriga, que escribíalos más científicos, tenía solo ciento nueve, y don Atiliano, cuatrocientos, de absoluta perfección gramatical. Armaban discusiones sobre si debía decirse *revólveres o revólvers, al menos o a lo menos, friéndose o fríyéndose...,* y por carta consultaban con frecuencia al sabio lingüista y sacerdote madrileño don Julio Cejador. Veinte días llevaban a la sazón con motivo de haberle llamado don Pedro *cuadrúpedo* a una oveja; en la de dilucidar si debiera nominar *cuadrúpedos* (cuatro pies) a las mulas y los gatos y los perros solamente, o a toda clase de «bichos y animales» que tuviesen cuatro patas, las ranas inclusive... Cejador mismo, menos versado en Zoología que en Gramática, pasó sus ciertas dudas antes de sacarlos del apuro.

Por cuanto al juez de primera instancia, granadino, gordo, hombre bilioso y arrugado, de párpados cargados, de tardos movimientos de galápago, cultivaba la prosa nada más, y en su rígida fe prefería las historias de los santos. Ya se le veía requerir el fajo de cuartillas (igual que todos, porque Sidoro terminaba la hermosa composición del poeta inimitable), cuando una criada apareció llamando al dueño de la casa. Le buscaban.

—Haber dicho que no estoy, hija, Basilia. ¿Quién es?

—La señá Cruz, la del tío Roque Salazar. Mu apurá la pobretica.

—¡Ah! —hizo eléctrico el cacique, partiendo disparado.

Halló a la contristada en el portal, y la condujo al despacho, a la profundidad de aquel despacho, lleno de chismes, y sillones, y escopetas, y polvorientos legajos de papeles, donde mil veces habíanse tratado igual los más arduos secretos de la política del pueblo y los finales ajustes de galantes aventuras. ¿Vendría la rebelde a ceder y puntualizar lo de Isabel?... Lloraba en la sombra de un pañuelo negro, muy echado hacia los ojos. Iba a cumplirse un mes de la prisión de su marido como autor del fuego de las eras... Sentados frente a frente, ella a plena luz, Jarrapellejos la observaba. Su rostro tenía una inteligente expresión de dignidad, una suerte de serenidad activa, a través del llanto mismo y del dolor, que no lograba quebrantar el servilismo ni la humillación de esta visita.

—Don Pedro —dijo al fin la desdichada, conteniéndose las lágrimas como a la sola voluntad de contenerlas—; mucho me ha costado decidirme a molestarle. Le debemos a usted dinero, nos es ahora más difícil que nunca pagar, y...

—¡Bah, Cruz! —la interrumpió el rumboso, pronta la mano a la cartera—, comprendo tu situación y la de la pobre Isabel, y cuanto necesitéis más para salvarla...

Pero ella le interrumpió a su vez secamente:

—No; no se trata de eso, gracias, aunque haya recordado el favor que usted nos hizo cuando vengo a pedirle otro favor. Dicen que mi Roque será llevado en estos días a la ciudad, a la cárcel de la Audiencia. ¿Sabe usted algo?

—No. Pero es lo natural, en cuanto el sumario concluya. Lo único que he oído es que está para acabarse.

—¿Y se lo llevarán? ¿Y serán capaces de condenármelo a presidio?...

—Desgraciadamente, hay que temerlo. Dependerá de la prueba del sumario. Me he informado un poco, tratándose de amigos, claro está, y no resulta favorable.

Dejó correr la triste nuevas lágrimas, y luego exclamó, vibrando de amargura:

—¡Don Pedro, por Dios!... ¿Y puede nadie consentir infamia semejante? ¿Puede usted, ni el pueblo entero, con solo conocerle, pensar que no sea inocente Roque?

—Mujer, te confieso —dijo el cacique tras una piadosa pausa— que me sorprendió el ver que le prendían; sin embargo, una ofuscación la sufre el más honrado, sin prever las consecuencias, y sus motivos tendrá el juez cuando no le ha puesto en libertad.

Sollozó la Cruz, estremecida. Dobló la frente en martirio y en vergüenza; cruzó en un gesto implorador los dedos de las manos, y expresó:

—A eso vengo, don Pedro: a pedirle, por lo que más quiera en el mundo, que usted le saque de la cárcel.

—¿Yo?

¡Usted! ¡A eso vengo, a eso he tenido que venir, por ser usted quien es, y no obstante lo... ocurrido entre nosotros!

Clara la alusión a la entrevista de aquella tarde con Sabina, que tanto hubo de enojarla. Don Pedro sonrió labios adentro. La fiera o la alta comedianta del pudor empezaba a sometérsele.

—¡Pero... yo, mujer!, ¿cómo disponer una cosa que está fuera de mi alcance? Únicamente la autoridad del señor juez sería la indicada para hacerlo.

—¡Cuando vengo, don Pedro de mi alma, a pesar de los pesares..., será porque sé de más que aquí, contra esta injusticia, que clama al cielo, de llevar a presidio a un inocente, y contra todo y para todo, no hay por encima de usted más juez ni más autoridad!

—¡Te engañas! —protestó afable el así reconocido por la esquiva como todopoderoso, y de ello inmensamente satisfecho.

Quiso dejarla en la sensación de su miseria. Sacó despacio un puro, lo encendió y dijo, soltando con el humo la suave insinuación de las palabras:

—Pero, bueno; supongamos un instante que *no te engañases*, Cruz, y que mi influjo con el señor juez fuese de tal fuerza que alcanzara a conseguir la libertad de un procesado. Y… qué, ¿qué me pedirías? —Pues... eso...: ¡la libertad de mi marido! —insistió, ansiosa y vaga, la infeliz, sin comprender adónde quería llevarla la preparación de la pregunta.

—La libertad... y que siguiese la causa... hasta que, pasada a la Audiencia, le tuviesen de nuevo que prender.

Es decir, la libertad por unos días.

—¡Oh no! ¡La libertad y que el juez rompiese sus malditos papeles para siempre!

—Bien, bien... Me pedirías entonces, ¡fíjate!..., que le exigiese a un público funcionario de alta responsabilidad una prevaricación, una traición a sus deberes.

—¡Una justicia! ¡Roque es inocente! ¡Lo juro por los ángeles del cielo! ¡Aquella noche yo misma tuve que despertarlo en la parva de mi lado, cuando el fuego, en la otra era, a mí me despertó! ¡Es mentira que empezase por la nuestra!

Reaparecía la altiva dolorosa. Lento y dulce don Pedro, tornó a abrumarla:

—La inocencia de Roque, puesto que la afirmas, será verdad para él, para ti, para la pobre Isabel, que asimismo sufre y llora. Ten en cuenta, sin embargo, que contra vuestros testimonios, que no pueden menos de parecer interesados, están el de Sabina la dulcera, el de Petra, el de Melchor y, lo que es más grave, el del guarda, que por sí solo hace fe.

—¡Qué guarda! ¡Un asesino! ¡Y qué testigos, Dios mío!

—No es conmigo ahora cuestión de recusarlos, mujer, que para mí ya ves que basta tu palabra a hacerme creer en lo que dices. Error judicial posible y todo, y mientras no pueda llevársele al juez otra convicción, el hecho de lo que tú deseas, juzgándolo sencillo, es esta enormidad: un juez que ateniéndose a los trámites de una causa no tiene otro remedio que creer culpable al encausado; un juez que la sobreseyese por influjos o sobornos míos, y... ¡fíjate, fíjate bien, Cruz! ..., en consecuencia, un juez y un señor que por haber pedido el uno lo ilegal, y por haberlo el otro concedido, habrían faltado a las leyes, a su honor y a sus decoros...

—¡Oh!

—¿Lo dudas?... A su honor, a sus decoros, y hasta a su sentido de conservación.... porque quienes tal hiciesen expondríanse incluso a ir codo con codo al presidio, de que tú ansías librar a Roque... ¡Y a tanto comprenderás que no deba uno prestarse como se quiera!

Nuevo silencio. Cruz, abrumada en la butaca, de rigor de realidad o de incrédula tortura, clavaba los ojos en la estera.

Los alzó al oír que el amo de la casa, y del pueblo, y como del mundo y de lo horrible y espantoso, la decía, con más cruel melosidad:

—Me pides, en resumen, que falte y haga faltar a otro a cuanto para un hombre respetable constituye su respeto, su honor y su decencia..., eso me pides, y me lo pides tú, ¡tú, Cruz!, tan alarmada en la defensa de tu honra porque alguna vez mi afecto hacía tu hija... Veamos, oye, escucha —prosiguió, cambiando el tono ante la leve inmutación de la que no tenía derecho a la sorpresa—; supongamos todavía que yo, sacrificándome, lograra llegar a complacerte... ¿Cuáles gratitudes me hubiesen con vosotras de obligar? ... Al venir a buscarme con ánimos de una tal solicitud..., ¿no has pensado, di, que el sacrificio que me exiges es tan grave que merezca otro (y tú sabes cuál es), siquiera un poco parecido, de tu parte?

No contestó la requerida. Un trismo más amargo de su boca marcó el frío de desamparos de su alma.

—*Siquiera un poco* —concretó Jarrapellejos, en paso pleno a la franqueza—, porque no es igual lo que llamáis «vuestra honra» las mujeres, y lo que llamamos los hombres «nuestra honra». Rompiendo la mía, expondríame al escarnio de la pública opinión y al castigo de las leyes. Disponiendo Isabel libremente de la suya, ¿qué arriésgase? .... ¡Nada! Al revés... Hubiera de ganar en todos los sentidos. Por lo pronto, salvaría la de su padre. Dirás que a costa de la de ella; pero esto, que aun así no fuese peor para una joven que el verse señalada con el dedo como hija de un malhechor, de un presidiario, no es verdad tampoco; reflexiona, Cruz, que no eres torpe; mira un poco alrededor tuyo en la misma Joya, y dime si más de una mocita que acertó a elegir (es todo el *quid* de la cuestión) entre tanto necio como hay, no está ahora rica, casada, y alguna hasta con coche y consideradísima como señora respetable. Tu caso, vuestro caso, justamente. Aparte de que mi seriedad y mi condición son incapaces de causarle daño a una chiquilla, mi cariño a tu Isabel es tan noble que antes me cortaría una mano que inducirla a lo más mínimo que pudiese acarrearla desventura. Tu hija, Cruz, andando el tiempo, sería también una señora, se casaría con su novio, con Cidoncha (que hoy no querrá sino divertirse lo que pueda, y a quien no le faltaría mi protección para ser un hombre de provecho, en vez de un pelagatos), o con el que le diese la gana. ¡Yo te lo prometo!

Pálida Cruz, muy recogida en sí misma y muy abiertos los ojos hacia el suelo, suspiró.

Él recalcó, dando una palmada en la mesa, e indicando inmediatamente a su derecha la caja de caudales:

—¡Yo te lo prometo! Y no debes dudar que le sea difícil cumplirlo a don Pedro Luis Jarrapellejos, a mí, a quien juzgas tan capaz de mandar en la justicia... a quien te invita en garantía a que ahora mismo tomes de esa caja mil duros más, si gustas. Acepta. Déjame pasar esta noche... en tu casa; y mañana, para encontrarla trocada por siempre de la pena al alborozo, de la estrechez a la abundancia, volverá a ella tu Roque.

Rígida, la figura negra de Cruz se levantó; quedó momentáneamente apoyada en la butaca, y como una sombra dolorosa partió en demanda de la puerta.

—¡Cruz! ¡Cruz! ¡Oye!

Estupefacto don Pedro, la miraba. ¿Qué quería significar la muda y repentina decisión? ¿Iría a consultar con Isabel, con el marido?... Abría. Salía.

—¡Cruz! ¡Cruz! ¡Pero... mujer!... Bien... ¡Piénsalo! ¡El plazo es corto!... ¡Siempre espero! ¡No lo olvides!

Solo ya, el un poco defraudado omnipotente apoyó la sien en la mano, el codo contra la mesa y cerró los ojos. «¡Vendrá!», fue la reflexión que le hubo acudido en un segundo.

Volvió al salón y díjole al juez, de asiento a asiento, inclinándosele al oído:

—Lleve usted aún más despacio la causa esa del incendio, don Arturo.

Pedro Muñoz Seca

El bien público (1914)[67]

EXTRAORDINARIO

DE

LA VOZ DE KASKIANA

DIARIO REPUBLICANO

La crisis ministerial ha sido resuelta. Conserva la Presidencia D. Crescente Taracína y entran como ministros nuevos: en Marina, el conocido farmacéutico D. Salustiano Peredo, inventor del callicida de este nombre. En Gracia y Justicia, D. Ismal Sarmiento, ingeniero de minas, y en Fomento, el pundonoroso general de caballería D. Asdrúbal Méndez.

¡Un farmacéutico en Marina!... ¡Un general de caballería en Fomento!...

¡Pobre Kaskania, víctima de las ambiciones de políticos sin conciencia!

¿Cuándo imitaremos la conducta de las naciones verdaderamente civilizadas, como Alemania, como España, esa gran España, donde todos los políticos son honrados, probos, consecuentes, leales e idóneos?

CUADRO PRIMERO

Un salón de la Presidencia del Consejo de ministros. Puerta de entrada en el fondo. Mampara a la derecha primer término y dos

---

67 Estrenada el 23 de agosto en el teatro Lara, en una sesión a beneficio del actor y director Ramón Peña. Tomado de la Biblioteca Digital Hispánica.

hermosas ventanas con cristalera a la izquierda. Una mesa antigua y lujosa, algún retrato al óleo de algún presidente de allá los siglos, y varias sillas y divanes tapizados de rojo completan la decoración. Es un buen día de primavera.

(Al levantarse el telón están en escena Aníbal y Cumbreras. Aníbal, portero mayor de la Presidencia, luce en su flamante levita los galones correspondientes a su jerarquía. Este buen Aníbal es gallego, muy listo y simpático, pero gallego. Frisa en los setenta años, pero lleva muy requetebién sus tres duros y medio; es decir, está agil, fuerte y vigoroso. Gasta un muy ancho bigote blanco, un tanto amarillo en su centro y en su buena nariz cabalgan siempre unas gafas de cristales pequeños, por cima de cuyos cristales mira de ordinario. Cumbreras, ujier un tanto desmedrado, es andaluz y tiene un bigotillo de nada, cuatro pelos tísicos a la funerala; vamos, una indecencia capilar. Ni que decir tiene que al comenzar la acción están riñendo. Un gallego y un andaluz, ¡a ver!)

ANÍBAL ¡Que nu sirves, Cumbreras, que nu sirves! (Gesto despectivo de Cumbreras.) Lu he dichu siempre; non quieru meridionales. El chistecitu, la cañita, la guitarrita... ¡Uu! ¡Uu! ¡Ay, la pobrecita de mi madre!... y el despacho con un dedu de polvu.

CUMBRERAS (Quemadísimo.) ¡Por vida de la má!... ¿Pero, no le he dicho a usté? ...

ANÍBAL ¡¡No me repliques!!

CUMBRERAS ¡Es que!...

ANÍBAL ¡A un superior jerárquicu no se le replica!

CUMBRERAS ¡Hombre... señor Aníbal, ni que fuera usté el mismo presidente del Consejo!... ¡Chavó!...

Aníbal Soy un representante en esta antesala; el purteru mayor.

Cumbreras (Decidiendo poner término a la discusión.) Bueno... perdone vuecencia...

Aníbal Vuecencia, no; pero usía no estaría mal.

Cumbreras (¡Y un jamón!)

Aníbal ¿Te parece a ti que soy menos que un director general?

Cumbreras (Con chunga.) No, hombre, ¡quiá!

Aníbal Yo soy el amo del país, porque soy quien abre esa mampara. No se habla con el jefe del Gobierno sin hablar antes conmigo... ¡Esto desde hace treinta años!

Cumbreras ¡Caramba, señor Aníbal; ¿y no ha pensado usté todavía en jubilarse?

Aníbal (Mirándole terriblemente por encima de las gafas.) Nu te dará a ti en los dientes esa breva.

Cumbreras ¡Por mí!... Ya comprenderá usté que...

Aníbal ¡Basta de charla! He dichu que se quite bien el polvu de este salón. Puesto que tú solu nu eres capaz de nada, llama a Rodríguez y que te ayude.

Cumbreras Es que yo...

Aníbal (colérico.) ¡Llama a Rodríguez!

(Pasa Aníbal a izquierda y Cumbreras al foro.)

Cumbreras ¡Bueno, hombre! (Llamando hacia el fondo.) ¡Rodríguez! ¡Rodríguez!

Aníbal Sin gritos, que está el presidente en el despachu con varios ministro? Estar atentus al timbre; yo voy en un saltu a dar un besu a mi nieta.

Cumbreras (Muy contento.) ¿A su casa?

Aníbal ¡Esu quisieras tú! Ahí abajo; a los jardinillos. (Se asoma a una de las ventanas.) Allí está con su nodriza.

Cumbreras (Asomándose) Es verdad.

Aníbal Mira que cuchecillu tan maju le he compradu. (Se acerca Cumbreras.)

Cumbreras ¡Ya puede usté! ¡Con cuatro mil pesetas de sueldo!...

Aníbal (Separándose de la ventana y pasando a la derecha.) Y dus mil de gastos de representación.

Rodríguez (Por el fondo, es un ordenanza de la Presidencia.) ¿Habían llamado?

Aníbal Sí; ayudas a este gandul a limpiar bien el polvu. Quiero ver estu como el oru. Ya estoy aquí. (Se va por el fondo,)

Cumbreras (Cruzándose de brazos.) ¿Has oído? (sentándose malhumorado,) ¡Miá tú que gandul a mí! Na, que l'ha tomao conmigo, y el día menos pensaó... (Sacando la petaca y dándole el paño.) Anda, hombre, pasa el paño por ahí, pa que luego no diga.

Rodríguez Déjate ya de paño, tú; si no ve. (Deja el paño sobre un diván, cerca de él.)

Cumbreras No ve; pero ha tomao la costumbrita de pasar los dedos por los muebles y luego limpiárselos en la bocamanga y cuando la bocamanga le clarea... hay pata... ¡Es un déspota!

RODRÍGUEZ (Aceptando un cigarro que le alarga Cumbreras.) ¡Un tiranu!

CUMBRERAS Y un tirano del Norte, que ya es... asarse. (se sienta en el diván de la derecha.)

RODRÍGUEZ No tiene él la culpa; sino los que vienen aquí y le adulan, y hasta le hacen reverencias.

CUMBRERAS Calla, hombre; si da asco. Ayer el presidente de la Comisión de Códigos, ese alto que es ingeniero de caminos, tiró de petaca y le endilgó un habano fajao, que se le podía poner un puño.

RODRÍGUEZ Ya ves.

CUMBRERAS Y el arzobispo de Concordia, le trajo pa la nieta, una medalla de oro con las sagradas imágenes de Rómulo y Remo, que, vaya, la cogías en peso y te rendía.

RODRÍGUEZ Y a los demás que nos parta un rayo.

CUMBRERAS Y lo que más me indigna a mí es, el jueguecito que se trae con las gafas. ¿No t'has fijao? Adopta con ellas tres posturas; en su lugar descanso; tercien armas, y arriba caballo moro. Que habla con un inferior, se las deja en la punta de las napias, pa mirar por encima de las cristalerías. Que habla con un igual, vamos, con un gobernador, con un diputao de la mayoría— porque, para él, esos son sus iguales—pues, ¡tercien armas! ¡A media nariz! Y cuando conversa con algún pez gordo, con algún ministro o con el yerno de alguien, se las aprieta a los ojos, que, ¡chiquillo!... se dobla las pestañas.

RODRÍGUEZ ¡Cuántas desigualdades hay en el mundo, Cumbreras!

CUMBRERAS (En melodrama.) ¡Y esas no las arreglan los que están ahí dentro!...

Carmen de Burgos *(Colombine)*

El abogado (1915)[68]

VII

[fragmento]

Volví a sentir un escalofrío de temor y repugnancia al pisar de nuevo el pavimento de aquella "Casa de Canónigos" en la que tanto había sufrido durante los crueles días de la prueba de su pleito hasta la notificación de la sentencia.

Sentía un ambiente de frio, de humedad, de algo desolado y amenazador en aquellos largos pasillos, entre el ir y venir de las gentes que pasaban casi siempre apresuradas, con un aspecto receloso, hablando en voz baja, como si todos estuviesen atemorizados y la casa de la Ley no fuese la casa de la Justicia.

Se arrimó paciente a la pared como todos aquellos individuos que hacían sus largas esperas, viendo pasar apresurados a los dependientes de las escribanías con los legajos de papel sellado bajo el brazo, y la mirada alta y perdida, como si no quisieran ver ni oír lo que pasaba a su alrededor. Del mismo modo pasaban los jueces, revestidos de togas, tocados de birretes, con su aspecto de incomunicatividad de todo, y un aire fosco. Unos señores atrabiliarios y secos, que en nada recuerdan a la placida Temis, y que no sonríen jamás y se apartan de las pasiones humanas que tienen que comprender y juzgar; las pasiones en las que esta la ley verdadera.

Los abogados y procuradores se distinguían por su aire de aplomo y lo familiar que les era el andar por aquel laberinto e intro

---

68 Publicado en la colección Los contemporáneos.

259

ducirse en los despachos de los jueces, acompañados de clientes, casi siempre vacilantes y asustados.

De las salas en que se celebraban juicios llegaban hasta ella ruido de voces, acalladas por campanillazos. Más de una vez veía salir personas de aire amenazador, que se las juraban a jueces y abogados.

Ella había hecho amistades con algunos de los litigantes, que frecuentaban los juzgados, a fuerza de encontrarse allí con ellos todos los días. Todos tenían pleitos que siempre parecían próximos a terminarse y no se acababan nunca. Cuando se reunían unos con otros, la conversación resultaba una serie no interrumpida de monólogos. Cada uno hablaba del asunto que le preocupaba, sin fijarse en que no lo atendían los demás.

Tenían días de alegría, y de desaliento, que se comunicaba a todos, corno si estuvieran unidos por una suerte común con la victoria o la perdida de algún incidente, o por una sentencia favorable o adversa. Pero ni aun así se acababan los pleitos jamás. Se alargaban en años y apelaciones. La muerte era el Tribunal Supremo, al que parecían esperar todos los pleitos.

A Manolita la impresionaban todos aquellos asuntos. Eran la representación, el clamar de una serie de injusticias que no siempre podían tener reparación. La ley, corno un espíritu muerto e inflexible, no podía amoldarse a juzgar en cada caso distinto. No bastaba el convencimiento, la verdad, la evidencia de las cosas; se necesitaba la prueba. Veía que los jueces tenían que sentenciar contra su conciencia, si esta y los textos legales se hallaban en desacuerdo, y veía cómo muchas veces la ley no era más que la legalizadora de lo injusto.

Sobre todo, le daba miedo aquel espectáculo teatral de la administración de la justicia. Aquellos hombres, armados del poder de juzgar, que podían dictar fallos inapelables. ¿Por qué no se inclinaban siempre a la benevolencia? No comprendía que nadie aceptase los papeles de fiscal y de acusador.

Ella había concebido la abogacía y la magistratura en general como el más (alto ministerio. No comprendía que el abogado vendiese su talento para encargarse de toda clase de asuntos. No comprendía al abogado defensor de malas causas, patrocinador de injusticias, buscador de sofismas y subterfugios; y no comprendía tampoco al abogado acusador ensañándose en aumentar la culpa y la responsabilidad de infelices reos vencidos. Para ella, el ministerio del togado debía ser de verdadera justicia, de verdadera paz: de amor.

Le parecía tan fácil deshacer la mayoría de los pleitos con una poca de buena voluntad. No eran los abogados los que sustentaban todo aquel mecanismo, aquel engranaje, aquel mundo aparte fatigante, oscuro, donde se movían los curiales y en el que ella misma se acostumbraba a vivir.

—Si no hubiera abogados, no habría pleitos —había dicho un día un comerciante en la antesala de Edgardo, en un arranque de desesperación al verse envuelto en el pleito de mala fe que, escudado en el beneficio de pobreza, le suscitaba un enemigo suyo.

—La razón y la verdad no prevalecen siempre; y, además, el día en que se pruebe que yo tenía razón, ¿quién me indemniza de gastos y molestias; qué pena tendrá mi acusador? Se quedará riendo. Nada de esto ocurriría sin los dichosos abogados.

—Pero, si no fuera por ellos, ¿cómo pediríamos justicia? —Había respondido un prestamista que exigía el pago de una escritura, en la que el prestatario había reconocido el doble de la cantidad que le entregaron.

La duda quedaba en pie en su ánimo. Aquella duda que la martirizaba, porque veía todo su porvenir y el de su hijo en las manos del abogado.

Rafael Romero *Alonso Quesada*

El lino de los sueños (1915)[69]

"Un concierto en la colonia"[70]

En la puerta, dos viejas servidoras inglesas
me toman presurosas el gabán y el sombrero...
El acto ha comenzado hace varios minutos.
Cantan un coro grave todos los caballeros.

    Es una fiesta en Pascuas, que la colonia tiene
en el *Nuevo instituto para los marineros.*
Todos están oyendo como en una capilla;
las inglesas escogen cada una su sueño,
y estos uniformados tenedores de libros
relucen como smokings que tienen rasos nuevos...

    Yo no sé lo que cantan, pero sin duda ofrece
unas melancolías de nieblas, el concierto;
los ingleses deshojan una tristeza vaga,
cuando termina el coro con un acorde lento.

    Y ahora, canta una dama de cabellos dorados,
una canción graciosa que tiene un ritornelo popular.

---

69 Tomado de la edición facsímil (Cabildo de Gran Canaria, 2015).

70 El poema refiere la inauguración del centro para marineros del puerto de
La Luz en marzo de 1913. El hecho de que el instituto fuera sufragado por
los británicos, y su patrón fuera el rey de Inglaterra, subraya la noción de
colonia inglesa que tantas veces empleara el poeta para referirse a Gran Canaria, ya que quien ocupa espacios propios del estado español es aquel país.
El propio Alonso Quesada trabajaba en una empresa británica. Agradezco
a Fernando Bruquetas y a Juan Gómez-Pamo sus pesquisas.

¡Cómo ríen estas muchachas lindas
tan leves como el lino, sin color y sin senos!...

Las inglesas aplauden... Los ingleses sonríen.
El Director me mira para observar mi efecto;
yo hago una cortesía, castellana y sonora
y el Director me envuelve con su agradecimiento.

Después, el cónsul[71] dice que vayamos afuera;
el *hall* está adornado con ramas y letreros
en inglés. Nos invitan con café muy caliente
y enseguida con vasos de *sangría-refresco*...

Y entonces, tres inglesas, con tres bolsas de seda
se acercan a nosotros para pedir dinero;
y yo que no contaba con esta picardía
y que no llevo nunca conmigo, sino ensueños,
ante estas tres figuras fatales, tembloroso,
como ante mi Destino, sin vacilar me entrego...

---

71 "Presidió D. Pedro Swanston, Cónsul de S. M. Británica, [...].
La apertura oficial fue hecha por Sir William Bowring, ex alcalde de Liverpool, gran fiiántropo, y uno de los principales Armadores Británicos.
Hubo bastantes discursos.

Antes de terminarse el acto, Mr. Seddon, después de breves palabras, ofreció a Sir William Browring y a D. Pedro Swanston, en nombre de la Sociedad principal en Inglaterra, de la que el Instituto es filial, una bandeja de cobre de bastante valor histórico.

Está hecha de cobre sacado de los restos del «Victory» buque insignia del gran Almirante Nelson. En las mismas están gravados un bosquejo del «Victory» y las célebres palabras del gran Almirante antes de entrar en el combate de Trafalgar: «England expect a every man to do his duty.»" (Zinon 1913: 2).

Miguel de Unamuno

"La revolución de la Biblioteca de Ciudámuerta" (1917)[72]

Había en la biblioteca pública de Ciudámuerta dos bibliotecarios que, como apenas tenían nada qué hacer, se pasaban el tiempo discutiendo si los libros debían estar ordenados por materias de que tratasen o por las lenguas en que estuviesen escritos. Y al cabo de mucho bregar vinieron a ponerse de acuerdo en ordenarlos según materias, y dentro de estas según lenguas, en vez de ordenarlos según lenguas y dentro de estas según materias. Venció, pues, el materialista al lingüista. Pero luego se acomodaron ambos a la rutina, aprendieron el lugar que cada volumen ocupaba entre los demás, y nada les molestaba ya, sino que el público se los hiciera servir[73]. Echaban las grandes siestas, rendían culto al Balduque y remoloneaban cuando había que catalogar nuevas adquisiciones.

---

72 Aparecido por primera vez en la revista *Nuevo mundo* (Madrid, 28-IX-1917). La he tomado del tomo IX de las *Obras completas* (Madrid, Vergara, 1958).

73 Para Ángel Romera (2005), el cuento puede ser interpretado de varias formas, la primera en clave política: los dos bibliotecarios representarían el turnismo de la España de la Restauración, a los partidos de Cánovas y Sagasta: "Se deja temer que la solución a esa crisis venga por parte de una revolución social que ha venido a anunciar la reciente huelga de Asturias, una dictadura o una simple guerra civil como las carlistas del siglo XIX. Por otra parte, una interpretación filosófica: ¿existe un orden en el mundo o no? Es la gran pregunta idealista de Cervantes en su obra maestra, que es respondida con la desilusión del héroe manchego y la negación de la existencia de una justicia poética: podrá existir el heroísmo, pero no existen los héroes. La acción, la neutralidad activa o alterutralidad, la agitación quijotesca de las conciencias es la salida unamuniana a esa situación angustiosa del marasmo o estolidez de esa tradición eterna encarnada no por los libros, sino por la rutina de los libros".

Y hete aquí que, no se sabe cómo, viene a meterse entre ellos un tercer bibliotecario, joven, entusiasta, innovador y, según los dos viejos, revolucionario. ¿Pues no les salió con la andrómina de que los libros no deben estar ordenados ni por materias ni por las lenguas en que están escritos, sino por tamaños? ¡¡Habrase oído disparate mayor!! ¡Estos jóvenes utópicos y modernistas…!!

Pero el joven bibliotecario no se rindió, y prevaliéndose de que su charla divertía a los dos viejos ordenancistas y sesteadores, al materialista y al lingüista, emprendió la tarea de demostrarles que, artificio por artificio, el de ordenar los libros según tamaños era el más cómodo y el que mayor economía de espacio procuraba, aprovechando estantes de todas alturas. Era como quedaban menos huecos desaprovechados. Y, a la vez, les convenció de otras reformas que había que introducir en la catalogación. Mas J., para esto era preciso ponerse a trabajar; y aquellos dos respetables funcionarios no estaban por el trabajo excesivo se contentaban con lo que se llama cumplir con la obligación, que, como es sabido, suele consistir en no hacer nada.

No se oponían, no —¡qué iban a oponerse!—, a las reformas que el joven revolucionario propugnaba; lo que hacían es irlas siempre difiriendo. Y más que por otra cosa, por haraganería. Faltábales tiempo, que lo necesitaban para hacer cálculos y más cálculos sobre el escalafón del Cuerpo, para leer los periódicos y para pedir recomendaciones para sus hijos, yernos y nietos. Y para jugar al dominó o al tute, además. La haraganería y la rutina eran allí, como en todas partes, el mayor obstáculo a todo progreso.

Harto el joven de que le oyeran y le diesen la razón, sin hacer más caso, amenazoles un día con echar abajo todos los volúmenes, para obligarles así a reordenarlos debidamente.

—¡Ah, eso sí que no! —exclamó indignado el materialista—. Con amenazas, ¿eh, mocito? ¡Pues, ahora sí que no se les toca a los libros!

—¡Pues no faltaba más! —agregó el lingüista—. A buenas se logra todo con nosotros; pero lo que es a malas…

—Pero es que voy perdiendo la paciencia… —arguyó el joven.

—Pues no perderla —le contestó el materialista—. ¿Qué se ha creído usted, que eso era cosa de coser y cantar?

Hay que meditar mucho las cosas antes de hacerlas…

—¿Meditar? —dijo el revolucionario—. Será sestear…

Y la discusión acabó de mala manera y muy satisfechos los dos viejos de tener un pretexto para seguir no haciendo nada. Porque eso de: «A mí no se me viene con imposiciones y malos modos», es el recurso a que apelan los que jamás atienden a razones moderadas ni están nunca dispuestos sino a no hacer caso.

Y un día sucedió una cosa pavorosa, y fue que el joven bibliotecario, harto de la senil tozudez de aquellos dos megaterios humanos, aburrido de su indomable voluntad de no salirse de la rutina y del balduque, fue y empezó a echar todos los libros por el suelo. ¡La que se armó, cielo santo! Iban rodando por el suelo, en medio de una gran polvareda, mamotreto tras mamotreto; los incunables se mezclaban con los miserables folletos en rústica; aquello era una confusión espantosa. Un tomo de una obra yacía por acá, y tres metros más allá otro tomo de la misma obra. Los dos viejos quedaron aterrados. Y tuvo el joven que comparecer ante el Consejo Superior del cuerpo de bibliotecarios a dar cuenta de su acto.

Y habló así:

«Se me acusa, señores bibliotecarios, de haber introducido el desorden, de haber turbado la normalidad, de haber armado una verdadera revolución en la biblioteca de Ciudámuerta. Pero vamos a ver: ¿a qué llaman mis dos colegas orden? ¿Al que ellos habían establecido, el de materias y lenguas, o al que iba a establecer yo, el de tamaños? ¿Qué es orden? ¿Qué es desorden?

Yo quise, señores, pasar de un orden a otro gradualmente, poco a poco, por secciones; pero estos dos sujetos, aunque me daban buenas palabras, no estaban dispuestos a renunciar a sus siestas; a sus cálculos cabalísticos sobre el escalafón, a las intrigas para colocar a sus hijos, yernos y nietos, que tanto tiempo les ocupaban; a sus partidas de dominó o de tute, a sus tertulias. Son rutinarios, son haraganes, y además presuntuosos. Y hasta sospecho que, si se oponían a la nueva ordenación, es para que no se descubriese los volúmenes que faltan y que ellos han dejado perderse por desidia o por soborno».

Al decir el joven esto prodújose en la concurrencia eso que en la innoble jerga parlamentaria se conoce con el nombre técnico de sensación. Los dos viejos acusadores protestaban airadamente.

«Sí, señores —prosiguió el joven con más energía—, a favor de esa ordenada desidia, de esa normal haraganería, aquí han podido hacer los bibliómanos lo que les ha dado la gana. Los más preciosos códices de nuestra biblioteca han desaparecido de ella. Figuran hoy en las librerías privadas de distinguidos próceres. Aquí ha ocurrido caso como aquel del ejemplar de uno de los libros de caballerías que figuran en el escrutinio del *Quijote* que faltaba para la colección que de ellos hizo el marqués de Salamanca, que se hallaba en la Biblioteca Municipal de Oporto, y que un embajador de España en Portugal logró sacarlo de allí para trasladarlo, y se dijo por entonces que no desinteresadamente, a la librería de dicho marqués».

Nueva sensación en el concurso al oír, acaso por vez primera, esta tan conocida anécdota histórica, y que se la cuentan a cualquier visitante de la Biblioteca Municipal de Oporto.

Y así continuó el joven bibliotecario contando todas las pequeñas cosas —¡y tan pequeñas!— que aquellos dos testarudos haraganes, solo cuidadosos de cobrar su sueldo, arrellanarse en sus poltronas y colocar a los suyos, habían dejado pasar. Y probó, de la manera más clara, que aquel orden no había sido orden, sino estancamiento y rutina y ociosidad. Y luego probó que el balduque puede llegar a ser un cordel de horca y un dogal para entorpecer todo progreso, y que el reglamento del Cuerpo era un conjunto de tonterías mayores que las que forman las ordenanzas ésas de Carlos III. El escándalo que se armó fue indescriptible.

Y entonces, exaltándose el joven bibliotecario, pasó a sostener que la tontería más que la mala intención, que la inepcia y la incapacidad, son la fuente del enorme montón de menudas injusticias —como una montaña de granos de arena— que produce el general descontento público. Y habló del partido de los imbéciles, que, manejados por cuatro pícaros, actúa en nuestra patria. Y, exaltándose cada vez más, divagó, divagó y divagó. Hasta que le atajaron diciéndole: «Bueno, ¿y qué tiene que ver todo esto con los libros?». A lo que contestó: «Todo tiene que ver con todo».

Y ahora, mis queridos lectores, Dios nos libre de que a cualquier loco se le ocurra ordenarnos por tamaño.

Armando Palacio Valdés

Años de juventud del doctor Angélico (1918)

III [fragmento]

—¿Pero allá en su tierra hay tribunales? —preguntó bruscamente y sonriendo el general.

El secretario le miró estupefacto.

—¿Que si hay tribunales? Lo mismo, señor, que en todos los países civilizados. Hay un supremo tribunal, que semeja a vuestro ministerio de Gracia y Justicia, con diez y ocho divisiones, que corresponden a las diez y ocho provincias del Imperio, encargadas de los asuntos criminales de cada provincia. Hay, además, un Cuerpo de inspectores, un Consejo que prepara las ediciones del Código penal...

—Yo tenía entendido que allá juzgaban ustedes a los criminales de cuclillas en una estera, les mandaban dar tantos o cuantos palos... y en paz.

El secretario se inmutó visiblemente, se puso más pálido de lo que era y con esto su fisonomía adquirió un grado de fealdad inconcebible. El Embajador, que apenas conocía el español, no se dio cuenta cabal de aquellas palabras ultrajantes; pero advirtiendo la alteración del secretario comprendió que se les había ofendido y manifestó señales de abatimiento. Pérez de Vargas estaba verdaderamente corrido y maldiciendo sin duda del momento en que a su agresivo vecino se le había ocurrido venir a visitarles.

El secretario se mantuvo silencioso algunos instantes haciendo esfuerzos por serenarse y luego principió a hablar en tono firme y reposado en esta manera:

—Desde hace más de tres mil años, esto es, desde el tiempo en que el Occidente se hallaba sumido en la más completa barbarie, el Celeste Imperio es un país civilizado donde funcionan regularmente los tribunales, donde hay una Administración prudente y sabia que provee a todas las necesidades de la vida social. Existe un fuerte poder central necesario para dar unidad a un Imperio que cuenta hoy con cuatrocientos millones de súbditos; pero este poder absoluto asumido por el gran emperador está templado por las costumbres que en China tienen una influencia decisiva. El emperador es para nosotros un gran padre de familia. Su autoridad la delega a sus ministros, que transmiten sus poderes a sus subordinados y así se va extendiendo gradualmente hasta los grupos de familia, donde los padres son los jefes naturales. La familia es el tipo por donde se modela la vasta administración del Imperio. Además, el gran contrapeso que tiene entre nosotros el poder imperial consiste en la corporación de literatos, que existe igualmente desde hace tres mil años. El emperador no puede elegir sus agentes civiles más que entre los literatos y conformándose a las clasificaciones establecidas por el concurso. Todos los chinos tenemos derecho a desempeñar los cargos del Imperio, hasta los más altos, con tal que demostremos nuestra suficiencia en los diferentes exámenes que vamos sufriendo y obtengamos el diploma necesario. Porque en China no existe una aristocracia como ha existido siempre en el Occidente, que vincula para sí los puestos civiles y militares. Nuestra sola aristocracia, o clase privilegiada, la constituye la corporación de los literatos, que se recluta cada año por medio de los exámenes. No existen títulos hereditarios sino para los miembros de la familia imperial; pero estos títulos solo les da derecho a una módica pensión y a gastar como distintivo un cinturón rojo. Ni aun tienen derecho a desempeñar los cargos públicos sino después de haber sufrido los exámenes y haber obtenido el diploma necesario como cualquiera de nosotros. Los títulos y los honores que un hombre por su mérito ha logrado adquirir no los heredan sus hijos, sino sus padres...

El general, al oír esto, soltó una insolente carcajada.

—¡Hombre, no deja de tener gracia! Ya me habían dicho que los chinos lo hacen todo al revés, que principian a comer por los postres y concluyen por la sopa.

El secretario quedó un instante acortado, pero siguió su discurso dirigiéndose siempre a Pérez de Vargas:

—Ya he dicho que todo nuestro sistema político se modela por el tipo de la familia. El respeto a los padres es el más poderoso resorte de nuestra vida y como estamos obligados a tributárselo aún después de muertos por medio de ciertos ritos y ceremonias fúnebres no podríamos hacerlo de un modo decoroso suponiendo que nuestros antepasados se hallaban colocados más bajos que nosotros en la escala social... Por lo demás, convengo en que nuestras costumbres son muy diversas de las de Europa, pero tienen su razón de ser. La vida no es tan mala allá como aquí se supone. No diré que existen los refinamientos de las naciones occidentales, pero vivimos mejor y con más comodidades que gozaban los europeos hace cien años. El Imperio, con ser tan vasto, se halla cruzado de un cabo a otro por magníficas carreteras y lo surcan un número considerable de canales que ponen en comunicación los dos grandes ríos que lo atraviesan, el río Amarillo y el río Azul. Todo nuestro país está cultivado como un jardín y su población en el centro es más densa que la de Bélgica...

—La China es un país bárbaro donde se asesina a los cristianos y se martiriza a los misioneros—profirió de mal talante el general.

—«El malvado que persigue a un hombre de bien es semejante al insensato que escupe al cielo», dice el Buda en sus enseñanzas. Los chinos se guardarían de contristar el corazón de los cristianos que son hombres de bien, si para ello no hubiera un motivo poderoso. Pero es menester que la verdad sea separada del error. La religión cristiana ha gozado repetidas veces de los beneficios celestes del gran Emperador y si ha sido perseguida en ciertas ocasiones débese, más que, a otro motivo, a la arrogancia misma de los cristianos, que no han sabido mantenerse en los límites de la moderación y la prudencia. La China es el país más tolerante de la tierra en materia de religión. Un súbdito chino puede ser, a su capricho, discípulo del Buda, de Confucio o de Mahoma. Si no ha podido serlo de Cristo alguna vez se debe a que hemos sospechado con razón que los misioneros cristianos no venían al Oriente con un fin puramente religioso, sino que eran agentes de sus Gobiernos para introducirse y preparar la conquista. ¿No hemos visto a los españoles en las islas Filipinas, a los holandeses en Java, a los ingleses en todas partes? Es natural que nos defendamos. Cuando en los comienzos del siglo anterior el gran emperador Youngtching prescribió la religión cristiana que su antecesor había permitido, tres misioneros de ustedes fueron a suplicarle que revocase el edicto. El gran Emperador, perfectamente enterado de todo, les respondió: «Yo he proscrito vuestra religión de mi Imperio, porque he sabido que algunos de vosotros querían aniquilar nuestras leyes y sembraban el espíritu de rebelión en los pueblos. Vosotros pretendéis que todos los chinos se hagan cristianos, y vuestra religión, al parecer, así lo exige; pero si así sucediese, pronto seríamos todos nosotros súbditos de vuestros reyes. Los cristianos que vosotros hacéis no reconocen más autoridad que la vuestra. En tiempo de revolución no escucharían más que a vosotros... Ya sé que por ahora nada hay que temer, pero vendrán vuestros barcos por cientos y luego por miles y entonces todo se puede esperar. Habláis mucho de tolerancia y la pedís y la exigís, pero ¿qué diríais si yo enviase a vuestro país una partida de bonzos y de lamas a predicar su ley? ¿Cómo los recibiríais vosotros?»

—¡A puntapiés, y con razón! —exclamó el general—. ¡Tendría gracia que viniesen a predicarnos religión y moral unos hombres ignorantes que viven poco menos que en el estado salvaje, sin ferrocarriles, sin telégrafos, sin ejército regular, sin Marina y que se mantienen con algunos granos de arroz!

Antonio Zozaya

"Gregorio Jorge" (1919)[74]

«No conozco ese nombre» —dirá algún lector con displicencia; y pasará por alto esta página, con lo cual se ahorrará unos cuantos minutos de tedio. ¡Pluguiera a los hados protectores de los escritores folicularios evitarme también, al mostrar mi incapacidad, un sonrojo! Pero Gregorio Jorge merece ciertamente una apología.

Fue el reverso de Numa Pompilio, para el cual fue la vida una notoriedad y la muerte un misterio. Del buen Gregorio Jorge se ignora absolutamente cómo vivió durante setenta y cinco largos años; pero se sabe de qué modo murió, y como la página más interesante de la vida es la muerte, su biografía, breve y concisa, no está exenta de interés dramático.

Los cuentistas y novelistas clásicos olvidaban casi siempre la importancia que puede tener para el lector el epílogo de una vida. Referían las aventuras de sus héroes con gran prolijidad de episodios y daban por finada la relación, una vez deshecha la trama; sus héroes, al Último, «vivían muy felices», y con estas palabras daban por satisfecha la pública curiosidad.

Sin embargo, todos quisiéramos saber cómo murieron Montecristo, Salvador, M. Pickwick, Lagardère y Armando Duval[75]. Vi-

---

74 Incluido en su libro *Cuentos y escenas que no son de amores*.

75 Se trata de personajes novelescos: Montecristo es Edmond Dantès el personaje de la novela de Dumas (*El conde de Montecristo*, 1834); es probable que Salvador sea Monsalud, el personaje de la segunda serie de los Episodios Nacionales (1875-1879), de Pérez Galdós; M. Pickwick, de Dickens (*Los papeles póstumos del club Pickwick*, 1837); Lagardère es el personaje de *El jorobado*, de Paul Féval (1857), y Armando Duval, de *La dama de las camelias* (1848), de Alejandro Dumas hijo.

vieron felices... Pero la vida humana es muy corta, y aquello acabaría de alguna manera. Averiguar cómo se vive ya es algo; pero saber cómo se muere lo es todo.

Gregorio Jorge murió sencillamente de hambre: hacía muchos días que no ingería alimento alguno ni encontraba medio de procurárselo. Experimentaba cansancio y fatiga. ¡Pesan mucho los quince lustros! De día vagaba por las calles y extendía en vano su mano rugosa a los transeúntes, una mano huesuda y sarmentosa, como la de los viejos mártires de Ribera. Y los viandantes le contestaban: «—Perdone, hermano.» ¿No es dar limosna una rutina estéril, según la Asociación Matritense de Caridad[76]?

Por la noche se refugiaba en los soportales de la Plaza Mayor, en compañía miserable y famélica de otros cien desgraciados. No había lugar en los Asilos; faltaban camas en los Hospitales. Las vetustas galerías de piedra, iluminadas a medias por los mecheros del alumbrado público, le brindaban un refugio callado y melancólico. Allí

---

76 La institución, creada en 1899, buscaba esconder y castigar la pobreza. El texto se inserta en la misma línea crítica para con esta política en la que se situó una publicación como *Los ciegos*, órgano de una asociación, Esperanza y fe, que acabaría integrándose en la Unión General de los Trabajadores (UGT). Sobre el tema ha escrito Begoña Consuegra (2020). "El inicio de la crítica a las políticas públicas sobre la mendicidad hemos de situarlo en la Primera asamblea para el mejoramiento de la suerte de los sordomudos y de los ciegos, celebrada en Madrid en 1906. Entre sus asambleístas e intervinientes aparecen mencionadas personas vinculadas al Instituto de Reformas Sociales, a la revista Escuela Moderna, al Fomento de las Artes, a la Sociedad Económica Matritense, a las escuelas normales de maestros y maestras, a los colegios y a las escuelas de Educación especial de toda España, a las asociaciones de personas sordas y, de forma especialmente significativa por el número y por sus intervenciones, al Centro Instructivo y Protector de Ciegos", señala Consuegra.

le sorprendió el último colapso; fue recogido de madrugada y echado sobre unas angarillas, como un detritus inútil de la moderna civilización; el drama de su vida pasó al misterio perdurable; pero su escena final fue digna de un proscenio. *Plaudite, cives*[77].

✳

Antes de morir, debió pensar Gregorio Jorge un interesante monólogo; y, como hombre de gran experiencia, de larga y dolorosa experiencia, debió conformarse con su destino y aceptar su desdicha como la cosa más natural del mundo. Los razonamientos del moderno Job fueron, sin duda, decisivos, y es lástima que no se haya descubierto todavía un psico-fonógrafo que pudiera haber recogido sus pensamientos íntimos, para transmitirlos después, en forma de oral disertación, a los aficionados al estudio de los procesos evolutivos anímicos. «Yo —se diría— me muero de hambre, de frío y de tristeza, mientras muchos semejantes míos gozan de todos los placeres imaginables; hay alguno que pudiera, con la renta de un día, socorrer a todos los indigentes de su nación. Con lo que gasta en una semana en proyectiles la Europa guerrera pudiera mejorarse de tal suerte el planeta, que quedara convertido en una nueva Arcadia. Unos cientos de afortunados sacan a España diez mil quinientos millones de reales al año, merced a los cuales lucen trajes vistosos, pasean en magníficos automóviles y meten a la nación en lindos conflictos; sin esos impuestos, en España no existiría un solo mendigo, y el Estado podría vivir de sus propiedades si, en vez de enajenarlas, hubiera ido amortizando, cada tres transmisiones mortis causa, toda la propiedad de la tierra. Y el mundo

---

77 "Aplaudan, ciudadanos": fórmula usada por los actores romanos dirigida a su público.

sería un Edén, y entre los humanos reinaría la fraternidad, y no tendrían los ministros de Hacienda que desequilibrar su magín pensando de qué modo habrán de encarecer el pan y la vivienda, imposibilitar el comercio y la industria y expropiar violentamente a los más pequeños propietarios.

Pero todo esto debe ser racional, justo y equitativo cuando ello ocurre. Si yo supiera el latín, y pudiera citar textos sagrados con la facilidad de los exégetas, recordaría las palabras de Job: «Yo solo soy culpable; las arrugas de mi rostro dan testimonio contra mí. ¡Desdichado! ¿A quién quisiste tú enseñar? ¿No ha sido a Aquel que crio los espíritus? *Quem docere voluisti? Nonne eum qui spiramentum fecit?*[78]

✱

El monólogo postrero de Gregorio Jorge no debió ser el de un hombre vulgar; pudo robar, y ser alimentado en la reclusión; le fue dado envilecer su vida a cambio de un trozo de pan de centeno, y no le pasó tal maldad por las mientes. Un hombre que se deja morir de hambre en la calle, cuando le separa de los más suculentos manjares y las más espléndidas joyas el frágil vidrio de un escaparate, y puede con un golpe de puño sobre una mejilla procurarse el rancho y la abrigada celda de una prisión preventiva o correccional, no es ciertamente un malhechor ni un degenerado; es, pues, seguro, que seguiría argumentando de esta manera:

«Hay en el mundo una organización política y otra administrativa. Durante treinta siglos, los más denodados caudillos, los más poderosos soberanos y los estadistas más clarividentes, han consa-

---

78 Job 26:2-6. Cambia el orden del último versículo.

grado sus esfuerzos a mejorar la situación de los desvalidos. Para conseguir este fin, han promovido guerras y revoluciones; han lanzado estados contra estados, pueblos contra pueblos, clases contra clases, individuos contra individuos. Luego de formular programas, han escrito constituciones, consignado leyes y reglamentos, transformado arbitrios, organizado claras enseñanzas y prodigado beneficencias. No ha habido movimiento legislativo, social ni económico que no haya tenido como único fin mejorar la condición de los tristes y asegurar la fraternidad de los seres humanos. ¿Es posible que todo eso haya sido inútil? No; el problema social ha sido, sin duda, resuelto. Soy yo quien se ha colocado en circunstancias excepcionales, y soy, por eso, el único que perece en el abandono.

Tampoco es posible que los hombres se mueran de hambre, después de haber realizado su labor enorme la ciencia. Ha registrado el planeta en sus mismas entrañas y las ha dotado de fecundidad; ha descubierto cultivos y abonos, máquinas y artefactos; ha hecho producir a la tierra ciento por uno; por ella está en perpetuas nupcias Caná y multiplica sus panes Decápoli; ha taladrado las montañas y acortado el espacio, y cabalgado sobre los mares, y surcado el viento, para llevar a todas partes comercio y riqueza; ha fijado las leyes de la distribución y el consumo, y cada día nos asombra con un nuevo portento, que se traduce en progreso, en abundancia y en amor mutuo. Como Franklin, ha arrancado el rayo a los cielos y el cetro a los tiranos. ¿Cómo habría de dejarme morir en la miseria, si este hecho no fuera consecuencia obligada de las leyes del conocimiento y de la verdad?

Y, finalmente, sobre todas las leyes de los hombres, está la Eterna Sabiduría. Es omnisciente, es todopoderosa, es clementísima. No se mueve sin su voluntad la hoja en los ramajes; por su munificencia, las aves del cielo no siembran, ni siegan, ni allegan en trojes. Todo cuanto ocurre está escrito y determinado en sus inescrutables designios. ¿Cómo me atrevo yo, brizna miserable, grano de polvo, deleznable arista, a dudar de su misericordia? Me muero de hambre, luego debo morir.»

Y se murió Gregorio Jorge de hambre y de frío, como han muerto millones y millones de sus hermanos, como morirán todavía muchos más, hasta completar una cifra absurda; y seguirá sobre la tierra la iniquidad y la injusticia, y en mitad de los pegujales desolados y en los tugurios inhabitables, y bajo las arcadas solitarias de las ciudades inhospitalarias, se repetirá indefinidamente el monólogo lúgubre, a no ser que...

Concha Espina

El metal de los muertos (1920)

VII [fragmento]

Aquella misma tarde hicieron sus visitas los dos hermanos, portadores de unas cartas de presentación y solicitud, para que los influyentes de la capital les procurasen en Dite hospedaje y medios de cumplir su misión informativa.

Con este motivo conocieron a unos señores muy amables, entre ellos un catedrático de Jaén, con la barba teñida y presunciones de buen mozo, que se aburría mucho en Estilaría, solía viajar por el extranjero y veraneaba en Biarritz «antes de la guerra». Estaba desesperado a la sazón porque ni el Sardinero ni San Sebastián eran playas de su gusto. En el otoño iría como de costumbre a la corte, donde lo pasaba muy bien; se alojaba ¡naturalmente! en el Ritz, hotel surtido con prodigalidad de viudas yanquis millonadas; las había interesantes y bellas, pero él no acababa de decidirse; era un egoísta perezoso… Y miraba con aire protector a la forastera, paseando al lado suyo.

Iban por la plaza grande, muda y recogida, en medio de la cual se mece una insigne palmera, cuya sombra es por tradición el más dulce arrimo de los ciudadanos viejos. Unos cuantos se cobijaban entonces del quieto dosel, y algunas parejas, que parecían de novios, discurrían alrededor, mezclándose con un poco de gente, algo premiosa y triste según el aspecto; los edificios bajos, insignificantes y blanquísimos circundan el paseo detrás de una fila de árboles.

Rosario y José Luis se miran divertidos mientras el catedrático charla por los codos. Él también fue periodista y dibujante en su primera juventud; compuso artículos, rimó versos, pintó monigotes; ¡cosas de la edad!... Ahora edita sus libros en Madrid; labor de cultura: una gramática latina, un diccionario hispano portugués... obras didácticas y serias. Porque se puede dejar de ser artista de la mañana a la noche, como quien se muda la ropa: la poesía es una diversión infantil, el arte una vulgaridad, el amor una exquisita sandez. ¡Ah, el otoño, la corte, las viudas americanas...! ¡El delirio!... ¡En Estuaria hace muchísimo calor!...

Dejan los forasteros al de Jaén sudando a mares, con la palabra en la boca y el sombrero en la mano, y se van muertos de risa por las calles blancas y ardientes, buscando hacia el puerto la bienhechora galena de la mar.

Por allí viene la frescura sobre las aguas hasta los jardines de la costa envueltos en el largo anochecer, cuando ya se esparce la oscuridad por el fondo de las nubes y se encienden ángaros y lantias en las radas misteriosas.

Los viajeros perciben aquel aire benigno por encima de la ribera, sin bajar a los muelles, y escuchan a distancia la saloma de los marineros que barquean lentamente por los canales oscuros.

En seguida vuelven al hotel para recibir al campeón socialista del distrito, a quien no conocen, Aurelio Echea, un organizador formidable, perseguido por los patronos, vigilado por la policía, que ha estado multitud de veces en la cárcel, vive desterrado de la zona minera y es hombre peligroso y valiente, un vizcaíno «de mucho cuidado», según dice la fama. Él será quien les indique los peligros que pueden correr sus intenciones periodísticas en el feudo nordetano. Y le esperan con mucha curiosidad, con la emoción propia del heroico nimbo que envuelve al popular leader.

Cuando llega, los dos hermanos se miran con el estupor de las grandes equivocaciones. No dan crédito a sus ojos: aquel individuo les parece una falsificación del célebre paladín.

Aunque el camarero le anuncia con el nombre y apellido, rotundamente, José Luis repite inseguro:

—¿Aurelio Echea?

—Servidor de usted.

Es un mozo rubio, pálido, de mediana estatura, mal vestido; tiene la voz suave, la

traza humilde, la sonrisa candorosa; alarga la mano con cierta cortedad y murmura:

—¿En qué les puedo servir?

Para disculparse de aquel recibimiento enfriado por el asombro, los muchachos extreman su amabilidad con el campeón, y le obligan a hablar de sí mismo, instándole con reiteradas preguntas José Luis, mientras Rosario, solítica y discreta, escucha silenciosa.

Va respondiendo el mozo con la palabra contenida y el gesto parvo, como si temiera excederse. Nació en Vizcaya, se recrió en Asturias, ha vivido en Madrid, en Levante y en Andalucía; ha viajado por Francia y Bélgica, por Alemania y Rusia; ha sido dependiente de comercio, representante industrial, empleado del ferrocarril; conoce algunos idiomas, algunos libros; se siente español de toda España, hijo del pueblo, hermano de los que sufren, esperanza de los que luchan.

Al llegar aquí su acento se robustece, en los ojos garzos y límpidos le arde una llama recóndita y sigue hablando con desbordada elocuencia, con radiante y convencida expresión. El derecho sagrado de los oprimidos resplandece con divina lumbre en las frases del apóstol; el toque de la hora providencial resuena en sus alegatos, en sus profecías; la eterna pugna de las grandes vindicaciones va a conseguir su mayor triunfo.

—¡Ha llegado el último día de los reyes y el primero de los hombres! —repite, acaso sin saber de qué labio inmortal surte la terrible sentencia. Y se embriaga de ilusión anunciando el reino de la Justicia: —La tierra de nadie, los frutos de todos, las preferencias para los viejos y los niños, la igualdad para el hombre y la mujer; dos coronas: el trabajo y el amor; una jerarquía: el talento y la virtud.

—De modo que siempre habrá una escala de méritos, una selección de criaturas, una cumbre de inteligencias arguye José Luis.

—Sí; habrá maestros y discípulos; pero la humanidad rasará en nivel sin más categorías que las morales, esperando que éstas culminen cuando haya pasado cada uno por el tamiz de la misma enseñanza, por el cultivo de la misma solicitud: porque nadie nace desgraciado o feliz desde las tinieblas de la cuna; todos llegamos a la vida por el propio camino oscuro y a todos ha de recoger con iguales privilegios la sociedad, pródiga como el sol.

—¡El anhelo de siempre, la predicación de los idealistas románticos, la promesa que no se ha de cumplir!

—Pues yo la veo conseguirse, madura por el dolor en la mies de los siglos, como fruto de esta guerra espantosa que sin un logro semejante no tendría razón de ser. Todos los pueblos que hoy sangran en el lívido continente esperan la redención, y ninguno se conformará sin sacudir de sus hombros la esclavitud: sobre la paz que alborea tienen que levantarse las naciones libres, la Justicia pura, gloriosas en el mundo la razón y la moral.

—¿Cómo podremos nosotros contribuir a que ese sueño se realice? —pregunta Rosario conmovida y fascinada.

Aurelio Echea la mira a los ojos por primera vez y descubre en ellos una honda trasfloración de luz; tarda en contestar, cruzando con las iluminadas pupilas un misterioso temblor de ideas; luego responde:

—Con voluntad y con fe.

—¿Y por dónde empezamos?

—Por cumplir sus propósitos diciendo desde la tribuna de *La Evolución* cómo son tratados los mineros en Dite.

—Lo haremos —afirma José Luis.

—Si les dejan a ustedes...

—¿Quién había de impedirlo?

—El director de las minas o el del periódico.

—Nuestro periódico —asegura el joven con orgullo— es el órgano más avanzado de los socialistas.

—¡Ay, los socialistas!... Esa palabra ya es vieja y débil para denominar a los modernos libertadores: a fuerza de teorías la han desacreditado.

—¿Quiere usted que nos llamemos bolcheviques?

De nuevo Echea tarda en responder. Al cabo replica:

—También ese apellido sufre descrédito porque llega hasta nosotros a través de las calumnias de media Europa: es un escudo flamante acribillado por todas balas de las instituciones pervertidas. Pero el nombre no es lo esencial. Más nos interesa fortalecernos en una acción práctica, conseguir de un modo positivo el máximo bien, y debo repetirles que el director de las minas les impedirá su gestión por cuantos medios se le alcancen; que el del periódico pondrá muchas condiciones al radicalismo de las crónicas de ustedes, y si logran aprender toda la verdad... no se la dejarán decir.

—Haremos la prueba.

—Nadie tan interesado en ello como yo, que tendré unos aliados inapreciables.

—Y con el consejo de usted, con su experiencia y auxilio, ¿no conseguiremos hacer una campaña eficaz? —pregunta Rosario, que habla límpidamente y pone en cada frase el encanto de su melancolía.

Echea sonríe: tiene un movimiento respetuoso de gratitud para las apreciaciones de su colaboradora y se resuelve a explicar a los nuevos amigos toda la complicación del problema obrerista que les atrae hacia Dite.

No se trata solo del incumplido régimen del trabajo ni de la perpetua lucha entre jornaleros y patronos: hay sobre esta una previa cuestión nacional. Porque la Compañía nordetana es en la villa dueña absoluta, sin término ni condición, de la tierra, de las fincas, del subsuelo, del monte, del aire, de la ley, de la libertad. Señora de vidas y haciendas por virtud de este moderno feudalismo, son suyos con propiedad indiscutible, las calles, las plazas, la Iglesia, el cementerio, los edificios públicos, las vías de comunicación, y suyos, moralmente, casi todos los organismos populares, representados por personas que disfrutan con privilegio escandaloso, cargos del Estado y de la Compañía. Ahora mismo en Estuaria un secretario del Gobierno asciende y no admite el ascenso que le obliga, ausentándose, a perder el soborno de la opulenta industria... Si alguna autoridad quiere hacer justicia en los continuos casos de reclamaciones contra los extranjeros, como tiene que informarse de unos subordinados corrompidos, no halla nunca razón para condenar a los explotadores, y la infinidad de pleitos sobre las propiedades se resuelven a favor de la empresa. Por su indicación se hacen nombramientos de personal administrativo, abonos de contribuciones, dictámenes que debe emitir el único municipio de España que está expropiado y no puede expropiar; a su antojo se convierten en protestantes las escuelas católicas de la región; para su dominio dispone de un cuerpo armado de guardiñas, superior al de las fuerzas militares españolas; fuera de los límites mineros subvenciona con esplendidez a los más famosos letrados, allí donde mejor le sirve y le valen, donde garantizan la impunidad de sus audaces manejos. Y ya no se conforma con el poderío que ejerce en la ribera del Saquia; pone los ojos y el zarpazo en el abierto litoral, y adquiere la octava parte de la provincia de Huelva con un trozo de la de Sevilla: así ya es suyo para siempre el seno de la costa meridional de España en el Atlántico, el golfo vecino de la ría que está llamada a ser uno de los primeros puertos del mundo... Las aguas cantarinas del Circem, el más soleado río español, vierten hoy dentro de su misma patria en un territorio extranjero, y los arenales andaluces, limpios, y luminosos, pertenecen en setenta millas de abertura a esos hombres avaros y ceñudos, animales de sangre fría, raza nórdica y triste que, sedienta de luz, busca por la orilla oceánica, en impune invasión, un propicio remanso azul donde fincar su bandera. Y la tiende a la flor del viento sobre la risa clara de las olas, aquí abajo, en las costaneras dunas, allá arriba, encima de la tierra ahuecada, de los pueblos sometidos, de las atormentadas cumbres.

—¡Parece increíble! —murmura José Luis.

Rosario, callada y atónita, recoge con vivo interés las revelaciones del acusador que va diciendo su larga querella en tono caliente, algo lírico y avezado al discurso propagandista, pero lleno de entrañable sinceridad. Se le pierden a menudo los ojos en los de la muchacha, como si viese en ellos un profundo camino; vacila entonces un instante, y junta después las ideas con más pasión.

Sabe de memoria, con cifras comprobadas exactamente, que los nordetanos adquirieron hace medio siglo las minas de Saquia y el sobresuelo a perpetuidad, en noventa y dos millones de pesetas; y que, en esta compra, solo relacionándola con el capital que produce, se elevan los millones del íntegro avalúo, hasta trescientos tres, sin contar las pertepertenencias rústicas, ya convertidas en muchos pueblos tributarios de la Compañía.

Los números se amontonan en los labios del mozo con amargo despecho. Refiere que las acciones emitidas a 125 pesetas al establecerse aquella industria valen hoy a 2000; nombra las localidades inmensas que componen el dominio extranjero en el regazo español, y afirma que todas ellas carecen de servicios públicos tan precisos y vulgares como el telégrafo y el teléfono; los centros de enseñanza, los organismos de higiene; la luz eléctrica; los caminos vecinales; el ferrocarril. Los únicos elementos de comunicación y de cultura sirven allí con exclusiva gracia a la empresa que los monopoliza y explota, y la luz moderna que ya ilumina a todos los pueblos civilizados del mundo, sólo brilla para los invasores, prisionera en estancias y jardines, lejos de la chusma nacional... A los pies de tales patronos yace el obrero, sacrificando su vida a cada minuto para recibir como salario la séptima parte de la riqueza que produce...

—¡Hay que decir todo eso de una manera terminante y escandalosa! —exclama Rosarito, volviendo hacia su hermano el rostro moreno y dulce, lleno de indignación.

—¡Sí! —murmura el joven con acendrada solicitud. Y sus ojos dorados y penetrantes gritan las heroicas palabras que se le quedan sin pronunciar.

Echea se siente aturdido y feliz ante aquellos muchachos inteligentes y sensibles que le prometen su alianza con el más generoso desinterés. Está cierto de haberles visto el corazón al trasluz del espíritu diáfano, y bendice el apoyo de almas tan escogidas para combatir por el alto ideal que le consume la existencia: idólatra de una doctrina humanitaria y justa, olvida las graves tribulaciones que por ella sufre y se entrega al goce de la esperanza bajo el estímulo de la imprevista asociación.

Le han convidado a cenar. Apenas toca los platos, exquisitos para sus costumbres de pobre vergonzante, y con una delicadeza sencillísima deja pasar las viandas, probando un poco de cada una, sin prestarles atención.

No es el político ni el hombre quien se manifiesta allí en el rincón anodino del hotel, junto a la mesa ramplona; es el apóstol que se sobrepone al medio y a la ocasión y descubre a los iniciados con palabras singulares los secretos de la sempiterna conjura, renovada siempre y distinta en los campos de la sociedad; les abre los dinteles de su plena confianza, les introduce hasta el fondo de sus ambiciones y sus planes.

Al final de la modesta comida han hecho los tres un pacto firme y valiente, sin rúbrica de brindis ni discursos, con el sello inefable de unas miradas nobles, de unas sonrisas mudas, quietas, divinamente impregnadas de voluntario sufrimiento.

Luis Antón del Olmet

Gobernación, Sánchez Mínguez (1921)[79]

[fragmento]

CRISIS TOTAL

Cuando llegó al Congreso aquella tarde Francisco Sánchez Mínguez, diputado bujalancista, ex subsecretario de Hacienda, ex director general de Comunicaciones, ex comisario de Abastecimientos —todo en diez y ocho meses—, barruntó la crisis.

Su olfato era perspicaz. Llevaban los liberales coaligados cerca de catorce meses en el poder, habían constituido ocho ministerios y ya iba siendo hora de que don Florestán Bujalance, campeón de los partidos históricos, adalid de la causa derechista, portaestandarte de la tradición constitucional, tornase al gobierno para meter en cintura a la chusma soliviantada y para hacer ministro a Sánchez Mínguez.

Porque, eso sí, esta no se le iba. Estaba dispuesto a no dejarse postergar otra vez por aquellos señorones huecos de la aristocracia y de la burguesía financiera que don Florestán elegía para ministros, relegando a sus más acendrados partidarios y a sus adictos más leales. Que Bujalance, a pesar de su fachenda contrabandista y trabucaira, era muy dado al señorío.

Mientras dejaba en el guardarropa el gabán y la chistera, y recogía la numerada chapita que un ujier le entregó sonriente, se confesó mentalmente que sí, que don Florestán tenía ¡cada cosa ...! ¡Haberle dado la casaca al marqués de la Rivera, a quien se le ca-

---

79 Tomado de la edición de Renacimiento. Biblioteca Digital Hispánica.

yeron los pantalones en el Senado, cuando estaba pronunciando un discurso sobre agricultura, y que lució allí, en plena Cámara, sus honorables y gruesos calzoncillos de reumático! ¡Haber elevado a los altos Consejos del país a Nicanor Fuentesalida, que siendo concejal y defendiendo la erección de un monumento conmemorativo citó a Fidias entre los escultores madrileños contemporáneos!

En la provisión de carteras se habían dado casos muy bonitos. Un día se asomó a los escaños del Congreso el senador granadino Ventura Albear, famoso por sus queridas estrepitosas y sus caballos jarifos, y le preguntó a un amigo, aludiendo al orador de tanda:

—¿De qué habla Fernando Zalvidar?

—De Instrucción pública.

—¡Qué lata! —respondió Ventura, huyendo.

Ocho días después era nombrado Fuentesalida ministro de aquel departamento pedagógico.

Un sutil cronista había dicho que las carteras se proveían en España por orden analfabético, y que los exministros constituían ya una masa social más numerosa que la de clases pasivas. Y así era, en efecto. Antes, cuando hubo colonias que perder, la estulticia gubernativa era siquiera prosopopéyica, y tenía un severo aspecto respetable. Luego, todo había bajado de nivel, y los ex consejeros de la Corona iban en tranvía y al café, llenaban los cines, y de esperar era que un día provocasen un motín, pro-sueldos, en muchedumbre.

En cambio, él, su antiguo pasante, su edecán insustituible, para quien no tuvo jamás secretos, que eran como parientes, nada. Cuatro bandazos, de puesto en puesto, como si fuera un vulgar cacique de provincias o un técnico endiosado y puesto en boga.

¡Ah, pero ahora no! Si, como era lo probable, surgía la crisis total, se iban los liberales a casita, y venía don Florestán Bujalance otra vez, no, ahora no. Ahora haría ministro a Paco. Paco o el desastre. Que eligiese.

Se afirmó las galas, y adoptando un aire de circunstancias especiales, destocado a usanza moderna, copiada de París, dejó el pasillo de circunvalación y llegó al corredor grande, para dejarse ver. Inmediatamente fue rodeado por los periodistas y por los habituales de la Cámara, exdiputados, enchufistas de negocios torvos, vagos profesionales, la canalluza picoteante que escarba en política como gallinas en basura.

—Don Francisco, parece que esto se va.

—¿Creen ustedes?

—Bujalance está vapuleando al Gobierno de una manera atroz.

—¿Sí?

Un gacetero repitió la gran frase que no hacia diez minutos pronunciara don Florestán: "El Gobierno está saldando la autoridad pública".

Era grave. Sánchez Mínguez reconoció que sí, que era grave. Cuando los conservadores dicen eso, es porque están inquietos no gobernando y aspiran con impaciencia al poder. En cambio, cuando los liberales afirman hallarse en peligro las esencias democráticas, es que los proveedores del partido —sastres, modistas, caseros pacienzudos— se agitan, y resulta preciso que los pobres correligionarios suban a gobernar y a descansar.

—Es grave. muy grave —comentó Sánchez Mínguez—. Muy grave. Sí, sí.

Don Francisco Sánchez Mínguez había disminuido su léxico y sus frases, hasta la parvedad más somera y menos peligrosa. No habiendo tenido mucho tiempo que dedicarle a la instrucción, no habiendo podido dilapidar su tiempo en esas trivialidades que son la Historia, la Poética, la Filosofía, y habiendo incurrido alguna vez en fugaces deslices prosódicos que satirizaron los zoilos y criticones de la elocuencia parlamentaria desde sendos periódicos, había adoptado una mesura, una ecuanimidad perfectas. Tutelado por don Florestán, ¿qué necesidad tenía de endilgar discursos pomposos, ni de buscar lucimientos chillones? Le sobraban méritos de antigüedad, de cordialidad, de lealtad. ¿A qué aventurarse por los vericuetos de las exégesis doctrinales, ni despistarse por los despeñaderos de la gran oratoria? Era mejor callar, sonreír ambiguamente, dándoselas de enterado, hacer gestos difusos, y decir lo indispensable, lo escueto.

—Sí, sí... ¡Oh, eso es grave! ¿Qué me cuenta usted?

Había, además, pinzado en el diccionario algunos vocablos bonitos y selectos, que distribuía, sagaz, en sus pláticas, y que le daban cierto aroma a su buen decir: "atañedero", "voluble", "concupiscencia", "rebeldías disolutas". Por lo demás, su porte no podía ser más orondo, más ministrable, más perfecto.

Ante todo, usaba barba, su bien cortada barba, ya un poco gris. Sánchez Mínguez sabía que una barba administrada cuidadosamente puede conquistar muchas cosas, y, entre ellas, la seriedad y la circunspección. Un hombre barbado es siempre un hombre transcendente. Pretender medrar en política, sin barba, es expuesto. El semblante rasurado, aniñado, retarda, injustifica. El vello crecido y apuntado a guisa hidalga, ennoblece, respetabiliza, da carácter, altura, y hasta como una especie de sonoridad abaritonada.

Estaba un poco calvo —detalle nada nimio— y era miope —condición estimabilísima—. Además —y esto resultaba esencial en el bujalancismo— se vestía en casa de Cuéllar, el gran sastre britanizante de la calle del Turco, allí donde se confeccionaban las prodigiosas levitas de don Florestán, y en cuyos talleres tenían ejecución los pantalones a rayas del vizconde consorte de Eguiluz, ministro y primer lugarteniente del partido currutaco.

—Entonces —exclamó Sánchez Mínguez dirigiéndose al grupo—, ¿creen ustedes en la crisis?

—Y en otra cosa —recalcó un periodista adulador, que le tenía echado el ojo al ministrable para socaliñarle un destinito.

—¿En otra cosa?

—Vamos, don Francisco, no se haga usted el olvidadizo, carape, que todo llega a oídos de la prensa.

—No sé, no sé —masculló Sánchez Mínguez, adivinando gozoso.

—¿Que no sabe? ¿Pues no dice que lo ignora? Que es usted ministro, don Francisco de mi alma, que está usted en candelero, que...

Sánchez Mínguez sonrió con pena, y bajó sus ojos, agobiado ante aquella posibilidad:

—No, querido Ruiloa. ¿Yo ministro? Nunca he pensado en eso. Además, ¡qué mal me quiere usted! El cargo ¡es de una responsabilidad! ...

Pero Ruiloa, que tenía una simpática mirada de pillo, y una gran habitualidad en el trato de personajes conservadores, dio en la llaga:

—Si —dijo—, pero no tendrá usted más remedio que sacrificarse. Lo manda el jefe, lo exige el país ...

—Entonces —atajó Sánchez Mínguez—, ¿qué hacer? Pero no lo deseo, ni lo espero, En fin, señores, voy a enterarme.

Y, dejando suspensos a los del grupo, se alejó para adentrarse en el hemiciclo, y olisquear...

En efecto, la crisis. ¡La crisis! No había más que verlo. Se mascaba. La mayoría, excitada, frenética, abucheaba a don Florestán y vitoreaba al banco azul. Era el ansia de vivir. Eran las actas que se consideraban perdidas. Eran los cargos abandonados. Era el éxodo.

Con el tema de la crisis, comentábanse en el hemiciclo las noticias del día. En Barcelona, tres patronos asesinados a tiros por los sindicalistas aspirantes a la dictadura proletaria. Noventa y siete iban enterrados ya. En Valencia, un obrero rojo cazado a pistola en mitad de la calle. Un atentado contra el gobernador de Bilbao. En los muelles de Alicante y Cartagena, las mercancías pudríanse, carentes de vagones para ser transportadas. En el interior, las muchedumbres se amotinaban por falta de pan. Un libelo escandaloso amenazaba a Bujalance con alzar no se sabía qué telón.

El cuadro que ofrecía España en aquel entonces no podía ser más lamentable. La guerra mundial trajo al país riquezas fabulosas, como agolpadas por una racha de suerte. Pero aquellas riquezas, tan malamente adquiridas como fácilmente derrochadas, sirvieron para corromper a la nación más que para otra cosa.

El agio, el chanchullo, se exacerbaron hasta constituir un ambiente normal de prevaricación y cohecho. El contrabando se hizo endémico y casi legítimo. Se compraba todo. El permiso de exportar, el de jugar, el de prostituir. Fue una ola de fango, una catarata de estiércol, que ni siquiera sirvió para abonar las tierras, que llenó de miasmas el ambiente, y que finó con la escasa moralidad pública, antes agónica y muerta ya.

Eduardo Barriobero y Herrán

Matapán, el probo funcionario (1921)

VII

Llegaron a una opulenta morada del barrio de Salamanca; mostraron las garrotas al portero como contestación al prolijo interrogatorio con el que pretendió acosarlos, y empleando luego en el piso el mismo procedimiento, lograron en seguida avistarse con don Silverio, quien por la visita no se mostró inquieto ni sorprendido.

—Ya os esperaba—les dijo después de haberles estrechado la mano efusivamente.

—Pos a lo que venemos venemos, y más vale pan con paz que perdices con agraz, como dijo el otro. Ahí está mi hermano, que no es dengún tocón d'oliva, con perdón, y s'ha quedao cojo de la derecha pa tos los días de su vida.

—Sí, hombre, sí; lo sé. Vístelo de señorito con estos cuarenta duros y que venga mañana por aquí. Ya le tengo preparada una credencial de agente de policía con cinco mil reales. —Pos miste, por decir la verdá no ahorcan a denguno, y la verdá es ahura mismo que eso no nos satisface. Nosotros habíamos pensao que nos señalara usté un duro diario y poer trabajar en lo de casa.

—Lo que os doy es mucho mejor. Que tome posesión del destino y ya ascenderá si se porta bien.

—Tié razón el señorito—intervino Matapán, a quien desde el suceso seducía la idea de bigardear en Madrid—. Para prencipiar ya es batante.

VIII

—A usted, señor de Matapán—le dijo afectuosamente el delegado—como le quiere tanto don Silverio, lo pondré de servicio en la calle del Carmen; es muy tranquila y estará usted allí muy descansado.

—¡Quia! —repuso el hermanito, que habíalo acompañado a la toma de posesión—. Este no presta dengún servicio. Don Silverio, don Silverio es quien le tié que servir a él.

—¿Cómo? ¿Qué dice usted?

—La verdá. El que rompe paga; y en güena moneda.

El delegado contempló con curiosidad picaresca a los dos mozos; pero, prudente y discreto, nada quiso preguntarles. Al día siguiente fue a consultar el caso con el ilustre político, y como resultado de la conferencia Matapán fue ascendido a inspector, con una comisión perpetua para un servicio imaginario que le permitiera realizar todo su programa de amplia y permanente bigardería, y con el haber anual de dos mil pesetas. Cada medio año, el hermanito, con su garrota inseparable, visitaba a don Silverio y alguna vez le traía del pueblo un pollejo tomatero y una orza de mostillo. A cambio se llevaba un ascen¬ so para su hermano. Una de las veces, además de los regalos habituales, trajo en un saco dos enormes sandías; pero antes de que fuese comentada y admirada su esplendidez, se apresuró a decir:

—Esto no me lo agradezga usté a mí. Me lo ha dao pa que se lo traiga, por el aquel de la empatia, uno que le llamamos en el pueblo como a usté: el tío Catatrán.

—Vamos, sin duda porque, como yo, es cojo...

—¡Ca! No señor. Tié más dinero que pesa. Le llamamos asina porque es un marimandón y porque no sé cómo se las arregla pa quearse con lo de to el mundo...

IX

Matapán, en poco tiempo y con gran facilidad, hubo de asimilarse a las costumbres ciudadanas. Se dejó crecer una barba señorial que cuidaba con esmero, usaba cuellos de almidón, requebraba a las mujeres y tomaba en marcha el tranvía. Perdida del todo la pueblerina timidez, con frecuencia visitaba a don Silverio y le pedía favores de poca monta para sus amigos.

Inútil es decir que iba gratis a los teatros y a los toros y que viajaba gratis por los ferrocarriles. En todas las dependencias por donde iba pasando le admiraban como se admira a un hombre de tan excelentes aldabas que le permitían ascender con frecuencia y no hacer más que firmar la nómina. Cuando la prensa daba cuenta de algo que con él se relacionara, decía siempre: «El probo funcionario señor Matapán...». El día en el que la Gaceta le asignó la categoría de jefe superior de Administración civil, sus compañeros de dependencia, no de oficina, pues jamás asistió a ninguna, le obsequiaron con un banquete, y le llamó la atención ver que la mayoría de ellos llevaban un botoncito de muchos colores en la solapa de la americana. En el momento pensó que no estaría mal aquel adorno para su traje de chaqué, por el que había pagado cincuenta duros, y preguntó a un comensal en dónde los vendían. El interpelado, conteniendo la burla, pues era un inferior en categoría oficial, le enteró de que aquellos botoncitos significaban estar condecorado el portador, poseer una cruz o una gran cruz, ser caballero, en una palabra. Y ya no durmió tranquilo hasta que don Silverio lo puso en posesión de su correspondiente *boutonniére*.

Emilio Carrere

"La cara del verdugo" (1922)[80]

¿Quién le ha visto la cara al verdugo? Es el hombre sin rostro de una leyenda alucinatoria. Como un cometa de sangrienta cola, surge un día —de tarde en tarde— en la vida social, y luego se pierde en la sombra más espesa. ¿Dónde vivirá? ¿Qué amores serán los suyos? ¿Cómo irá vestido? Nuestra imaginación novelesca le pinta como un habitante de las zahúrdas plutonianas[81], vestido de rojo como en la antigüedad, sin amor de mujer ni relaciones sociales. Sabemos que existe; a cada español le corresponde una fracción inverosímil de peseta para el pago del verdugo, pero jamás le hemos visto la cara. Él se desliza entre nosotros, se disfraza, guarda la tragedia de su profesión. No es vanidoso; no asiste a los banquetes ni se deja retratar en las revistas, aunque a veces es el héroe de la actualidad.

Acaso sea nuestro contertulio del café; tal vez ese señor que nos saluda y nos ofrece cigarrillos en los entreactos, probablemente vivirá en el tercero de nuestra casa y le habremos encontrado de madrugada en la escalera... Todos tenemos ese amigo desconocido, con el que la repetición del encuentro hace que cambiemos sonrisas y saludos, sin que sepamos cuál es su nombre, ni qué profesión tiene. ¿Por qué no ha de ser el verdugo ese amigo confuso, que tampoco tiene una fisonomía definida ni un nombre concreto? Verdaderamente, tiene un no sé qué siniestro en la mirada...

---

80 Publicado en la revista madrileña *Nuevo mundo* (30 de diciembre de 1922), en la sección "Informaciones pintorescas".

81 Carrere hará uso del sintagma en más ocasiones para sus cuadros. La referencia proviene de los *Sueños* de Quevedo, concretamente a la versión expurgada del tercer Sueño habla del infierno (1631).

El verdugo no es un monstruo de pesadilla: es un señor como los demás. Su alma es lo singular, lo tremendo. Oficialmente es un digno funcionario, que cobra todos los meses y trabaja con poca frecuencia. Ahora, por lo visto, el Gobierno quiere que todos los funcionarios trabajen... Ser verdugo era antes la más cómoda profesión. Vivía como un pequeño burgués. Pero se ha acabado la bicoca. Ahora será preciso trabajar concienzudamente, ganarse el pan con el esfuerzo del brazo que coloca la argolla y hace funcionar el espeluznante aparato[82]. El verdugo de Burgos ha cumplido digna y seriamente con su oficio, sin una flaqueza sentimental, sin un temblor en su brazo representativo de la Justicia, en nuestra sociedad cristiana. Ha demostrado que sabe ceñir la argolla —brillante corbata roja con que los agarrotados van a sus nupcias macabras y limpiar después la sangre para que el segundo reo no se impresione demasiado...

Tiene la buena crianza de pedir perdón a sus víctimas y escucha esas trágicas puerilidades de los condenados. Toda la ociosidad social que lo rodea nos parece injusta. Él es como una fuerza ciega de la naturaleza que obedece a la voluntad que le impele. Carece de responsabilidad, ¿Podemos pedir cuentas a una tempestad o a un incendio? Hay algo en lo alto que desata la furia de los elementos. En las alturas sociales existe también la voluntad poderosa que puede contener o encrespar la violencia de esa fuerza bárbara. El verdugo está obligado a practicar la virtud ciega de la obediencia. Es un irresponsable.

Sería curioso conocer el proceso psíquico por el cual un hombre llega a ser ejecutor capital, plaza solicitadísima cuando ocurre la desgracia de que uno de estos funcionarios se malogra.

---

82 En España se usó el garrote vil desde 1820 hasta 1974, si bien hasta 1978 no se abolió la pena de muerte.

Hay que matar para vivir... Para este oficio estorban mucho los prejuicios burgueses de la sensibilidad y de la conciencia. Este digno funcionario duerme como un santo la misma noche que sigue a su difícil ministerio. No es un neurótico susceptible de pesadillas ni alucinaciones. La cara espantosa, la mueca de la última risa de los agarrotados, no rompe las sombras de su alcoba, cuando él reposa, acceso en el lecho placentero de matrimonio. Tampoco esa visión turba la paz nocturna del gobernador de mano de hierro, que ordena la amputación del cuerpo social, de los miembros perjudiciales. El arte de gobernar es un ejercicio de inflexibilidad, de energía. Un poeta, un soñador, un filósofo, serían incapaces, porque sabrían perdonar. *¿Quién al hombre, del hombre, hizo juez?* —preguntaba Espronceda hace cerca de cien años[83]. Un libro pesado, gótico, sanguinario, escrito en un estilo deplorable...

El verdugo es un interesante cromo de pandereta[84]. Evoca la locura sanguinaria de muchos siglos. Ha sido oficio indispensable en todas las repúblicas. Es el rayo, implacable, el cometa asolador que aparece de tiempo en tiempo. Va de padres a hijos, como los títulos heráldicos, rojos algunas veces en su origen, como las manos del verdugo.

Larra esperaba que cincuenta años más tarde este funcionario solo fuese un recuerdo horrible y vergonzoso de otras épocas bárbaras.

---

83 Se trata del poema "El verdugo", una canción de 120 versos que se suman a las poesías cívico-morales, protagonizadas "por el pirata, el mendigo, el verdugo, el reo de muerte y el cosaco, las cuales se publicaron en el orden en que aparecen mencionadas aquí, en varias obras periódicas, entre 1835 y 1838" (Russell P. Sebold 2003).

84 Parece remitir al verso "La España de charanga y pandereta" de Machado en "El mañana efímero" (*Campos de Castilla*, 1913). El verdugo es como esa imagen folclórica de un país que ha de modernizarse y abandonar la barbarie.

El espíritu de *Fígaro*, generoso, liberal y romántico, se ha equivocado, como veis...

Wenceslao Fernández Flórez

La familia Gomar (1922)[85]

I

Una vez era un hombre tan pobre que no poseía más bienes de fortuna que un diente de oro que le habían puesto en su primera juventud. Se llamaba este hombre Virgilio Gomar, y sus servicios cerca de don Jacobo de Olano, el abogado y rentista, fluctuaban entre los de un secretario, los de un ayuda de cámara y los de un caballo de alquiler. Virgilio despachaba la correspondencia del prócer, le desnudaba y le vestía y empujaba el carrito charolado en el que don Jacobo —tullido desde su mocedad— paseaba por la Corte.

Las gentes no se han detenido nunca a desentrañar la psicología de estos hombres que empujan carritos donde suelen ir señores muy serios o señoras muy gordas. Tampoco tenemos noticias de ninguna novela en la que el protagonista sea un pobre diablo que empuje un carrito. Esto nos ha parecido siempre extraordinario, y no alcanzamos a comprender por qué los novelistas prefieren, para urdir los capítulos, el capitán de Húsares, mucho menos interesante y, desde luego, terriblemente vulgarizado. En verdad, no podemos decir que el sujeto que hacía rodar el cochecito de don Jacobo fuese un personaje singular. Era tan solo un hombre triste, con esa tristeza reflexiva y llena de renunciamiento de los caballos de coches de punto. Vestía de negro; si sonreía alguna vez, era por un perdonable prurito vanidoso de lucir su diente, y hasta tal punto estaba pálido y delgado, que su oscura corbata de lazo sugería la idea de un pequeño vampiro que, abrazado a su cuello, con las alas abiertas, le

---

85 Publicada en La novela semanal.

chupaba implacablemente la sangre. En pocas ocasiones se le oía hablar. Un día, sin embargo, después de un prolongado silencio (estaba sentado cerca del coche de su amo, en un pinar de la Moncloa), pronunció una frase inquietante. Dijo con voz resuelta:

—Esto no puede seguir así.

Don Jacobo indagó, un poco admirado:

—¿Qué es lo que no puede seguir así, Virgilio?

El servidor respondió, sin alzar la mirada del suelo:

—Mi misma vida, don Jacobo. Tengo veintiocho años y ni un céntimo ahorrado. No soy nada, no hago nada útil, y mi existencia es una carga molesta y sin finalidad.

El rostro del señor Olano reveló una aflicción profunda:

—¡Dios mío, Virgilio, temo mucho que seas castigado por esos pensamientos de soberbia! Me parece que debieras arrepentirte en seguida. Tú eres feliz. ¿Qué preocupaciones tienes? Yo te doy de comer, yo te visto, en mi casa duermes. ¿Qué más necesitas? Créeme, Virgilio, te he envidiado más de una vez.

El señor Olano dio un gran suspiro.

—Pero yo no gano más que treinta pesetas mensuales.

Don Jacobo intentó reír:

—Treinta pesetas, claro. Y te sobra dinero. Porque, ¿qué necesidades tienes tú? Aquí todo es cuestión de necesidades. ¿Tienes alguna? No. Luego con esos duros eres más rico que yo. Te lo juro, Virgilio. ¡Ah —gimió—, yo estoy lleno de necesidades!

Virgilio movió la cabeza obstinadamente:

—Preciso más dinero, don Jacobo; preciso veinte duros al mes.

—¡Veinte duros! —don Jacobo miró alrededor con medrosa mirada— Virgilio, espero que no se te haya ocurrido la idea de atentar contra mí. Nunca creí que te atrevieses a pedirme aumento de sueldo en un pinar. Este sitio no me gusta nada. Salgamos al camino.

—Deseo que me conteste usted.

—¡Que te conteste, que te conteste!… ¿Qué te voy a decir? Bien sabes que haré por ti cuanto esté en mi mano. Por ti y por todos mis dependientes. Puedo decir, sin jactancia, que soy un amo modelo. Tú no ignoras que pago pensiones de viudedad a las esposas de dos empleados míos, y que a aquel que muere estando a mi servicio le sufrago el entierro. El que hace esto no es, por cierto, ningún tirano.

Virgilio abrió los brazos en ademán de desesperación:

—Todo eso es verdad; pero yo quiero decirle a usted algo que me preocupa hace tiempo. Yo tengo tres ataúdes: uno, el que usted me ofrece; otro, el que me dará la Sociedad Mutual Caritativa, en la que estoy inscrito; otro, el que me proporcionará la Junta de Señoras de La Muerte Cristiana, a la que usted me afilió. Alguna de estas entidades me promete también socorros para mi posible viuda. Todos son beneficios póstumos; todo viene a decirme: «Vive tranquilo, en la seguridad de que cuando mueras las cosas marcharán bien». Esto parece querer indicar que la preocupación más extendida entre las gentes es asegurar el ataúd. Yo tendré tres. Hay quien consigue asegurar seis o siete, todos gratuitos. A mí me sobran dos… Perdone usted si le digo que tampoco me importa no tener ninguno. Prefiero algo práctico mientras viva, recursos que me permitan alejar el momento en que los tres agentes de funerarias, cargados con los tres ataúdes, se disputen el encerrarme en uno. En cuanto a las pensiones, yo no tengo mujer ni hijos…

El señor Olano, después de un silencio meditativo, habló gravemente:

—En tus últimas palabras está la explicación de tu mala ventura, Virgilio. Muchas veces he querido decírtelo… Me parece que no eres un buen ciudadano, y esto me aflige profundamente. La otra tarde pasó ante nosotros la compañía que iba a relevar a Palacio, y no te descubriste ante la bandera. Debo franquearte mi corazón: me pareció una monstruosidad.

—Iba empujando el coche, don Jacobo, y había muchos baches en la calle.

—Esa es otra cosa. Hay que tener un gran cuidado con los baches. Siempre te lo he advertido. Pero no habiendo baches debes saludar a la bandera. Un hombre que no se emociona ante la bandera es una mala persona. Todos los periódicos lo dicen. Pero yo quería hablarte de otro asunto. Creo que eres un mal ciudadano, Virgilio; tu vida es de un egoísmo desconsolador. No eres útil al Estado. El Estado vela por ti, trabaja por mejorar las condiciones de tu existencia, te ampara, te atiende… ¿No se te ha ocurrido pensar alguna vez con desesperación en que tú no haces nada en favor del Estado?

—¿Y qué le puedo yo dar a ese Estado?

—Hijos.

—¿Hijos? —repitió, estupefacto, el hombre.

—Naturalmente. El Estado necesita más de nuestros hijos que de nuestro dinero. Si no, ¿cómo formaría sus ejércitos, sus legiones de funcionarios, sus magistrados, sus recaudadores de impuestos, sus guardias de Seguridad? El que da un hijo a su nación la vigoriza y la enriquece. Tú sabes, Virgilio, que mis amigos me acusan de manía casamentera; pero no es una manía: es una opinión. Ejerzo a veces esta propaganda como otros laboran en favor de doctrinas sociales o políticas. Sirvo así a mi país. Mi mayor pena es que mis condiciones físicas me impidan predicar con el ejemplo. Un tullido no debe casarse. Pero tú no eres un tullido. Hace poco te jactabas de no necesitar auxilio para una mujer y unos hijos que no tienes. Estás amargado y entristecido. Si te casases, tu vida cambiaría radicalmente, y yo mismo prestaría a tus reclamaciones muy distinta atención. Un padre de familia tiene derecho a pedir… ¿Por qué no te casas?

—¡Caramba!… Yo no digo que no… Algún día acaso…

—No; algún día, no; muy pronto. Estás en la edad crítica.

—Bien; pero… casarme así, por un cálculo de deber ciudadano…

—Virgilio, he conocido muchas personas que fueron al matrimonio por razones bastante menos elevadas. Unos se han casado porque su mujer tenía los ojos grandes, lo cual, bien considerado, no deja de ser una trivialidad; otros, porque tropezaron un día con una muchacha que hablaba con acento andaluz, y, la mayor parte, por no vivir en casas de huéspedes. El día en que desaparezcan las casas de huéspedes el matrimonio sufrirá un rudo quebranto. Por fortuna, eso no ocurrirá tan pronto. Pero dime: ¿no es más serio, más digno para un hombre razonable, casarse pensando en sus deberes de patriota que por el cómico deseo de besar en la nuca a una mujer?

—Así será, cuando usted lo dice, don Jacobo. Yo no me atrevo a argüirle a usted, que es hombre de estudios, y que, por lo mismo que no puede andar zangoloteando por el mundo, ha tenido tiempo para reflexionar. Pero así Dios me ampare como todo lo que yo conozco de la familia, si es familia de pobres, es bastante para temer formarla. En mi casa éramos muchos hermanos, y a más de uno se lo llevó la muerte y a ninguno de indigestión. Y bien sé yo lo que lloraba mi madre y lo que debía mi padre. Le aseguro a usted que no puede decirse que aquel cuadro fuese muy alegre, ni que la sociedad haya premiado de algún modo el esfuerzo que mis progenitores le prestaron. Cuando me asaltan los recuerdos de mi niñez estoy más lejos que nunca del matrimonio.

—Porque tú has contemplado ese espectáculo desde el punto de vista de un caracol.

—¿Cómo de un caracol, don Jacobo?

—De un caracol que mirase una playa. Un hombre va a una playa en una mañana de sol, y su espíritu siente la intensa emoción de la belleza. «¡Qué hermoso es esto! —dice—. La arena es polvo de nácar, las conchas brillan con los mil colores de una joya; es como si las deidades del mar hubiesen volcado aquí los cofres de sus tesoros; jamás como en este lugar he advertido la bondadosa alegría de la existencia». Y cae de rodillas para adorar a Dios, que ha hecho el mundo tan bello. Pero, al mismo tiempo que él, desde una roca un caracol contempla la misma playa, ¿Sabes lo que piensa este caracol? Este caracol piensa, con el espíritu conturbado por la pena: «¡Señor! ¡Qué inmenso osario, qué vasto cementerio! ¡Qué espectáculo de desolación y de hecatombe! ¿Cuántos son los hermanos míos que yacen en este rincón espantable? El sol ha calcinado sus pobres cuerpos; por doquiera brillan, rotas y empalidecidas, las envolturas que los protegieron en vida, las valvas pulimentadas, las espirales de nácar que eran su vivienda y su ser. ¿Qué catástrofe gigantesca pudo reunir aquí tantos esqueletos? Parece que el ángel exterminador sació su cólera en todo un pueblo de caracoles. ¡Qué triste hedor a difunto! No estoy bien en este lugar ingrato. Jamás como hoy he visto claramente que no somos nada y que la vida es un bien efímero que no nos produce más que el constante sobresalto de perderla». He aquí, Virgilio, cómo pensarían el hombre y el caracol ante una playa nacarada. Y yo te digo: ¿te atreverías a dar la razón al caracol? No. Tú comprendes que las palabras del hombre son las más sensatas. Es preciso que los caracoles mueran para que las playas sean hermosas, y también para que se puedan fabricar botones de nácar. Ahora tú, al opinar acerca de la familia, has expuesto un criterio de caracol. Es posible que hayas pasado una infancia famélica. Pero esto no constituye una objeción considerable. El estadista, el gobernante, el guía de los pueblos no comparte tu criterio, como el hombre no comparte el criterio del caracol. Si no fuese ya un mandamiento divino, los estados tendrían que promulgar una ley en la que se ordenase: «Creced y multiplicaos». Más que nada, un Estado necesita hombres para ser próspero y feliz. Hombres, muchos hombres que puedan ser soldados, y obreros, y funcionarios, y policías, y comerciantes. Y este beneficio nos alcanza a todos. Si España tuviese cuarenta millones de habitantes, mis tierras me producirían una renta mayor, y acaso te pudiera pagar a ti unas pesetas más de sueldo. Esto es todo lo que debo decirte, Virgilio. Terminemos esta conversación, y solo cuando hayas decidido constituir familia puedes volver a hablarme de que precisas más dinero. Y ahora…, a casa.

—Un momento. ¿Me daría usted los veinte duros?

—Eres un ambicioso, amigo mío; pero eso no me desagrada. Te daría los veinte duros y apadrinaría a tu primer hijo.

—Es usted un estadista, don Jacobo.

—Soy un patriota —reconoció, modestamente, el anciano.

Edgar Neville
"La señorita regional" (1923)[86]

El actual Gobierno, según él, está lleno de buenos propósitos, y nos pide ayuda a todos para colaborar a la obra de reconstrucción nacional; nosotros no debemos negar ese apoyo, y cada cual debe señalar lo que el crea necesario hacer para tan complicado problema.

Nosotros, hoy vamos a hablar de los empleados del Estado que no figuran en las listas oficiales, y que, sin embargo, prestan relevantes servicios a la nación. Son esos seres, oscuros y viajeros, representantes del respeto y el cariño a los altos Poderes. Un ejemplar de ello es la señorita regional que se cultiva en Francia.

Cuando el presidente de la República efectúa algún viaje oficial, pongamos a Estrasburgo, entre la multitud que espera y aclama en el andén ¡se halla una joven vestida con el traje típico alsaciano y que sostiene un ramo de flores. Al llegar el presidente, le entrega el ramo en nombre de la provincia, y recibe un beso del alto personaje. Si vais a la semana siguiente en el tren oficial a Bretaña, veréis cómo en el andén espera la misma señorita vestida de bretona, con un ramo de flores, y que recibe el beso protocolario. Esta es una medida política de eficacia para los pueblos; esa señorita que viaja y es cada vez nativa de un lugar distinto, rinde al país un servicio espiritual de mucha importancia: al entregar las flores, el pueblo que espera siente que la emoción humedece sus ojos, y se nota dispuesto a las mayores sublimidades patrióticas; generalmente

---

86 Publicado en la revista madrileña *Buen humor* (9 de diciembre) durante la dictadura de Primo de Rivera, iniciada en septiembre de aquel año. Recuperado de la Hemeroteca Digital de la Biblioteca Nacional de España.

cristaliza su emoción en un «Viva el presidente», y ahí tenéis un recibimiento entusiasta logrado gracias a las flores, y una joven besada y regional.

En España debemos crear ese puesto, así como ya hay otros: la vieja sardinera amiga del personaje; el obrero que da la mano al ministro; el que lanza aquel «Ya era hora de que nos redimiesen»; la mujer que llora en los discursos y algunos más.

Esta señorita deberá conocer todos los dialectos o, por lo menos, imitar perfectamente el acento peculiar de cada región, pues sería de mal efecto que, al recibir a un ministro en Sevilla, vestida de andaluza, dijese con acento sabadellense:

—¡Miri, está la provinsia tota mol contenta de vorel!

Es, pues, necesario que adopte ademanes y frases en perfecto acuerdo con el traje que vista.

También esta empleada deberá ser de gran belleza, pues ya es sabido que en nuestro país, a cualquier provincia que se vaya, los naturales dicen:

—Ya sabe usted que las mujeres de aquí tienen fama de ser las más hermosas de España.

Eso se lo afirman a usted en Valencia, en Murcia, en Granada, en Málaga, etc., etc.

Esa señorita debe dejarse besar por el personaje; pero sin excederse en efusiones morbosas en el andén.

La cuestión viajes, alojamiento y sueldo es también de estudiar, así como el vestuario de esta joven, a la que, además, se le debe prohibir que, en los días de asueto, y aprovechándose de él, se dedique a las varietés.

Aquí queda, pues, expuesta en breve manera nuestra opinión sobre la más perfecta reglamentación de estos utilísimos empleados de la psicología de los pueblos.

Antonio Espina

Signario (1923)[87]

Don Cacique (óleo)

Personaje torvo.
Malsín.
Al fondo la dramática Sierra de Pancorbo.
  Sobre la nariz
  Espejuelos verdes

Donde se ojeriza turbio mal cariz.
  Tipo de Satán,
  Mano de Caín.

Muy Rey de los Naipes y muy sacristán.
  El semblante jalde,
  Capisayo gris,

Empuñada en alto la vara de alcalde
        Y
  A pesar de eso,
  Un breve infeliz

---

87 Antonio Espina, *Poesía completa,* Madrid: Fundación BSCH.

De malas costumbres y muy poco seso.
    (Personaje torvo
De un pueblo de la áspera Sierra de Pancorbo.)
    ¡Oh!
    Lejos de París...

CRUZ VERDE[88]

El buen Logos oficia.
Arde por sus cuatro muros el Palacio de Justicia,
como una llaga de lumbre bajo el azul matinal.

En el cubículo lóbrego, salta la llama traviesa.
Togas, legajos y causas se convierten en pavesas
tiznadas y estremecidas como el alma del Fiscal.

¡Voluta de culpa al viento, sahumerios incensariales!
Negro hollín de veredictos y secretos sumariales,
de cólera de alguacil y argucia de magistrado.

En el fallo de la lumbre nada resulta inocente.
Huele a crimen, a escribano, a policía, a delincuente,
a chamusquina de Temis[89], a discurso de abogado.

Los viejos maderos crujen entregados al furor
de roja brasa encendida tintada en fuego, color
de la sangre de los reos condenados sin clemencia.

De los ásperos rencores y las lágrimas vertidas
yergue (triste meretricio) su desnudez fementida
¡el Alcázar del Delito, el Palacio de la Audiencia!

---

88 El emblema de la inquisición era la cruz verde.
89 Temis personifica y es la diosa de la ley, la voluntad y la justicia divinas.

A la noche, entre las sombras y los vientos ululantes,
sobre la piedra vencida de las ruinas humeantes,
alzan los palos absurdos de un tinglado su altivez.

Tinglado burlesco y negro, fantasmagórico y tríbulo,
que finge bajo la Luna la silueta del patíbulo
donde yace ajusticiado con toga y birrete un juez.

Joaquín Belda

La revolución del 69: novela comunista (1931)[90]

V

Un superviviente

Don José de Lamorena, glorioso superviviente de toda la España arcaica y medioévica, había sido incorporado al Gobierno del pueblo por los altos poderes comunistas.

El golpe de Estado de Belluga[91] le había hecho perder el don y unas suculentas fincas que poseía en el cercano pueblo de Navalcarnero: ahora, era el camarada Lamorena, y seguía viviendo, aunque sin pagar el alquiler, en una casa de la calle del Príncipe, que fue suya en los ominosos y malditos tiempos del régimen burgués.

Lo que no había podido conseguir el comunismo era que al camarada Lamorena le saliera una sola cana ni una leve arruga en el rostro; su aspecto era el mismo infantil y rosicleresco que tenía cuando acompañó al rey don Favila a la cacería en que fue devorado por un oso[92]; catástrofe de la que escapó nuestro amigo porque, por lo visto, al tal oso no le interesaban las personas mayores de cincuenta años. El régimen comunista, que sabía elegir muy bien sus hombres, había nombrado al camarada Lamorena comisario del Pueblo en el Turismo. Para ello había tenido en cuenta la enorme experiencia acumulada por él en materia de viajes, al cabo de varios siglos de no perder una sola feria, ni unas fiestas en Madrid y provincias. Nadie mejor que un hombre que desde la huida

---

90 Tomado de la Biblioteca Digital Hispánica.

91 El novelista, que era natural de Murcia, usa el apellido de un personaje vinculado a la historia de la ciudad, el cardenal Luis Antonio de Belluga y Moncada.

92 Se trata del hijo del rey Pelayo.

a Egipto en una burra, hasta los modernos viajes en avión, había conocido todos los medios de transporte, para estructurar todo el movimiento turístico que de las cinco partes del mundo venía a nosotros, para admirar nuestra experiencia comunista y el precio que entre nosotros habían alcanzado las judías verdes y las brecoleras. Claro, que si el título del cargo del camarada Lamorena era ese del Turismo, sus funciones eran más amplias: estaba encargado de liquidar todo lo relativo a la antigua prostitución, suprimida de raíz en el nuevo régimen, pero de la cual quedaban residuos, secuelas, plantas parásitas de difícil arraigue.

No era nada fácil la labor del camarada Lamorena. Había instalado su despacho en el antiguo suntuoso edificio del Monte de Piedad, después de haber desalojado de él a todas las prendas empeñadas, más o menos vencidas. Y allí, en aquellas estancias, cuyos balcones daban a la antigua calle de Capellanes —hoy de Marcial Lalanda— nuestro joven amigo armaba el mapa turístico de España y autorizaba el pago de las pensiones a ciertas valetudinarias prostitutas, cuya carrera —Preciados, Tetuán, Carmen— había sido cortada en flor por el advenimiento del nuevo régimen.

—A ver, que venga el camarada Bretaño[93].

Era una orden del comisario del Turismo. El camarada Bretaño era su mano derecha, su hombre de confianza; dentro del organismo, Faustino estaba en cargad o de la Sección de automóviles, rama de la industria de transportes, en la que tenía un a gran experiencia, pues durante la época del régimen burgués, siempre había sido propietario ora de un Rolls-Royce, ora de un Hispano, ora de un Bugatti.

---

93 Usa el apellido de un conocido actor de la época, Faustino Bretaño, que cantó con Celia Gámez alguna de las canciones que compuso Belda.

Eusebio Jardiel Poncela

La tournée de Dios (1932)

[fragmento]

La humanidad, desatada e impúdica, perdida la confianza en sí, un concepto ya del deber, engreída, soberbia y fatua, llena de altiveces, dispuesta a no resignarse, frívola y frenética, olvidada de la serenidad y de la sencillez, ambiciosa y triste, reclamándole a la vida mucho más de lo que la vida puede dar, desposeída de esa alegría por la alegría que es el único camino de la dicha, corre enloquecida hacia la definitiva bancarrota.

Ya no hay un hombre que no proteste de algo: de que los políticos lo hacen mal, de que el camarero eche el café fuera del vaso, de que haya que circular por la derecha, de que la tinta de los periódicos manche, de que el camisero le pase una factura a últimos de mes, de que el sastre le mande la suya el día primero, de que los novios se besen, de la organización general del Estado, de la trata de blancas, del ayuntamiento, del clima, de las teorías de Laplace[94].

Todo molesta, todo fastidia, todo crispa. Se es brusco. A derecha e izquierda encuentra uno gentes que están a disgusto con su destino, que desdeñan lo que han logrado, que desean lo que no tienen y que, en el fondo, querrían que nadie tuviese nada. Se respira descontento, se vive en plena desadaptación. Todos los nervios están a flor de piel. Se ha arrumbado la amabilidad. Hablar es discutir.

---

94 Laplace desarrolló métodos analíticos especiales para el cálculo de probabilidades como forma de luchar contra las explicaciones teológicas e ideológicas de los fenómenos naturales.

Discutir es pegarse. Se opina con el bastón y se razona con la *browning*[95].

La palabra derecho sale de todas las bocas.

"Yo tengo derecho". —"¿Con qué derecho?". —"Defiendo mis derechos". —"¡No hay derecho!". —"Estoy en mi derecho".

Perdida la confianza en sí mismo y en decadencia la virilidad, el hombre ya no lucha; pide. Y si le es posible, exige. Y si se encuentra en condiciones, quita. Nadie, cuando se trata de prosperar, piensa ya en multiplicar su actividad, ni en aumentar sus conocimientos, ni en poner en juego las condiciones —innatas o adquiridas—de que disponga para el combate del mundo.

El individualismo duro y —heroico de otros tiempos ha sido sustituido por un colectivismo blando, cómodo, femenino y fácil. Y cuando se trata de prosperar, el hombre actual busca el apoyo de los demás hombres que están en su caso, organiza un Sindicato y se dirige a los Poderes públicos pidiendo esto o aquello. ¿Acceden los poderes públicos a la petición? A vivir hasta que llegue el momento de pedir otra cosa. ¿No acceden a la petición los poderes públicos? Pues el hombre que deseaba prosperar y sus compañeros de ansias y de Sindicato se echan en brazos del sabotaje y se lían a tiros con la policía. A esto lo llaman los periódicos "el problema social".

Al hombre se le ha sustituido por "el partido"; la dignidad humana se ha trocado en "el triunfo electoral", el libre albedrío se ha convertido en "la sociedad de resistencia"; el individuo ha pasado a ser "la masa"; y la iniciativa personal se ha transformado en "el Comité".

---

95 Se refiere a un arma de la conocida fábrica, bien a la pistola o la ametralladora.

El hombre, que se ha vuelto cobarde para afrontar la vida él solo y de cara, se ha vuelto valiente para hacerse pistolero en pandilla. Todos creen tener razón en un momento histórico que se caracteriza, precisamente, por la falta de razón de todos.

Todos amenazan: el obrero con la huelga, el Gobierno con los fusiles, el patrono con el despido, el hijo con el abandono, el padre con el Reformatorio, la hija con la fuga con el novio, la esposa con el divorcio, el marido con irse al Extranjero, el catedrático con el suspenso y el alumno con no entrar en la clase y romper los bancos.

Cada cual es rey de sí mismo y aspira a ser emperador de los demás. Todo el mundo está engreído y es soberbio y sabe más que el de al lado, y más guapo, más inteligente, y más fuerte y más ingenioso.

Todo el mundo aconseja, no por bondad y desprendimiento, sino porque el consejo lleva implícita la inferioridad del aconsejado. Y en los toros el oficinista le grita al torero: "¡Maleta! A ese toro hay que obligarle". Y el que toma un taxi dice del "chauffeur": "Este tío no sabe conducir; ¡si agarrara yo el volante"! Y el espectador de un teatro sale gruñendo: "¡Majaderías! Mejor que eso lo escribo yo". Y el ciudadano murmura: "Si yo fuera Gobierno..." Y el presidente del Consejo exclama: "En mi puesto querría yo ver, señores diputados, a los que opinan que mi gestión no es acertada".

Y así hasta el infinito. La Humanidad, descentrada, puesta de espaldas a todas las cualidades espirituales, desdeñosa de lo estimulante y de lo consolador, y enfrentada con todos los materialismos perturbadores y entristecedores, ha perdido la perspicacia de ver dentro de sí, no sabe a qué achacar su mal sabor de boca y se revuelve contra esto y contra aquello, sedienta de venganza y convencida de que debe de haber "alguien" o "algo" culpable de que ella no se encuentre a gusto. Esta indignación es para la Humanidad un goce, porque para un miserable siempre es un placer el poder injuriar. Y la Humanidad recurre a esa indignación para hacerse la vida soportable.

Todo el mundo se aborrece y murmura y calumnia, y cada individuo se atrinchera en sí mismo para poder descargar su odio, sobre los demás. El bueno es tonto; el malo, un monstruo; el que oculta la verdad, un hipócrita; el que la hace ostensible, un cínico. Frecuentar el trato de mujeres sin honor es para la sociedad libertinaje; pero ir siempre del brazo de una sola mujer honrada significa ser un desgraciado sin atractivos. Si a un hombre se le ve en compañía de su hija nadie dejará de pensar que es su querida; pero si se hace acompañar de su querida siempre afirmará alguien que ella es su madre. Un hombre que vive solo es un egoísta; pero al que sostiene una familia dilatada se le tacha de pobre diablo. Si no tienes hijos te llamarán impotente; pero ten hijos, y asegurarán que son de un amigo, salvo cuando hablen de ese amigo, en cuyo caso dirán que son tuyos para reventar al otro. Al que triunfa se le considera como un bandido o un farsante y al que fracasa como un miserable o un incapaz. El que ultraja es un canalla, pero el que se deja ultrajar es un cobarde. Si estás de acuerdo con los demás dirán que eres tonto; si les compadeces te llamarán fatuo y engreído; si les discutes te odiarán, pero si te burlas dé ellos con sarcasmos y risas afirmarán que eres un amargado. Rico, te despreciarán por burgués; pobre, te despreciarán por inútil. Si tratas bien a las mujeres eres un ingenuo; si las tratas mal eres un chulo. Si te separas de la mujer con quien vives jurarán que ella se ha ido con otro; si no te separas dirán que "el otro" entra en tu casa. Para la Humanidad, en fin, el hombre, cuando va con una mujer, es un cornudo; cuando va con otro hombre es un pederasta y cuando va solo es un onanista.

Todo es odio, rivalidad, furia, bilis, y ácido clorhídrico.

La vieja "ataraxia" no cuenta con un solo representante entre la Humanidad de hoy, que ha logrado, sin embargo, millares de representantes para las máquinas Singer, la salsa Perrin's y los billares Brunswick. Nadie ya, ni los más viejos, gozan de aquella tranquila serenidad cantada por Epícteto —que proporcionan al espíritu el haber llegado a lo profundo de los impulsos, de los sentimientos, de las pasiones.

En lugar de llegar a lo profundo de las pasiones, de los impulsos y de los sentimientos para extraer la serenidad del alma y la sonrisa de la comprensión, el hombre actual se conforma con llegar al fondo de los mares y de las minas para sacar a la superficie esponjas y buzos, carbón de piedra y cucarachas. Y a esto el Hombre lo llama civilización y progreso.

¡Bueno!

La ambición sin medida está en pleno éxito. Ya todo el mundo quiere ser rico y poderoso, y fumarse unos puros de sesenta centímetros, provistos de una sortija de platino y conducir un automóvil de cinco metros y medio provisto de un bar americano, y tener una querida de un metro setenta y cinco, provista de tres muslos.

Ya el ideal es hacerse famoso en una sola noche. Y llegar a ser un escritor genial sin escribir una línea. Y conseguir millones apretando un botón eléctrico. Y en suma, vivir sin luchar; conseguir el resultado con el esfuerzo mínimo.

Un viento de insensatez, de estupidez, de desequilibrio, de locura y de incongruencia agita las arboledas del Mundo, y todo tiene consecuencias inesperadas y absurdas.

Los partidos de fútbol acaban en batallas campales.

Un juego de tute concluye en una discusión política.

Las turbas se lanzan a la calle a derribar al Gobierno y derriban un tranvía.

Al mes de luchar como tigres los ejércitos de dos naciones se hace saber que la guerra entre esas dos naciones no ha sido aún declarada.

Mientras los tronos se derrumban y la realeza parece ser odiada por todo el mundo, nace la moda de nombrar cada día una reina nueva: "reina de la belleza"; "reina de las modistillas", "reina de las taquimecanógrafas rubias", "reina de las bizcas".

Se dictan y se ponen en vigor "leyes secas", para evitar la criminalidad, y por causa de esas leyes la criminalidad aumenta en un 500 por 100.

Se lucha, se trabaja y se muere por perfeccionar el motor de explosión de los aeroplanos, y cuando está perfeccionado, se empieza a volar sin motor.

Se consigue construir transatlánticos como palacios donde toda comodidad, todo progreso, todo refinamiento se puede disfrutar sin bajar a tierra, y entonces surgen docenas de "navegantes solitarios", que atraviesan los océanos en barcas de pescadores luchando contra los elementos como el hombre primitivo o como Robinson Crusoe.

Todo el mundo habla de paz y todo el mundo se prepara para la guerra... En fin...

¡Qué administración tendría yo si me dejaran!

La humanidad

Está como

Una

La humanidad es más repugnante y más despreciable cada día.

La humanidad da asco.

Y lo más triste es que uno pertenece a la Humanidad.

¡¡Qué pena tan grande!!

(Pausa)

El autor llora…

(dejémosle llorar al probrecito)

Ramón J. Sender

Siete domingos rojos (1932)

XVI [fragmento]

Acta — Manifiestos en el cuartel — A Samar le piden un hijo

El secretario de actas escribe: «Para una cuestión previa, el compañero Samar pide la palabra y dice que con objeto de que el acuerdo sobre la comunicación al comité nacional pueda quedar nuevamente redactado antes del amanecer y salga en el avión para Barcelona debe tratarse antes que nada su proposición.

»El compañero Urbano se opone; algunos de los reunidos conocen ya la proposición y no la consideran urgente.

»El compañero Graco también cree que es más apremiante dar cuenta al comité de la detención de cuatro compañeros que formaban parte del mismo: Liberto García Ruiz, Elenio Margraf, José Crousell y Helios Pérez. El último ha sido objeto de malos tratos.

»Piden la palabra varios compañeros para sumarse a la protesta de Graco y se acuerda notificar al comité pro presos la novedad.

»El compañero Ruiz pide la palabra para una cuestión de orden. Siempre me parece chocante que un anarquista plantee en nuestros mítines cuestiones de orden.

»El compañero Samar insiste en su petición, y en vista de que se accede expone un plan de ofensiva teniendo en cuenta que el movimiento espontáneo suscitado por el asesinato de los compañeros que cayeron el sábado ha llegado a alcanzar su mayor intensidad y ha creado el desconcierto en las filas enemigas. Teniendo en cuenta que en la cuenca minera de Arlanza los obreros se han hecho dueños de la zona. Que las comunicaciones son tan defectuosas que los trenes correos tienen que ser conducidos por personal del ejército. Teniendo presente también que la huelga general ha sido secundada por toda la organización y que en los sitios donde el control no era nuestro se ha conseguido el paro practicando el sabotaje —y una prueba es Madrid, que sigue sin más Prensa que una hoja oficiosa—. Teniendo en cuenta que en determinados puntos el ejército ha permanecido neutral o se ha sumado a los revolucionarios moralmente, contestando a sus vítores. Que en Madrid se va a realizar un intento sedicioso en cuatro cuarteles, de los cuales es seguro que responderán dos.

»Reconociendo que hay algunas armas y que se pueden conseguir más. Que el estado de pánico de la burguesía la ha llevado a inhibirse por completo. Que es necesario comenzar a dar coherencia y cauce político a la energía revolucionaria que tan hondamente ha socavado el sistema...»

Piden la palabra varios compañeros contra la expresión «cauce político» empleada por el camarada Samar. Este la retira y dice «cauce constructivo». Les parece bien y sigue exponiendo. Dice que si esperamos más para ir a fondo la burguesía reaccionará y la lucha presentará dificultades mayores. Por fin dice que los comités de barrio, con los soldados que han de sublevarse, las armas que existen y las que se nos han de facilitar deben lanzarse a fondo hoy mismo y deben darse en un manifiesto consignas concretas y los primeros decretos del nuevo poder revolucionario, disolviendo todos los organismos administrativos y políticos del Estado y declarando abolidos todos los privilegios de clase, remitiendo a los obreros al cumplimiento exclusivo de los acuerdos de los cuadros sindicales y ordenando a los soldados que constituyan sus comités allí donde puedan y reduzcan a sus superiores usando todos los procedimientos. Estos decretos serían cuatro y cada uno de ellos reforzaría y dejaría teóricamente realizadas cada una de las cuatro consignas principales en las que se sintetizarían los aspectos fundamentales del nuevo poder y los resortes más elementales del triunfo.

«Han pedido la palabra varios compañeros y como lo interrumpen constantemente Samar se calla y les dice que expongan su opinión y que después continuará él.

»El compañero Urbano se opone resueltamente a tomar el poder y a lanzar decretos. Lo considera vicio autoritario y muy peligroso, y se extraña de que el compañero Samar se atreva a emplear ese lenguaje.

»El compañero Samar le dice si cree que los obreros que se están jugando la vida en la calle piensan así. Reclama que hable el compañero Gisbert que había pedido la palabra y este dice que nada tiene que añadir a lo dicho por Urbano.

»Samar insiste en que explique el sentido de una interrupción y Gisbert declara que si el triunfo de la revolución depende de ese plan a base de política, poder y decretos, no quiere la revolución.

»El compañero Samar dice que no se explica la conducta del compañero Gisbert y este añade que él irá contra una revolución de ese tipo porque él lucha por la igualdad y la libertad totales.

»El compañero Samar le advierte que se ha olvidado de la fraternidad y que le extraña porque el compañero Gisbert ha estado en Francia y los gendarmes de la burguesía le han molido las espaldas en nombre de la Igualdad, la Fraternidad y la Libertad.

»El compañero Gisbert explica dónde comenzó a desviarse la revolución francesa y termina diciendo que si hubiera de salvarse el mundo a cuenta de implantar una autoridad y de encumbrar a alguien preferiría que el mundo se perdiera.

»El camarada Samar dice que el compañero Gisbert es terrible y que no quiere considerarlo monstruoso porque lo conoce.

»El compañero Gisbert dice que monstruoso lo considera la burguesía y que lo tiene a honra.

»El presidente llama al orden del día y el compañero Samar sigue. El primer decreto contesta al estado de guerra declarándonos movilizados para la guerra civil y dando normas para la organización de los consejos de soldados a los que se considera proletarios y soldados de la revolución, y señalando la línea capitalista formada por la guardia civil y las fuerzas de orden público.

»El segundo declara que quedan anulados todos los contratos que determinan propiedad de trabajo ajeno o privilegio económico y explotación. Así nadie pagará a partir de esta fecha alquileres de vivienda ni servicios públicos, ni obedecerá en fábricas ni en talleres otra orden que las de la organización sindical. Da indicaciones para que los mineros de la zona sublevada las sometan a sus asambleas con objeto de conservar las minas en estado de explotación y establece en general dos planos de lucha. Uno de desobediencia civil y otro de ofensiva armada.

»Otro decreto recaba para el comité todo el poder revolucionario hasta que la central sindical se reúna en Congreso con representaciones también de los sindicatos autónomos y dedique toda su actividad a la organización de las federaciones de industria.

»Piden la palabra los compañeros Segovia, Argüelles y Tarrasa. Los tres creen que sobra eso de los sindicatos autónomos.

»El compañero Samar pregunta si no se los considera revolucionarios y ninguno de los tres lo afirma ni lo niega.

»El compañero Urbano, para una cuestión de orden. Cree que perdemos el tiempo y que antes de seguir adelante se debe someter a votación la forma autoritaria y política en que plantea Samar el curso de la revolución. Si se acepta, seguiremos, pero si se rechaza no hay más que hablar.

»Samar entiende que no es cuestión de principios, sino de tácticas y que por lo tanto debe seguir para votar al final una vez conocidos los pormenores.

»En contra, Urbano y los tres compañeros anteriores.

José Más y Laglera

El rebaño hambriento en la tierra feraz (1935)[96]

III

La dictadura de Prilo de Civera[97], que al principio se implantó con un espíritu de justicia, poco a poco se fue maleando. No por culpa del dictador, sino por la gente que lo rodeaba. El caciquismo en los pueblos, limadas sus uñas por los delegados gubernativos, tornaron a crecerles más rapaces y más crueles en unos centros que pomposamente se llamaban de la Unión Patriótica. No había tal Unión Patriótica, sino el antiguo caciquismo, con más preponderancia y con menos recato que con los pasados dirigentes del país. Y antes había el desahogo de la protesta; ahora, la mordaza de la fuerza ponía sordina hasta en los más rebeldes. Pero a pesar de estas deficiencias en el mando, no achacables a él, sino a sus colaboradores, una parte del país, quizá la más sana, lo seguía aún con entusiasmo. Acabó con el estado anárquico de algunas poblaciones y con el pistolerismo, y las madres españolas le hicieron un sitio en su corazón porque de un modo fulminante había terminado con la guerra de África, esa macabra pesadilla que durante años y años entristeciera y enlutara los hogares españoles. Esta victoria, jamás obtenida por los políticos profesionales, le hizo más audaz y menos previsor, y una conjura de los mismos que le habían elevado al poder casi lo derriba. Con mano dura, pero sin crueles represalias, ahoga la militarada. Sigue contando con la parte sana del Ejército y con el rey. Cauto, evita también las luchas sociales enviando a los dirigentes más caracterizados a Francia, a Inglaterra,

---

96 Tomado de la Biblioteca Digiral Hispánica.
97 Primo de Rivera.

a Bélgica, para que estudien las reformas implantadas en esos países a beneficio de la clase obrera. Dietas magníficas y una representación oficial. Mientras tanto, a las organizaciones proletarias les enseña el dulce y la estaca, y a los patronos les obliga a ser un poco más humanos. Es decir, aspira con leyes justas a que haya un equilibrio entre el capital y el trabajo. Esta paz, esta tregua en la lucha, es beneficiosa para todos.

España prospera. La peseta sube. Auge en los negocios y tranquilidad en los espíritus. El dictador no es un dictador. Es un andaluz con salero que conoce a su país. Discursea y escribe artículos en los periódicos, y en la memorable inauguración de una ciudad-jardín abraza a un periodista y le llama compañero. Todo se le hace fácil y asequible. El júbilo le rebosa en el rostro bonachón cuando alguien le asegura que la opinión está con él. ¿Dura esto mucho? La opinión, como la mujer, es tornadiza. Comienza el descontento y el dictador comienza también a descomponerse. Lo atacan no en serio, sino ridiculizándolo. Y este ataque, para un andaluz de raza, es mortal. El andaluz lo soporta todo menos el ridículo. Han visto que este ataque hace mella en su ánimo y arremeten con más saña. Acude al plebiscito para demostrar que cuenta con la opinión. Un chiste de Ramper[98] en el Circo de Price lo aplana, y la orla diabólica de un anuncio en una revista ilustrada lo irrita hasta el extremo de multar a la empresa de la publicación y de encarcelar al dibujante.

Las pequeñas causas producen en él grandes efectos. En un teatro de La Coruña reunió a todos los afiliados a su partido, y al dirigirse, en un cálido discurso, a las señoritas coruñesas les dijo: les dijo: "Cuando os pidan relaciones escoged siempre entre los socios

---

98 Ramón Álvarez Escudero fue un célebre payaso en las primeras tres décadas del siglo XX.

de Unión Patriótica". Y las muchachas no pudieron aguantar la risa porque la Unión Patriótica se componía entonces de tenderos viejos y de industriales encanecidos, que aún figuraban entre los adeptos del general porque así tenían derecho a usar un arma de largo alcance que les pusiera a cubierto de atracos y atentados. Nadie le seguía de buena fe.

El interés propio se anteponía al ideal. La Unión Patriótica se transformó, como partido, en una divertidísima caricatura. La gente se reía del rostro tragigrotesco de Almiñana[99] y de la legión conocida por los voluntarios de la porra[100]. La burla se extendía a los guardadores del orden público. Todas las tardes se organizaban manifestaciones por los estudiantes y arrojaban garbanzos en la Puerta del Sol para que los agentes de la autoridad se resbalaran al correr detrás de los manifestantes. Mientras tanto, las burlas contra el dictador aumentaban. Una mañana, en un comercio de la calle del Barquillo, apareció el siguiente letrero: "Se hacen muebles de CAOBA[101], estilo *Directorio*."

Y otra mañana, días después de habérsele concedido el título de doctor en Letras, apareció un burro por las calles de Madrid con una cartelera colgada al cuello que decía: "DOCTOR HONORIS CAUSA".

Ni aun en estos momentos en que sentíase vejado por gente tan soez y de tan mala intención, tomó resoluciones extremas. Se con-

---

99 José María Albiñana, dirigente de extrema derecha, fue el fundador del Partido Nacionalista Español.

100 Se refiere al "grupo parafascista de los Legionarios del Partido Nacionalista Español" (Quiroga 2005: 94), también conocidos por los Legionarios de Albiñana.

101 Referencia a La Caoba (por su color de piel; se trata de la amante de Primo de Rivera, muy famosa en la época).

fortaba con multas y alguna que otra detención. La crueldad jamás asomó en este espíritu tolerante y comprensivo, que tan bien conocía a los españoles; pero todo esto producíale una intensa amargura. Y esta amargura degeneró en desfallecimiento al ver que las personas nombradas por él en los distintos departamentos administrativos de la nación no se conducían limpiamente. La Prensa comenzó a insinuar que se "arreglaban asuntos" como en los tiempos en que los políticos de toda laya vivían a costa del país. Y era cierto. Como era también cierto que él lo había ignorado hasta aquel instante. Hizo un expurgo en las direcciones generales; destituyó a varios delegados gubernativos que, merced a las dádivas, se habían convertido en instrumentos del caciquismo; pero solo consiguió de momento una ficticia mayoría. Los enemigos contra la Dictadura iban en aumento. Los jefes y oficiales del Ejército que ya no figuraban en los gobiernos civiles ni como delegados en los distritos judiciales, calladamente comenzaron la ofensiva contra él. Había cerrado la espita de donde manaba, como vino impuro, los negocios sucios, y esto no era obrar con diplomacia, ni siquiera con discreción.

kB-8